**Kohlhammer**

**Die Herausgeber**

**Norbert Neuß**, Prof. Dr. habil., Erziehungswissenschaftler und Hochschullehrer an der Justus-Liebig-Universität Gießen. Leiter zweier kindheitspädagogischer Studiengänge (BA & MA); zahlreiche Forschungsprojekte und Publikationen; aktuelle Arbeitsschwerpunkte sind Bildung in der Frühen Kindheit, Pädagogische Qualität aus Kindersicht sowie pädagogische Intuition, Kontakt und weitere Informationen: www.dr-neuss.de

**Lena S. Kaiser**, Prof. Dr. phil., Professur für Kindheitswissenschaften an der Hochschule Emden/Leer. Ihre Arbeits- und Forschungsschwerpunkte sind: Kindheitsforschung, Lernwerkstattarbeit und Elementardidaktik, Theorie-Praxis-Verknüpfung in kindheitspädagogischen Studiengängen sowie Reggio-Pädagogik.

Norbert Neuß,
Lena S. Kaiser (Hrsg.)

# Ästhetisches Lernen im Vor- und Grundschulalter

Verlag W. Kohlhammer

Dieses Werk einschließlich aller seiner Teile ist urheberrechtlich geschützt. Jede Verwendung außerhalb der engen Grenzen des Urheberrechts ist ohne Zustimmung des Verlags unzulässig und strafbar. Das gilt insbesondere für Vervielfältigungen, Übersetzungen, Mikroverfilmungen und für die Einspeicherung und Verarbeitung in elektronischen Systemen.

Die Wiedergabe von Warenbezeichnungen, Handelsnamen und sonstigen Kennzeichen in diesem Buch berechtigt nicht zu der Annahme, dass diese von jedermann frei benutzt werden dürfen. Vielmehr kann es sich auch dann um eingetragene Warenzeichen oder sonstige geschützte Kennzeichen handeln, wenn sie nicht eigens als solche gekennzeichnet sind.

Es konnten nicht alle Rechtsinhaber von Abbildungen ermittelt werden. Sollte dem Verlag gegenüber der Nachweis der Rechtsinhaberschaft geführt werden, wird das branchenübliche Honorar nachträglich gezahlt.

Dieses Werk enthält Hinweise/Links zu externen Websites Dritter, auf deren Inhalt der Verlag keinen Einfluss hat und die der Haftung der jeweiligen Seitenanbieter oder -betreiber unterliegen. Zum Zeitpunkt der Verlinkung wurden die externen Websites auf mögliche Rechtsverstöße überprüft und dabei keine Rechtsverletzung festgestellt. Ohne konkrete Hinweise auf eine solche Rechtsverletzung ist eine permanente inhaltliche Kontrolle der verlinkten Seiten nicht zumutbar. Sollten jedoch Rechtsverletzungen bekannt werden, werden die betroffenen externen Links soweit möglich unverzüglich entfernt.

1. Auflage 2019

Alle Rechte vorbehalten
© W. Kohlhammer GmbH, Stuttgart
Gesamtherstellung: W. Kohlhammer GmbH, Stuttgart

Print:
ISBN 978-3-17-033072-6

E-Book-Formate:
pdf:  ISBN 978-3-17-033073-3
epub: ISBN 978-3-17-033074-0
mobi: ISBN 978-3-17-033075-7

# Inhaltsverzeichnis

Einleitung .................................................... 7

## I  Theoretische Perspektiven ästhetischer Bildung

1   Ästhetische Erfahrung als Grundkategorie frühkindlicher Bildung   13
    *Norbert Neuß & Lena S. Kaiser*

2   Bedeutung der Ästhetik für kindliche Bildungsprozesse ............ 23
    *Gerd E. Schäfer*

3   Die Bedeutung ästhetischen Lernens für eine Theorie der
    Kindheit – pädagogisch-anthropologische und sozialwissen-
    schaftliche Begründungszusammenhänge ......................... 39
    *Ludwig Duncker*

## II  Empirische Zugänge über Wahrnehmungen und Phänomene

4   »Ästhetisch-Künstlerisch Forschen« – Möglichkeiten einer
    transdisziplinären ästhetischen Bildung in der frühen Kindheit ..... 57
    *Andreas Brenne*

5   Das Ästhetische im Sammeln – akteursspezifische Sichtweisen
    im Vor- und Grundschulalter ..................................... 70
    *Bianca Bloch, Lena S. Kaiser & Antje Danner*

6   »Das ist schön!«: Zum Bilden von ästhetischen (Geschmacks-)
    Urteilen von Kindergartenkindern ............................... 92
    *Katharina Schneider*

7   Prozessualität, Medialität und Interaktion. Fallstudie zu
    Erfahrungen eines dreieinhalbjährigen Kindes beim Fingermalen
    auf dem Touchscreen eines Tablet-Computers .................... 109
    *Isabell Meyer & Georg Peez*

8   Zuhören in Kindertagesstätten fördern – Bericht und Ergebnisse
    des evaluierten Programms »Lilo Lausch – Zuhören verbindet« .... 122
    *Norbert Neuß & Simone Dumpies*

## III  Konzepte ästhetischer Praxis

**9**  Ästhetische Bildungsprojektarbeit in der Reggio-Philosophie ...... 141
*Jennifer Zick*

**10**  Gestaltendes Tätigsein mit dem Denkwerkzeug GMGM – imaginative Darstellungen im Kontext von Mathematik und Kunst ..... 150
*Kerensa Lee & Roland Karl Metzger*

**11**  Spielerisch-ästhetisches Lernen im Kunstmuseum. »Kunstspiele« für Kinder .................................................... 161
*Alfred Czech*

**12**  Kinderzeichnungen – selbsterarbeitete Symbolik von Kindern verstehen ..................................................... 171
*Norbert Neuß*

## IV  Vermittlung von ästhetischer Bildung an Hochschulen

**13**  Berufsqualifizierende Professionalisierung: Blicke schärfen – forschend Lernen. Mit Studierenden das bildnerische Verhalten von Vor- und Grundschulkindern erkunden ...................... 187
*Constanze Kirchner*

Die Autorinnen und Autoren ............................................ 204

# Einleitung

Der vorliegende Band versammelt Perspektiven, die sich mit der Deutung ästhetischer Verhaltensweisen und Wahrnehmungsmuster von Kindern im Alter von 0 bis 12 Jahren mit besonderem Fokus auf kindliche Aneignungsprozesse beschäftigen. Die Beiträge implizieren einen wissenschaftlich ausgearbeiteten und intendierten Empirie- oder Praxisbezug, der sich in einer (selbst-)kritischen wissenschaftlichen Auseinandersetzung mit einem Projekt oder einer durchgeführten Studie zeigt. Dabei liegt der Fokus darauf, wie ästhetische Handlungsweisen und Fähigkeiten bei Kindern wahrgenommen, differenziert und interpretiert werden können, sodass sich Hinweise eröffnen, wie Bildungsprozesse in der Kindheit begleitet, angeregt und unterstützt werden können. Insgesamt zeigt der Band theoretisch fundiert, empirisch hinterfragend und praxisorientiert Möglichkeiten zur Reflexion und Deutung ästhetischer Verhaltensweisen aus interdisziplinären Zugangsweisen auf und richtet sich damit an Wissenschaftler genauso wie an pädagogische Fachkräfte. Die Zugänge spiegeln sich in den Überschriften der Abschnitte, in denen sich jeweils verschiedene Teilbeiträge sammeln.

In Teil I, »Theoretische Perspektiven ästhetischer Bildung«, werden zunächst wesentliche Grundbegriffe frühkindlicher Bildung in Bezug auf entwicklungsbezogene Perspektiven ästhetischer Bildung geklärt. Einleitend beginnen die Herausgeber Norbert Neuß und Lena S. Kaiser thesengeleitet über ästhetische Erfahrung als Grundkategorie kindlicher Bildung nachzudenken. Kinder werden als Akteure ihrer sozialen Welt und Konstrukteure ihrer sozialen und kulturellen Welt konzeptualisiert. Dies wird von Gerd E. Schäfer anhand der »Bedeutung der Ästhetik für kindliche Bildungsprozesse« vorgenommen sowie durch den Beitrag »Die Bedeutung ästhetischen Lernens für eine Theorie der Kindheit – pädagogisch-anthropologische und sozialwissenschaftliche Begründungszusammenhänge« von Ludwig Duncker in einen ästhetischen Zusammenhang gerückt. Die Autoren liefern Argumente zur Offenlegung frühkindlicher ästhetischer Bildungsprozesse, um die mitverhandelten kindlichen Aneignungsprozesse und Entwicklungsaufgaben transparenter und die Ziele und Grundannahmen zugänglicher werden zu lassen. Die der ästhetischen Bildung impliziten differenzierten Aneignungsprozesse und Ausdrucksvariationen werden versammelnd dargestellt und theoriebasiert erklärt.

In Teil II, »Empirische Zugänge über Wahrnehmungen und Phänomene«, sind verschiedene Beiträge versammelt, die sich mit unterschiedlichen Fragestellungen ästhetischer Handlungsweisen von Kindern annähern. Die Beiträge mit empirischen Fragestellungen fokussieren die an Alltagserfahrungen gebundenen und mit alltäglichen Dingen verknüpften Wahrnehmungen, ästhetische Verhaltensweisen sowie Handlungs- und Erkenntnisformen. Der Beitrag »Ästhetisch-Künstlerisch Forschen« – Möglichkeiten einer transdisziplinären ästhetischen Bildung in der frühen Kindheit von Andreas Brenne zu einem fragenden und entdeckenden Umgang mit Dingen und Phänomenen alltäglicher Erfahrung eröffnet diesen Teil. Bianca Bloch, Lena S. Kaiser und Antje Danner nehmen einen handelnden Umgang mit den Phänomenen in den Blick und diskutieren anhand von Interviews mit Kindern »das Ästhetische im Sammeln« und beziehen sich dabei auf akteursspezifische Sichtweisen im Vor- und Grundschulalter. Der Beitrag »›Das ist schön!‹: Zum Bilden von ästhetischen (Geschmacks-)Urteilen von Kindergartenkindern« von Katharina Schneider diskutiert ausgehend von ethnografisch gelagerten Beobachtungen die Bedeutung individueller Wahrnehmungen und Empfindungen zur Bildung eines gemeinschaftlichen Sinns als Basis eines ästhetischen (Geschmacks-)Urteils. Isabell Meyer und Georg Peez beschäftigen sich in ihrem Beitrag »Prozessualität, Medialität und Interaktion« anhand einer Fallstudie zu Erfahrungen eines dreieinhalbjährigen Kindes beim Fingermalen auf dem Touchscreen eines Tablet-Computers mit Erfahrungsräumen als Möglichkeitsräume und Erfahrungsdefiziten, die beispielsweise durch die Immaterialität der Farbe auf den Touchscreen zustande kommen. Anliegen des Kapitels ist es, durch die in den verschiedenen Beiträgen diskutierten Zugangsweisen, die Komplexität ästhetischer Verhaltensweisen und differenzierten Betrachtungsweisen Möglichkeiten der Kritik und Weiterentwicklung von Hinweisen, wie Bildungsprozesse in der Kindheit begleitet, angeregt und unterstützt werden können, zu reflektieren. Der letzte Beitrag dieses Kapitels von Norbert Neuß und Simone Dumpies »Zuhören in Kindertagesstätten fördern – Bericht und Ergebnisse eines evaluierten Programms« führt anhand eines Projektes in eine weitere ästhetische Ausdrucksweise ein.

In Teil III, »Konzepte ästhetischer Praxis«, beschäftigen sich die Beiträge damit, welche Möglichkeiten sich aus den Thematisierungen von Handlungs- und Praxiskonzepten für weitere »lernästhetische«-Diskurse gewinnen lassen. Vorgestellt werden daher unterschiedliche Handlungs- und Praxiskonzepte wie sie aktuell für den Elementar- und Primarbereich entwickelt werden. Zum einen sind dies Konzepte, die im Rahmen von Alltagserfahrungen und ästhetischen Praxen von Kinder und Erwachsenen in alltäglichen Handlungen genutzt werden – dazu gehören handwerkliche und technische Verfahren wie malen, skizzieren, kleben, montieren, schneiden, usw. Zum anderen sind dies bildungsbereichsübergreifende, elementardidaktische Konzepte, die es Kindern ermöglichen, ausgehend von gemachten Erfahrungen Lernen und Lernprozesse zu entwickeln. Hierzu stellen Jennifer Zick in ihrem Beitrag »Ästhetische Bildungsprojektarbeit in der Reggio-Philosophie« und Kerensa Lee mit Roland Metzger in ihrem Beitrag »Gestaltendes Tätigsein mit dem Denkwerkzeug GMGM – imaginative Darstellungen im Kontext von Mathematik und Kunst« unter anderem didaktische Ansätze vor. Der Beitrag »Spielerisch-ästhetisches Lernen im Kunstmuseum ›Kunstspiele‹ für Kinder« von Andreas Czech diskutiert nochmal eine andere didaktische Perspektive, die sich nicht auf die klassischen institutionellen Bildungssettings wie KiTa oder Schule bezieht, sondern auf außerschulische Bildungsangebote. Einen weiteren Zugang über Wahrnehmungen und Phänomene in Bezug auf ästhetisches Lernen in der Kindheit liefert Norbert Neuß in seinem Beitrag »Kinderzeichnungen – Selbsterarbeitete Symbolik von Kindern verstehen«, um die konkreten Erfahrungen von und mit Kindern auf die ihnen innewohnenden Struktur- und Sinnzusammenhänge zu befragen und sie zu diskutieren. In der Annäherung über diese unterschiedlichen Zugänge geht es in diesem Kapitel darum, ästhetisches Lernen als elementardidaktische Praxis zu befragen und damit die Entwicklung von Konzepten gerade auch in seinen Funktionen und Möglichkeiten herauszuarbeiten.

In Teil IV, »Vermittlung von ästhetischer Bildung an Hochschulen«, diskutiert Konstanze Kirchner in ihrem Beitrag »Berufsqualifizierende Professionalisierung: Blicke schärfen – forschend Lernen« vermittlungswissenschaftliche Orientierungen in Bezug auf die ästhetische Bildung von Studierenden an Hochschulen. Wie werden angehende PädagogInnen auf Ästhetik in ihrem späteren beruflichen Handlungsfeld durch die Hochschule berufsqualifizierend vorbereitet und professionalisiert? Ihr Beitrag versammelt und diskutiert Ansätze zur Ausrichtung des Lernens auf individuelle Lernprozesse und Förderung von selbstorganisiertem und aktivem Lernen im Bereich der ästhetischen Bildung und Kunstvermittlung. Schließlich konstituiert sich der Professionalisierungs- und Akademisierungsdiskurs in der frühen Kindheit über zentrale Begriffe wie Theorie-Praxis-Verknüpfung, Berufsqualifizierung und Theoretisierung, die im Kern aktueller Diskussionen zu sein scheinen.

Norbert Neuß und Lena S. Kaiser
Winter 2018

# I Theoretische Perspektiven ästhetischer Bildung

# 1 Ästhetische Erfahrung als Grundkategorie frühkindlicher Bildung

*Norbert Neuß & Lena S. Kaiser*

Die Bedeutung der ästhetischen Dimension frühkindlicher Bildung ist unbestritten (vgl. Neuß 1999; Schäfer 1999, 2001; Mattenklott/Rora 2004; Staege 2016). Sie ist nicht nur in den Bildungsplänen der Länder verankert und durch viele praktische Handreichungen oder Projekte präsent, sondern auch in wissenschaftlichen Positionen mit (früh-)kindlichem Lern- und Entwicklungsbezug vertreten. So formuliert Schäfer (2001: 7): »frühkindliche Bildung ist zunächst ästhetische Bildung«. Dabei werden nicht Kunstwerke oder ihre Rezeption in den Mittelpunkt gerückt, sondern besonders die alltäglichen sinnlichen Wahrnehmungen und Erfahrungen, die Kinder im Umgang mit der materiellen und sozialen Welt machen. Diese Sicht versucht nicht die Bildungsrelevanz künstlerischer Praktiken zu mindern, sondern rückt zunächst die subjektiven, alltäglichen Wahrnehmungserfahrungen als Grundlage des Lernens in den Mittelpunkt der Betrachtung. Ästhetische Erfahrungen sind nicht zwangsläufig an bestimmte Gegenstände der Kunst gebunden, sondern können auch durch den Reiz von Alltagsgegenständen ausgelöst werden.

Dennoch gibt es bestimmte Gegenstände, die ästhetische Erfahrungen eher ermöglichen als andere. Helene (4,5 Jahre): »Ich habe mal ein Schloss gesehen. Groß war das. Sooo groß. Größer als ich – auch als Du. Da kann eine Prinzessin wohnen, wenn sie will. Sie hat dann eine Krone, die glitzert und ist sehr schön«.

**Abb. 1.1:** Zeichnung von Helene (4 Jahre) – eine Prinzessin mit Krone

Ästhetische Erfahrung vollzieht sich im Alltag, aber nicht alles was wir wahrnehmen, wird zu einer ästhetischen Erfahrung. Obwohl jedes Objekt oder jedes Erlebnis ästhetische Dimensionen der Wahrnehmung beinhalten kann, bedarf es der besonderen Aufmerksamkeit und Empfindsamkeit des Wahrnehmenden (vgl. Rumpf 2015). Damit kann alles, was wir wahrnehmen, auch eine ästhetische Dimension in der Weltaneignung enthalten. Was als solches in den Blick gerät, ist äußerst subjektiv. Während bei einem Kind vielleicht einfache Sandklumpen eine ästhetische Erfahrung hervorrufen, macht ein anderes Kind eine besondere beim Essen und ein anderes beim Sammeln oder Zeichnen. Dabei geht es um das Hervortreten von Dingen und Erlebnissen in dieser besonderen Erfahrungsdimension. Vielfach geht bei Kindern mit dieser Aufmerksamkeit eine ästhetische Verarbeitung als eine Form des Verstehens einher. Das Einordnen, Umordnen und Anordnen von Dingen in beispielsweise kleine Kästchen ist eine Weise des Systematisierens, des Verstehens und des handelnden (ordnenden) Umgangs – also Formen der ästhetischen Erkenntnis.

**Abb.1.2:** Schatztruhen mit Buchstaben (1) Glitzersteinen (2) und Diamanten und Gartensteinen (3)

Ein bloßes Ansehen der gesammelten Gegenstände durch Erwachsene wird nicht reichen, um zu erfassen, worum es den Kindern in ihrer besonderen Form des ästhetischen Ausdrucks geht. Erst ein verstehender, sinndeutender Zugang eröffnet ein Verständnis der ästhetischen Ausdrucksformen von Vor- und Grundschulkindern.

> »Dieses Verstehen muß sich nicht verbal vollziehen, es kann sich auch in leiblicher Bewegung entfalten, etwa beim Tanzen zu einer Musik oder bei der mit allen Sinnen tastenden Erkundung einer Rauminstallation; dennoch entfaltet es sich grundsätzlich im Kontext einer interpretativen, imaginativen und manchmal reflexiven Erschließung künstlerischer Objekte« (Seel 2000: 158).

Ästhetische Erfahrung umfasst nicht nur Wahrnehmung, sondern auch alle Formen der sinnlichen Ordnung und inneren Verarbeitungsweisen.

Die folgenden Thesen beziehen sich auf diese angedeuteten ästhetischen Prozesse sowie Verarbeitungs- und Ausdrucksweisen und fokussieren dabei einzelne Aspekte, die dann in den unterschiedlichen Beiträgen dieses Buches vertieft werden.

## 1.1   Ästhetische Wahrnehmung und ästhetische Welterschließung

*These 1: Ästhetische Erfahrung ist im Kindesalter eine grundlegende Lernform, weil diese unmittelbar mit sinnlicher Erfahrung, Körpererfahrung und sensumotorischer Wahrnehmungserfahrung verbunden ist.*

Lernen geschieht durch Prozesse, bei denen Veränderungen in der Wahrnehmung und Verarbeitung von Wirklichkeit stattfinden. Ästhetische Erfahrung ist als eine Erkenntnisform zu verstehen, in der die Erkenntnis mit einer besonderen Wahrnehmung beginnt, diese dann durch eigenwillige Verarbeitungs- und Ausdrucksprozesse angeeignet wird und als solche Erfahrung wiederum die Erkenntnisfähigkeit des Subjektes erweitert.

Wie lässt sich aber das Verhältnis von Erlebnis und Erfahrung umschreiben? Erleben ist ein im Bewusstsein stattfindender, unmittelbarer und unreflektierter Vorgang, bei dem das Individuum und die Objektwelt untrennbar in der Erlebniswirklichkeit gegenwärtig sind. Solange die Ereignisse unmittelbar und distanzlos sind, haben sie die Qualität eines Erlebnisses. Erfahrungen entstehen, indem der Mensch sich seines Erlebens bewusst wird. Bollnow (1968) beschreibt dies als einen Prozess der inneren Aneignung.

> »Erfahrungen erwachsen vielmehr erst in der Art, wie der Mensch das ihm von außen her Begegnende sich auch innerlich anzueignen weiß, mit ihnen sich selber verwandelt und so zur Überlegenheit des an seinen Erfahrungen gereiften Menschen gelangt« (ebd.: 235).

Zu einer Erfahrung wird ein Erlebnis durch die innerliche Verarbeitung und Reflexion. Dazu bedarf es einer kritischen Distanz dem eigenen Erleben gegenüber, aus der heraus die Unmittelbarkeit des Erlebnisses durch seine Reflexion in die Mittelbarkeit der Erfahrung verwandelt werden kann.

> »Erfahrungen sind jene in einem komplexen Aneignungsprozess mit Hilfe symbolischer Formen verarbeiteten Wahrnehmungen und Erlebnisse, die sich aufgrund dieser Verarbeitung zu einem neuen Deutungs- und Handlungsmuster des Individuums verdichten« (Jank/Meyer 1991: 315).

Damit Erlebnisse zu Erfahrungen werden, müssen sie im Bereich des Bewußtseins eine Ordnung erfahren, indem sie von einem unmittelbaren unreflektierten zu einem mittelbaren reflektierten Zustand geführt werden. Im Hinblick auf die ästhetische Erfahrung bedeutet dies Folgendes.

Am Beginn eines Lernprozesses stehen die Aufmerksamkeit und die Wahrnehmung eines subjektiven, sinnlichen Eindrucks. Dieser zumeist unbewusste Aufmerksamkeitsfokus ist bei jüngeren Kindern oftmals mit Entwicklungsthemen bzw. -aufgaben verbunden. Das dieses oder jenes Erlebnis (z. B. glitzerndes Wasser, raschelnde Blätter, die Höhe eines Hauses, ein Schatten an der Wand o. ä.) besonders in die Wahrnehmung des Betrachters bzw. Kindes getreten ist, wird oftmals an den sich anschließenden Aneignungs- und Verarbeitungsformen erkennbar, in denen das Wahrgenommene innerlich verarbeitet wird. Bei diesem Prozess werden vielfältige Aktivitäten des Ordnens, Vergleichens, Verknüpfens, Konstruierens, Versprachlichens und Erweiterns eingesetzt. Durch die Verarbeitung von sinnlichen Wahrnehmungserlebnissen entstehen ästhetische Erfahrungen.

> »Ästhetische Erfahrungen sind handlungsentlastende, vollzugsorientierte, selbstzweckhafte, an sinnliche Wahrnehmung gebundene, affektiv, volitiv und kognitiv bestimmte Begegnungen mit Phänomenen, die durch die Weise, in der sie sich oder ihre Gehalte holistisch präsentieren, eine Selbstbegegnung der Erfahrenden in der Fremdbegegnung (Jauß 1982) mit dem Gegenstand ermöglichen und damit einen Rückbezug auf die Hintergrunderwartungen von Erfahrungssituationen einschließen« (Kleimann 1996: 90).

Dabei sind die unterschiedlichsten Formen ästhetischer Erfahrung schon im Kleinkindalter denkbar: (1) leibliches und zunächst zweckfreies Erkunden und Gegenwärtigen von Phänomenen (Materialität etc.), (2) orientierendes Vergegenwärtigen von Phänomen in gestalterischen Darstellungen sowie (3) das Entwickeln, Entfalten und Verstehen von möglichen Sichtweisen der Welt (vgl. Seel 1991). Ästhetische Wahrnehmungen und Erfahrungen legen eine besondere Art und Weise der Welterfahrung und des In-der-Welt-Seins-dar.

## 1.2 Ästhetisches Gestalten

*These 2: Beim ästhetischen Gestalten entwickelt sich eine permanente Wechselwirkung zwischen dem gestaltenden Kind und dem entstehenden Produkt. Die motorisch-emotionalen Impulse, die vom Gestalter in das Produkt einfließen, kehren in Form eines Wirkungseffektes zu ihm zurück. Inneres Erleben wird so in einem »Außen« erlebbar.*

Hierbei geht es um eine Form der Selbstbewegung, die zwar durch ein Außen angeregt und gefördert werden kann, aber als eine innere Bewegung, also als autonomer Aneignungsprozess (in der Wechselwirkung) zwischen Innen und Außen verläuft. Es geht um die Einwirkung von Außen und der Rückwirkung von Innen. Mit dem Produkt der Symbolisierung (Sprache, Spiel, Zeichnung usw.) stehen Meinungen, Gedanken, Erinnerungen oder Gefühle als symbolischer Ausdruck in der Welt und ermöglichen auch ein aktives Verhalten oder eine Position ihm gegenüber. Die Möglichkeit, sich gegenüber dem eigenen symbolischen Ausdruck wie zu einem anderen zu verhalten, hat der Philosoph Helmuth Plessner (1981: 297) als »exzentrische Positionalität« bezeichnet. Dieser Ausdruck beschreibt die menschliche Fähigkeit, zu sich selbst in Distanz treten zu können.

> »Der Umstand, daß ich in Selbststellung es bin, der Material und Formen der Innensphäre hergibt, und daß diese Selbststellung mir noch selbst gegeben ist, ermöglicht die Entdeckung der psychischen Realität und gleichzeitig ihre Umgestaltung« (ebd.: 297).

Beim ästhetischen Gestalten wirken sinnliche, emotionale und kognitive Prozesse zusammen, was diese Form des Gestaltens sehr komplex macht. Auch wenn dies kein bewusster Prozess ist, so erleben Kinder im Gestalten auch immer etwas von sich selbst. Dadurch, dass inneren Eindrücken ein Ausdruck verliehen wird, können die Wirkungseffekte aber nicht nur für das Kind erlebbar werden, sondern auch Fachkräften dienlich sein, um das Kind und sein Erleben besser kennenzulernen.

*These 3: Ästhetisches Gestalten ist eine frühe, oftmals vorsprachliche Verarbeitungs- und Erkenntnisform, bei der Freude am Experimentieren sowie motorische und emotionale Impulse zusammenfließen. Selbstwirksamkeit wird erfahren und Selbst- und Weltwahrnehmung werden erkennbar. Daher wird der bildnerischen Tätigkeit eine persönlichkeitsbildende Funktion zugeschrieben.*

Im Umgang mit Material – im konkreten ästhetischen Gestalten – kann sich ästhetische Empfindung und Erfahrung entfalten. Das ästhetische Gestalten selbst eröffnet vielfältige Sinneseindrücke und experimentelle Handlungen, die in besondere Weise in Selbstaufmerksamkeit verbunden mit Sachaufmerksamkeit im Umgang mit Materialien, münden können. Bedeutungsvoll scheint daher im ästhetischen Gestalten die Verbindung von bildnerischer Tätigkeit und Phantasie, Vorstellungsvermögen, Imagination, sinnlicher Wahrnehmung und verstandesmäßiger Logik zu liegen ohne eine Art der Rechtfertigung durch erfüllte soziale Erwartungen zu bedürfen (vgl. Mollenhauer 1996: 89f.). Die Erfahrung von Selbstwirksamkeit durch ein unreglementiertes und frei von Bewertung erlebtes »Hinterlassen von Spuren« in der Welt scheint Kinder zu stärken und eine bedeutsame Rolle für weitere Lern- und Entwicklungsprozesse zu spielen. Insbesondere die Interpretationsoffenheit des Ästhetischen erzeugt Deutungsambivalenz. Aus dieser Perspektive ermöglicht das Ästhetische das Äquivoke, Mehrdeutige, Doppeldeutige und Mehrsinnige. Es »ist [daher] keine logische Ordnung, sondern eine der Deutungsdifferenzen, der Deutungsambivalenzen oder der Oppositionen« (Mollenhauer 1999: 93). Dies eröffnet verschiedene ästhetische Dimensionen. Beim ästhetischen Gestalten erfährt das Kind Selbstwirksamkeit. Diese ist ein wichtiges Element der Identitätsbildung.

> »Selbstwirksam zu sein heißt, aufgrund bisheriger Erfahrungen auf seine Fähigkeiten und verfügbaren Mittel vertrauen zu können und davon auszugehen, ein bestimmtes

Ziel auch durch Überwindung von Hindernissen am Ende tatsächlich erreichen zu können« (Fröhlich-Gildhoff 2013: 51).

Insbesondere das Erleben von Stolz und Erfolg auf das eigene »Erzeugte« gehört zu einem wichtigen Teil der Persönlichkeitsbildung. Dabei spiegelt sich ein Angedenken, Erinnern und ein Nach-denken im Sinne von hinterher-denken, als aktive Tätigkeit des sich Erinnerns in den Äusdrucksphänomenen der Kinder wieder. Dabei ist ein »Angedenken [...] etwas anderes, als etwas im Gedächtnis zu behalten, weil der Ausdruck ›Angedenken' eine aktive Tätigkeit des Sich-Erinnerns enthält, also ein dynamisches Element, während die Vorstellung von den gespeicherten Daten im zentralen Nervensystem eine statische ist« (Mollenhauer 1999: 92). Insbesondere die konstruktivistische Neurobiologie hat dazu beigetragen, Wahrnehmung, Informationsverarbeitung und Erinnerung stärker unter der Perspektive der Wirklichkeitskonstruktion zu betrachten (vgl. Maturana/Varela 1987). Die Prozesse der Konstruktion liegen aber auf zwei Ebenen. Einerseits sind damit grundlegende Erkenntnisfähigkeiten und -grenzen umschrieben. Andererseits finden sich Bedeutungskonstruktionen in den symbolisch-ästhetischen Aneignungsweisen von Kindern wieder. In den spezifischen Ausdrucksphänomenen der Kindheit werden die differenzierten ästhetischen Dimensionen der Welterschließung mit ihrer Deutungsambivalenz erkennbar. Zu diesen Ausdrucksphänomenen gehören u. a. die Kinderzeichnungen, die unsichtbaren Freunde (vgl. Neuß 2008), das Rollenspiel (Kaiser/Neuß 2012), die Sammelleidenschaft und die frühen emotionalen Peer Bindungen (»Sandkastenliebe«) (vgl. Neuß/Schäfer 2017). Um die ästhetische Dimension des Lernens zu verstehen, eignen sich diese Phänomene besonders gut.

*These 4: Ästhetisches Gestalten geht mit zunehmender kognitiv-sprachlicher Entwicklung zu symbolischen Darstellungsformen über, die vor allem für das Entstehen von Imaginationen, Fantasien und Vorstellungen zentral sind. Ästhetisches Gestalten fördert bildliche Denkvorgänge und den Aufbau von bildlichen Repräsentationen.*

Das Besondere am ästhetischen Ausdruck ist seine Symbolhaftigkeit (▶ Kap. 12). Um den ästhetischen Ausdruck zu verstehen und eventuell Bezüge zu Entwicklungsthemen der Kinder herzustellen, bedarf es eines symbolischen Verständnisses menschlichen Ausdrucks (Saner 1988). Leicht lässt sich das am Spiel verstehen. Eine Banane kann im Spiel zu einem Zauberstab oder auch einer Waffe werden. Die Bedeutung »Zauberstab« oder »Waffe« ist erst im Spiel durch die sprachliche Bezeichnung des Kindes oder durch seine kontextuellen Handlungen erkennbar. Diese Formen der objektbezogenen Imaginationen und Phantasien erzeugen den symbolischen Gehalt des ästhetischen Ausdrucks. Daher erfordert ein Verstehen des ästhetischen Ausdrucks (z. B. von der pädagogischen Fachkraft oder den Eltern) ein Überschreiten des Gezeigten und ein sich Einlassen auf die verborgenen, hinzugedachten oder imaginierten Bedeutungsanteile.

Für die Entwicklung der Kinder können diese Symbolisierungsprozesse gar nicht hoch genug eingeschätzt werden, wie auch Garlichs (1993) verdeutlicht:

> »Bildhafte Ausdrucksformen sind eine zum Leben notwendige, für manche Kinder vielleicht sogar überlebensnotwendige Ausdrucksmöglichkeit. Im Innern der Kinder liegt sozusagen ein Schatz von Eindrücken bereit, angesammelt durch den unablässigen Strom von Wahrnehmungen und Empfindungen, ungeordnet und undurchschaubar, bereit in Bildern Gestalt zu gewinnen« (ebd.: 85).

Anders als der sprachliche Ausdruck, der vielfach durch das Bewusstsein gefiltert wird, ermöglicht die bildhafte Symbolsprache, auch vorbewusste und unbewusste Impulse zum Ausdruck zu bringen. Diese besondere Fähigkeit präsentativer Symbolisierungsformen wurde von Cassirer und Langer (1987) herausgestellt.

> »Die Kraft, sich in Bilder auszudrücken, Symbole zu setzen, ist eine genuin menschliche Möglichkeit. Bildzeichen stehen am Anfang einer jeden Kultur und stellen immer mehr als bloße Abbildungen dar« (Cassirer zit. n. Garlichs 1993: 86).

Symbolisierungsvorgänge, die auf präsentative Mittel wie z. B. Zeichnen und Gestalten zurückgreifen, sind Vorgänge der Reflexion. Aber ästhetisches Gestalten ist nicht dem Unbewußten, Irrationalen oder Emotionalen zuzurechnen, wie Gunter Otto (1994) verdeutlicht: »Das Ästhetische ist ›Das Andere der Vernunft‹« und sei ein genereller Modus, sich selbst im Verhältnis zur Welt und zur Weltsicht anderer zu erfahren.

## 1.3 Ästhetische Bildung und ästhetische Anregung

*These 5: Auf die Bildung von Wahrnehmungs- und Vorstellungstätigkeit durch entsprechende Arrangements, Räume und Materialien muss höchste Aufmerksamkeit in vor- und grundschulpädagogischen Einrichtungen gerichtet werden.*

Kinder erkunden die Welt mit allen Sinnen. Die Erkundung von Welt und das Wahrnehmen und Erfahren von Differenziertheit und Vielfältigkeit sind Ausgangspunkte, um Fragen zu stellen und zu eigenen Konstruktionen von Wirklichkeit und Welt zu gelangen. Gleichzeitig geht damit aber auch einher, dass es Ideen und Zugangsweisen braucht, um Wirklichkeit differenziert wahrnehmen zu können. Ästhetische Erfahrungen können dann angeregt werden, wenn die pädagogischen Arrangements (z. B. Atelier, Lernwerkstatt o. ä.) die spezifischen alltäglichen Tätigkeiten (vgl. Neuß 2014)[1] der Kinder berücksichtigen:

- Sammeln und Vergleichen (vgl. Bloch, Kaiser & Danner in diesem Band)
- Zeichnen und Modellieren (vgl. Meyer & Peez in diesem Band)

---

1 Der Übersicht halber sind die Beiträge des vorliegenden Buches hier exemplarisch einem Bereich zugeordnet, gleichwohl einige Beiträge sich mehreren Bereichen zuordnen ließen, damit ist die Zuordnung weder vollständig noch abschließend gedacht, sondern folgt allein einem exemplarischen Charakter.

- Arrangieren und Ordnen (vgl. Brenne in diesem Band)
- Spielen und Gestalten (vgl. Schneider in diesem Band)
- Erzählen und Rollenspiel
- Wahrnehmen und Darstellen (vgl. Lee & Metzger in diesem Band)
- Phantasieren und Träumen
- Gestalten und Konstruieren (vgl. Zick in diesem Band)
- Staunen und Beobachten (vgl. Czech in diesem Band)
- Singen und Tanzen

Diese Tätigkeiten sind aus Entwicklungsfeldern und -aufgaben der Kinder und den Grunddimensionen des kindlichen Lernens abgeleitet. Ästhetische Arrangements und Angebote in diesen aufgezeigten Bereichen eröffnen in besonderer Weise Möglichkeitsräume, auch mit anderen in Austausch und Reflexion zu kommen und dabei differenzierte Welterfahrungen machen zu können.

*These 6: Ästhetische Wahrnehmungs- und Handlungsweisen sind in sehr geringem Umfang durch standardisierte und genormte Anregungen (Ausmalbilder, vorgestanzte Grafiken, Schablonen usw.) anzubahnen, sondern vor allem durch die freien, nichtfestgelegten Erkundungswege.*

Gelegenheiten für ästhetische Wahrnehmungs- und Handlungsweisen können sich gleichermaßen aus ungeplanten wie aus arrangierten Situationen ergeben. Solche können besondere Sinnes-, Gefühls- oder Körpereindrücke (bspw. Freude, Angst), besondere Ereignisse (Weihnachten, Geburtstage), Naturphänomene (Schatten, Regenbogen), Alltagsmaterialien (Küchenutensilien), Kunst (Gemälde, Installationen), Musik und Geräusche usw. sein. Wenn Materialien und Umgebung zum Werken und Wirken einladen und damit weitere Momente des Staunens, Irritierens, Fragens, Forschens und (Ver-)Wunderns eröffnen, können sich verschiedene ästhetische Denk- und Handlungsformen, die die Komplexität ästhetischer Prozesse ausmachen, vernetzen. Festgelegte Bearbeitungs-, Denk-, Handlungs- und Erkundungswege stören diese Form der Vernetzung ästhetischer Handlungsweisen und begrenzen diese eher. Obwohl es Kinder gibt, die die genormten, vorgegebenen Schablonen sehr bevorzugen, sollte in pädagogischen Institutionen der Erfindergeist, die Kreativität und die freie Schaffenskraft gefördert werden. Dies verlangt jedoch auch von den pädagogischen Fachkräften ein ebensolches Maß an Mut zu unkonventionellen Projekten.

*These 7: Weil die ästhetische Wahrnehmung als grundlegende Lernform zu verstehen ist, ist ihre Förderung auf keinen Bildungsbereich begrenzbar, sondern erfordert ein bildungsbereichsübergreifendes Lernverständnis mit entsprechenden pädagogischen Konsequenzen.*

Ästhetisches Lernen, welches mit der sinnlichen Wahrnehmung, der Körperwahrnehmung, den Emotionen und der sprachlichen und symbolischen Ausdrucksfähigkeit verbunden ist, sollte seine Aufmerksamkeit in allen Bildungsbereichen haben. – Oder anders formuliert: Das ästhetische Lernen macht darauf aufmerksam, dass das Denken in Bildungsbereichen und das Umsetzen von bildungsbereichsspezifischen Angeboten ein Irrweg in der Frühen Bildung ist. Ist es tatsächlich denkbar, dass man mit Kindern z. B. ein Waldprojekt veranstaltet, in dem keine sprachlichen, spielerischen, ästhetischen, bewegungsorientierten oder gesundheitsbezogenen Aspekte zum Tragen kommen – sondern nur die »naturwissenschaftlichen«? Es geht also zukünftig darum, in allen pädagogischen Aktivitäten mit Kindern auch ihre besonderen sinnlich-ästhetischen Wahrnehmungs- und Ausdrucksweisen zu erkennen und zu fördern. Dabei gilt es nochmals zwischen den selbstbildnerischen Tätigkeiten der Kinder (vgl. Neuß 2014) und den angeleiteten Angeboten zu unterscheiden. Es ist äußerst fraglich, inwiefern punktuelle, domänenspezifische Angebote eine tatsächliche »domänenspezifische« Förderung (und Zielerreichung) bezwecken. Vielmehr ist von multifaktoriellen Wirkungen pädagogischer Angebote auszugehen, die nicht – wie in der Schule angenommen wird – eindimensional-zielorientiert wirken, sondern je nach subjektiver Wahrnehmungs- und Interessenverarbeitung ablaufen. Diese Erfahrung machen pädagogische Fachkräfte tagtäglich. Sie planen ein Angebot, z.B das Backen eines Kuchens. Die dabei gemachten Erfahrungen können sehr unterschiedliche Lerndimensionen ausbilden. Es wäre viel zu schlicht, dieses Angebot an der Wand der täglichen Aktivitäten unter »Alltagskompetenzen« einzuordnen. Diese Zuordnung macht vielleicht sogar dafür unaufmerksam, dass die Kinder dabei soziale, sprachliche, motorische, haptische, olfaktorische, sinnliche und naturwissenschaftliche Erfahrungen machen und leistet somit einem funktionalistischen Lernverständnis Vorschub. Daher ist ein bildungsbereichsübergreifendes Denken gefordert, welches in den Selbstbildungstätigkeiten der Kinder, im Freispiel und in den eher angebotsorientierten Lernformen alle »Bildungsbereiche« zu erkennen vermag.

# Literatur

Bollnow, Otto Friedrich (1968). Der Erfahrungsbegriff in der Pädagogik. In: Zeitschrift für Pädagogik (4), S. 221–252.
Duncker, Ludwig/Maurer, Friedemann/Schäfer, Gerd E: (Hrsg.) (1990). Kindliche Phantasie und ästhetische Erfahrung. Wirklichkeiten zwischen Ich und Welt. Langenau-Ulm.
Duncker, L./Lieber, G./Neuß, N./Uhlig, B. (Hrsg.) (2010). Bildung in der Kindheit. Das Handbuch zum Lernen in Kindergarten und Grundschule. Seelze: Klett/Kallmeyer
Garlichs, Ariane (1993). Chagall und die Folgen. In: Staudte, Adelheit (Hrsg.): Ästhetisches Lernen auf neuen Wegen. Weinheim 1993, S. 63–71.
Fröhlich-Gildhoff, Klaus (2013): Angewandte Entwicklungspsychologie der Kindheit. Stuttgart: Kohlhammer.
Jank, Werner/Meyer, Hilbert (1991). Didaktische Modelle. Frankfurt a. M. Cornelsen.
Kaiser, Lena S.; Neuß, Norbert (2012). Kinder konstruieren ihre Wirklichkeit. Wie kreatives Rollenspiel und phantastischen Gefährten die gesunde Entwicklung von Kindern begleiten und unterstützen. TPS Leben, Lernen und Arbeiten in der Kita 2012 (8).

Kirchner, Constanze. (2010). Malen und Zeichnen. In: Duncker, L; Uhlig, B (Hrsg.), et al.: Bildung in der Kindheit. Das Handbuch zum Lernen in Kindergarten und Grundschule. Klett Verlag, Seelze; S. 174–178.
Kleimann, Bernd (1996). Zum Verhältnis von ästhetischer Erfahrung und Bildung (Arbeitspapiere des Hamburger Graduiertenkollegs 1996), zit. aus: Otto, Gunter. (1998). Lernen und Lehren zwischen Didaktik und Ästhetik. 1: Ästhetische Erfahrung und Lernen. 1. Aufl.
Krenz, Armin (2010). Was Kinderzeichnungen erzählen. Kinder in ihrer Bildsprache erstehen (3. Aufl.). Dortmund.
Langer, Susanne K. (1987). Philosophie auf neuem Wege. Das Symbol im Denken, im Ritus und in der Kunst. Frankfurt a. M., (orig. 1942).
Maturana, H. R./Varela, F. J. (1987). Der Baum der Erkenntnis. Die biologischen Wurzeln des menschlichen Erkennens. München.
Mattenklott, Gundel/Rora Constanze (Hrsg.) (2004). Ästhetische Erfahrung in der Kindheit. Theoretische Grundlagen und empirische Forschung. Weinheim/München. Juventa.
Merleau-Ponty, Maurice: Übergänge. Das Sichtbare und das Unsichtbare. Texte und Studien zu Handlung, Sprache und Lebenswelt. Hrsg. v. Grathoff, Richard/Waldenfels, Bernhard. München 1986.
Mollenhauer, Klaus. (1999). Ästhetische Erfahrung von Kindern beim Textschreiben. Ein Diskussionsbeitrag. In: Neuß, Norbert (1999) (Hrsg.). Ästhetik der Kinder. Frankfurt am Main: GEP.
Neuß, Norbert (Hrsg.) (1999). Ästhetik der Kinder. Interdisziplinäre Beiträge zur ästhetischen Erfahrung von Kindern. Frankfurt a. M.; GEP.
Neuß, N. (2008). Unsichtbare Freunde: warum Kinder Phantasiegefährten erfinden (1. Auflage). Berlin Düsseldorf Mannheim: Cornelsen Scriptor GmbH & Co. KG.
Neuß, Norbert (2014). »Hinter einer Waschmaschine lag eine Zitrone.« – Alltägliche, tätigkeitsorientierte Bildungsbereiche als Lernressourcen für Kinder erkennen. TPS (1). Velber: Friedrich-Verlag, S. 4–7.
Neuß, Norbert/Schäfer, Sabrina (2017). Sandkastenliebe. Frühe emotionale Beziehungen unter Kindern. Weinheim/Basel: Beltz Juventa.
Otto, Gunter (1994). Das Ästhetische ist »Das Andere der Vernunft«. Der Lernbereich Ästhetische Erziehung. In: Gropengießer, Ilka/Otto, Gunter/Tillmann, Klaus-Jürgen (Hrsg.): Schule. Zwischen Routine und Reform. Friedrich Jahresheft 12, S. 56–60.
Plessner, Helmuth (1981). Gesammelte Schriften, Bd. IV, Die Stufen des Organischen und der Mensch. Einleitung in die philosophische Anthropologie. Frankfurt a. M.
Richter-Reichenbach, Karin-Sophie (1983). Bildungstheorie und Ästhetische Erziehung Heute. Darmstadt.
Rumpf, Horst (2015). Aufmerksamkeiten. Sich berühren lassen. Tasten nach Wurzeln der ästhetischen Erfahrung. In: Pädagogische Rundschau 5; S. 547–558.
Saner, Hans (1988). Der Mensch als symbolfähiges Wesen. In: Benedetti, Gaetano/Rauchfleisch, Udo (Hrsg.): Welt der Symbole. Interdisziplinäre Aspekte des Symbolverständnisses. Göttingen, S. 11–22.
Schäfer Gerd E./Wulf, Christoph (Hrsg.) (1999). Bild – Bilder – Bildung. Weinhein; Beltz.
Schäfer, Gerd E. (2001). 10 Thesen frühkindlicher Bildung. In: Klein und Gross, Nr. 9, S. 6–11.
Schäfer, Gerd. E. (1999). Ästhetische Erfahrung als Basis kindlicher Bildungsprozesse. Sinnliche Wahrnehmung – Leiberfahrung – Gefühle – Phantasie. In: Norbert Neuß (Hrsg.). Ästhetik der Kinder. Frankfurt am Main: GEP, S. 21–31.
Seel, Martin (2000). Ästhetik des Erscheinens. München: Hanser.
Seel, Martin (1991). Eine Ästhetik der Natur. Frankfurt am Main: Suhrkamp.
Staege, Roswitha (Hrsg.): (2016). Ästhetische Bildung in der frühen Kindheit. Weinheim: Beltz.

## 2 Bedeutung der Ästhetik für kindliche Bildungsprozesse

*Gerd E. Schäfer*

»Jede unserer Erkenntnisse beginnt bei den Sinnen«
(Leonardo da Vinci, 2006, S. 17).

Wenn man davon ausgeht, dass Kinder vom ersten Augenblick ihres extrauterinen Lebens an Erfahrungen machen, speichern und bewerten, dann sind die sensorischen, motorischen und emotionalen Prozesse die Grundlage dafür, wie Welt wahrgenommen und gedacht wird. Aus den verschieden Bereichen der Künste wissen wir, dass man die Sensibilität für die sensorischen Wahrnehmungen und den sensorischen Ausdruck in hohem Maße differenzieren kann. Wenn zwei das Gleiche wahrnehmen, dann kann die Wahrnehmung eines jeden doch sehr unterschiedlich ausfallen. Und dies gilt nicht nur für den künstlerischen Bereich, sondern auch für den Alltag und zwar von Anfang an. Die erste Bildungsaufgabe besteht also in der Differenzierung und Bildung der sensorischen Möglichkeiten; dies jedoch nicht als sensorisches Training, sondern als eine Strukturierung der wahrgenommenen Welt mit sinnlichen Mitteln. Seit wir gewohnt sind Kunst und Wissenschaft voneinander zu trennen, ist uns das Verständnis dafür weitgehend verloren gegangen, dass jede Wahrnehmung einer äußeren oder inneren Wirklichkeit zunächst ein ästhetischer Akt ist, der diese Wirklichkeit aus einem Eindruck von zunächst ungeordneten Reizen in ästhetisch geordnete sensorische Muster verwandelt. Nur eine sinnlich geordnete Welt kann schließlich ins Bewusstsein treten und mit anderen geistigen Werkzeugen – Spiel, Phantasie, Gestalten, Beschreiben, Nachdenken usw. – weiterbearbeitet werden. Wo wir keine sinnliche Ordnung einrichten können, werden wir von chaotischen Reizen überwältigt.[1]

Diese Umwandlung muss am Anfang des Lebens für alle Lebensbereich erst einmal eingerichtet werden, bevor sie uns dann später automatisch zur Verfügung steht, so dass wir den Eindruck haben, die Welt läge bereits geordnet in Dingen der Natur und der Kultur vor uns. Sie bildet ein verkörpertes, implizites Wissen, welches uns wie natürlich vorkommt und das wir deswegen nicht in Zweifel ziehen.[2]

Wir geraten aber auch als Erwachsene noch in Verwirrung, wenn wir etwas, was wir wahrnehmen, nicht identifizieren, d. h. bereits bekannten Mustern zu-

---
1 Vgl. Schäfer 1999. Dort habe ich die kognitionswissenschaftlichen Erkenntnisse zur frühen Entwicklung der Sinne ausführlich zusammengefasst und ihre pädagogische Bedeutung herausgearbeitet. Einführend Roth 1994
2 Über die Bedeutung impliziten Wissens für die Kindheitspädagogik vgl. Schäfer 2019a. Über Verkörperung und Erkenntnistheorie vgl. Schäfer 2002a und b

ordnen können. Was am Anfang des Lebens eine zentrale Aufgabe darstellt, beschränkt sich im weiteren Leben nur noch auf die Situationen und Erfahrungen, die wirklich neu sind. Aber man kann sein Leben auch darauf einrichten, möglichst wenig oder möglichst viel Neues noch zu erfahren. Und dementsprechend muss man lernen, mit solchen Verwirrungen immer wieder umzugehen, sie zu ordnen und erkennbar zu machen, oder diese aus dem Leben, so gut es geht, auszuklammern. Doch diese Ordnung des Neuen mit den sensorischen und anderen geistigen Mitteln bleibt eine zentrale Aufgabe, wenn es darum geht, neue und bisher nicht gelöste Probleme anzugehen.

Unter Ästhetik wird hier also kein Vorläufer künstlerischer Gestaltung verstanden. Vielmehr wird dieser Begriff in seiner elementaren Bedeutung – wie sie Baumgarten im 18. Jahrhundert bereits entwickelt hat[3] – verwendet, nämlich als Ordnung der sinnlichen Wahrnehmung. Wirklichkeit wird nicht einfach realistisch wahrgenommen, sondern »ästhetisch konstituiert«.[4]

Im Kontext frühkindlicher Bildungsprozesse bedeutet dies, dass

- sinnliche Erfahrung[5] kein a priori der kindlichen Entwicklung ist, sondern von den Entwicklungsmöglichkeiten abhängt, die im soziokulturellen Umfeld gegeben sind;
- diese eine Entwicklung durchmachen und auf diese Weise die biographischen Erfahrungen strukturiert wird;
- alle Formen des Wahrnehmens mithin ein Denken sind.

Die Entwicklung sensorischer Erfahrung ist also gleichbedeutend mit einer Entwicklung des ästhetischen Denkens. Jedes Wahrnehmen ist ein Erkenntnisprozess, der später – in vertrauten Bereichen individueller Lebenswirklichkeit – weitgehend automatische abläuft[6], in seinen Anfängen in der frühen Kindheit jedoch einen wesentlichen Aspekt kindlicher Bildung ausmacht.

---

3 Baumgarten 1983, S. 86 und 87. Ich beziehe mich hierzu auf Welsch 1993, insbes. S. 9 f
4 Welsch, ebenda, S. 7. Ich übernehme von Welsch den Begriff »konstituiert«, weil er mehr erfasst, als der rationalistisch eingeengte Konstruktionsbegriff sowie nicht, wie der Begriff der Gestaltung, ins Feld der Kunst verweist.
5 Ich spreche nicht von einzelnen sensorischen Entwicklungslinien, sondern von sensorischer oder ästhetischer Erfahrung. Kinder entwickeln ihre sensorischen Wahrnehmungsmöglichkeiten nicht getrennt nach einzelnen sinnlichen Modi, sondern in wechselseitiger Abstimmung in Alltagszusammenhängen. Die Isolierung einzelner Sinnesmodi ist selbst ein Entwicklungsprodukt. Junge Kinder nehmen multimodal war. Dem will ich mit dem Begriff der sensorischen Erfahrung Rechnung tragen, der darüber hinaus auch die emotionale Wahrnehmung einschließt.
6 Das bedeutet, auch im späteren Leben muss man bislang unvertraute Bereiche, wenn also etwas Neues, Fremdes wahrgenommen werden soll, durch weitere Differenzierung der Wahrnehmung erschließen. Die Alternative bestünde darin, einfach die vertrauten Wahrnehmungsmuster auf alles Neue anzuwenden. Damit würde man aber gerade das Neue, das es wahrzunehmen gäbe, verfehlen. Der Unterschied zwischen fremd und vertraut beginnt also mit der Wahrnehmung und der Bereitschaft, sich in fremden Situationen auf neue Wahrnehmungsweisen einzulassen.

Unter dem Begriff der Ästhetik wird hier also eine Theorie der sinnlichen Erkenntnis vorgestellt. Von daher wird ästhetische Bildung als die Bildung eines Denkens durch ästhetische Praktiken, eines ästhetischen Denkens begriffen. Damit werden die gestalterischen Produkte als Formen kindlicher Reflexion über ihr Bild von der Welt angesehen und nicht als Vorformen eines künstlerischen Ausdrucks.

## 2.1 Wahrnehmen wird zu einem großen Teil erlernt

Aus der Perspektive von Erwachsenen erscheint Wahrnehmen als eine Selbstverständlichkeit. Wir erinnern uns auch nicht, dass wir es gelernt haben. Niemand hat es uns beigebracht. Wir haben es auch nicht grundsätzlich lernen müssen, denn wir konnten es schon vom ersten Augenblick nach der Geburt oder schon vorher. Unsere Wahrnehmungsinstrumente sind nämlich in einem Jahrmillionen langen Lernprozess der Evolution entstanden. Ihr Bau, ihre Leistungsmöglichkeiten wie ihre Grenzen sind genetisch festgelegt. Aber was aus diesem vorgegebenen Potenzial gemacht wird, das hängt von den Herausforderungen der Umwelt ab, in die ein Kind hineingeboren wird.[7]

> Es ist leicht nachvollziehbar, dass ein Akrobat eine differenziertere Bewegungs- und Körperwahrnehmung hat und haben muss, als der Mensch mit einem »normalen« Bewegungsbereich, ebenso der Handwerker oder Segler. Ein Musiker hat sein Ohr in der Regel weiter geschult als derjenige, dem Musik nicht viel bedeutet. Das geht bis in die musikalischen Richtungen und Stile, die man bevorzugt. Ein Psychotherapeut wird Emotionen feiner wahrnehmen und erkennen als wir das im Alltag tun.
>
> Die Unterschiede beginnen schon mit den Landschaften, in denen wir aufwachsen, deren Farbigkeit und Räumlichkeit unterschiedlich ist, je nach Ort, Klimazonen, Vegetation und Bevölkerungsdichte. Ein Mitteleuropäer dürfte kaum in der Lage sein, die Unterschiede der Farbigkeit, der Bewegungen, der Wolkenbildung und der Formen des Windes überhaupt zu erkennen wie es ein Fischer tut, der von Kindheit an gewohnt ist, sich mit dem Boot auf dem Meer zu bewegen. Wir wissen auch, dass solche Fähigkeiten verloren gehen, wo sie nicht mehr ausgeübt werden, deutlich in allen handwerklichen Künsten, die in verschiedenen Regionen der Welt ausgeübt wurden und die durch moderne Produktionsmethoden ersetzt werden.

---

7 Vgl. zur epigenetischen Entwicklung Schäfer (2019b), speziell das Kapitel über die »kulturelle Natur« des Kindes

Die Wirklichkeit, in der Menschen leben, ist so vielfältig, herausfordernd durch immer neue und nicht erwartbare Blickwinkel, dass sie von einer genetischen Ausstattung – und wäre sie noch so reichhaltig – nicht erfasst werden könnte. So kommen wir zwar mit Sinnesmöglichkeiten auf die Welt. Sie müssen aber erst auf die jeweils gegebenen Umwelten und ihre spezifischen Wahrnehmungsbedingungen eingestellt werden.

Selbst wenn wir als Erwachsene dies kaum mehr nachvollziehen können, am Beginn des menschlichen Lebens ist das differenzierte Wahrnehmen noch eine Aufgabe, die auch zum Problem werden kann, wenn die Herausforderungen – z. B. durch ungünstige soziale Bedingungen – hinter dem zurückbleiben, was in einem kulturellen Umfeld tatsächlich standardmäßig benötigt wird. Ich werde darauf zurückkommen.

## 2.2 Welche Weisen der Sinneswahrnehmung gibt es beim Menschen?

Es gibt in der gesamten Lebenswelt Millionen von Lösungen für das Problem der Wahrnehmung. Ich beschränke mich auf den Menschen: Er ist – wie sehr viele Lebewesen – mit vielfachen Wahrnehmungssystemen ausgestattet. Und es kommt ein weiterer Schritt hinzu: Er kann ein Bewusstsein von dem entwickeln, was er wahrgenommen hat.

Die Wahrnehmungssysteme der Menschen lassen sich in drei Dimensionen unterteilen:

- Die Wahrnehmung über die Fernsinne. Mit ihnen erfahren wir etwas über die Welt außerhalb unseres Körpers.
- Die Wahrnehmungen über unsere Körpersinne. Mit ihnen erfahren wir etwas über Zustände unseres Körpers und wie die Dinge aus der äußeren Welt auf den Körper einwirken.
- Die emotionale Wahrnehmung. Auch Emotionen muss man als eine Wahrnehmungsform betrachten. Wir sprechen von Gefühlswahrnehmungen. Liebe, Haß, Ärger, Gleichmut usw., mit solchen Gefühlen erfahren wir etwas über die Beziehungen, in welchen wir uns befinden.

Um uns in der Welt zu orientieren, benötigen wir alle drei Wahrnehmungsdimensionen. Es ist wie ein Koordinatensystem mit drei Dimensionen: Ein Gegenstand lässt sich in der Welt da draußen sehen und hören. Er kann meinen Körper beeinflussen, mich z. B. zu bestimmten äußeren oder inneren Bewegungen veranlassen, oder mein Gleichgewichtssystem ansprechen. Und die Begegnung mit ihm ruft in mir Gefühle hervor. Man kann auf einzelne Wahrnehmungsweisen verzichten. Manche Ereignisse sprechen nicht alle Sinne an. Man kann sie vielleicht nicht hören oder riechen. Doch je vielfältiger die Wahrnehmungsweisen sind, desto lebendiger, genauer, plastischer werden die »Vorstellungen«, die wir aus unseren Wahrnehmungen gewinnen.

Aus dieser Perspektive dürfte es z. B. nachteilig sein, wenn wir die Gefühlswahrnehmungen ignorieren, denn dann würden wir keine Kenntnis von den Qualitäten sozialer und sachlicher Verbindungen erhalten. Im sozialen Bereich ist dies eine zentrale Wahrnehmungsform. Aber auch Sachbeziehungen werden durch Emotionen wahrgenommen. Jeder von uns kann sagen, ob er Mathematik liebt oder nicht. Und das gilt genauso für Gegenstände – Autos, Wetter oder Nahrungsmittel –, wie für kulturelle Güter – Kunst, Wissenschaft, Naturerleben –, oder geistige Prozesse – wie Denken, Schreiben oder Phantasieren.

## 2.3 Was nehmen Säuglinge wahr?

Für das Neugeborene ist diese Welt, in die es hineingeboren wird, weitgehend unbekannt.[8] Weitgehend meint, dass es natürlich im Mutterleib schon etwas sehen und hören konnte. Aber gesehen hat es die Welt da draußen noch nicht. Es ist allenfalls ein Hören dessen, was von außen nach innen gedrungen ist.

Wenn man bedenkt, dass Neugeborene durchaus unterschiedlich auf vertraute und unvertraute Stimmen reagieren, dann haben sie zumindest eines schon geleistet – und das ist wirklich ihre eigene Leistung –: nämlich die Welt der Töne und Geräusche einzuteilen in »bisher unbekannt, neu« und »bereits bekannt, vertraut«. Vertraut heißt dabei, dass Babys diese Stimmerfahrung auch bewerten: Bedeutet diese Stimme, dieser Klang etwas Angenehmes oder Unangenehmes, kann es sich ihnen zuwenden, oder bedeutet sie nichts Gutes, sodass es besser wäre zu schreien.

Das Baby ist also darauf angewiesen, dass es in dem, was es hört, sieht, riecht, ertastet oder auf andere Weise erspürt, irgendein Muster erkennen kann: Ein Gesicht, den bestimmten Druck eines Armes, in dem es liegt, eine Stimme, einen Geruch, einen Geschmack. Aber es geht nicht nur um das Erkennen oder das Wiedererkennen solcher Muster, sondern das Baby muss auch herausbekommen, was sie in etwa bedeuten: Muss es sich davor schützen, kann es sich vertrauensvoll zuwenden, macht das Angst, ist Unbehagen damit verbunden, Freude oder Vergnügen? Jedes Muster, welches das Kind allmählich in der Fülle der Reize erkennt, wird mit einer emotionalen Tönung versehen. Diese Tönung spiegelt die Erfahrungen wider, die es mit diesem Muster gemacht hat.

Die Aufgabe, mit der ein Neugeborenes von Anfang an beschäftigt ist, besteht also darin, irgendetwas in der Flut der Ereignisse zu erkennen, und heraus zu bekommen, welche Bedeutung das für sein eigenes Leben hat. Da für Babys

---

8 Grundlegend zur Entwicklung von Säuglingen und Kleinkindern: Dornes 1992

die Welt noch nicht nach Sehen, Hören, Riechen, Tasten, Temperatur usw. aufgeteilt ist, machen sie diese Erfahrungen mit allen Sinnen gleichzeitig: Die Brust, die stillt, riecht, fühlt sich in bestimmter Weise an, hat einen bestimmten Geschmack, eine Temperatur, verbindet sich mit einer Wahrnehmung des eigenen Körpers, der in einer bestimmten Weise gehalten wird. So wird etwas mit Mund, Auge, Körpersinnen gleichzeitig erfasst und das ruft eine bestimmte gefühlsmäßige Tönung hervor.

Die Sinne des Babys erfassen keine isolierten Reize, sondern das gesamte In-der-Situation-Sein des Kindes, also eine ganze Szene, in der die Reize zusammengefasst werden. Aus diesen Szenen lernt es allmählich die Einzelheiten herauszulösen. Dabei hilft ihm seine Umwelt: Sie schützt und schränkt die Wahrnehmungsmöglichkeiten so ein, dass das Baby nicht überfordert wird und in Aufregung gerät. Bestimmte Handlungen werden wiederholt, so dass sie sich einprägen können. Dinge werden hervorgehoben, z. B. indem sie dem Kind gezeigt werden. Damit werden sie aus größeren, komplexen Zusammenhängen ausgegliedert und in einer für das Kind überschaubaren Weise neu arrangiert. Bestimmte Handlungen werden mit der Stimme betont oder auch stimmlich gerahmt (die Mutter plaudert mit dem Baby, während sie es wickelt). Wo es möglich ist, verlangsamen die Erwachsenen auch die Geschwindigkeit von Handlungen, damit das Baby Zeit hat mitzukommen. Manchmal wird etwas akustisch herausgestellt, manchmal etwas optisch markiert, wieder anderes wird dadurch »gerahmt«, dass das Kind in einer bestimmten Weise gehalten wird.

Das Baby ist also von Anfang an damit beschäftigt, die Welt, die es umgibt, zu erkennen, in wieder erkennbaren Mustern zu ordnen und die Bedeutung dieser Muster für sein eigenes tägliches Leben zu erfassen. Das erste Problem, das es in seinem jungen Leben hat, ist also ein »Erkenntnisproblem«: Wie kann es seine sinnlichen Erfahrungen in verstehbaren Mustern ordnen, Muster, die ihm erlauben, mit seiner Umwelt so in Verbindung zu treten, dass es wachsen und gedeihen kann und sich dabei wohl fühlt. Diese erste Ordnung der Wirklichkeit in zusammenhängenden Formen muss für alle Sinne geleistet werden. Das kann niemand für die Kinder tun, sie müssen es mit eigenen Mitteln herausfinden.

## 2.4  Vielfalt des Wahrnehmens

Was bedeutet die Aussage Leonardo da Vincis, dass jede Erkenntnis mit den Sinnen beginne?

- Bevor wir nichts von der Welt im Kopf haben, können wir über die Welt nicht nachdenken. Unser Gehirn ist mit der Welt nur über die Sinne verbunden. Die Sinne ermöglichen uns, ein virtuelles Bild von der Welt in unserem Kopf zu erzeugen, damit zu operieren und zu denken.

- Das bedeutet aber auch, dass die Reize und Wirkungen, die uns von unserer Mitwelt erreichen, in den Sinnesorganen enden. Alles, was danach mit ihnen geschieht, liegt allein an dem, der diese Wahrnehmungen macht.

Es macht also Sinn sich damit zu beschäftigen, was mit diesen Wahrnehmungen gemacht wird.

Wir nehmen die Welt nicht nur mit einem Sinn wahr. Zwar bevorzugen wir den Sehsinn, der bei weitem die größte Kapazität im Gehirn beansprucht. Dennoch sind an jeder Wahrnehmung alle Sinne – wenn auch in unterschiedlicher Weise – beteiligt. Weil jeder Sinn nur einen Ausschnitt von möglichen Aspekten der Wirklichkeit wahrnehmen kann, arbeiten die Sinne zusammen. Dabei ergänzen sie sich: Was wir nicht sehen können, hören wir vielleicht, oder nehmen es mit unserem Gleichgewichtssinn wahr. Wir erweitern unsere optischen und akustischen Eindrücke durch Gerüche, durch unsere Körperbefindlichkeit und durch die Emotionen. Man kann sagen, das Zusammenspiel der Sinne erweitert den Wahrnehmungshorizont. Auch wenn wir das Sehen als einen bevorzugten Sinn anerkennen können, wäre es nicht sehr dienlich, sich allein auf diesen zu verlassen.

Kinder nutzen zunächst alle ihre Sinnesmöglichkeiten bei der Wahrnehmung ihrer Wirklichkeit. Dabei dominieren am Beginn des Lebens die Körpersinne in einer Weise, wie das später nicht mehr gepflegt und auch nicht mehr zugelassen wird. Der Mund, die Haut, der Gleichgewichtssinn, die Sinne, die unsere Bewegungen registrieren und die emotionale Wahrnehmung bilden die ersten Eindrücke von der Welt, die im Gehirn gespeichert werden.

Wir müssen davon ausgehen, dass diese frühen Wahrnehmungen (etwa bis zum dritten Lebensjahr) Wahrnehmung sind, von denen die Kinder zunächst kein Bewusstsein haben, Wahrnehmungen die ihnen aber dennoch die Orientierung in der Welt ermöglichen. Das ist nicht schwer zu begreifen. Auch ein Hund wird seinen Rivalen, mit dem er schlechte Erfahrungen gemacht hat, meiden, obwohl er vermutlich kein Bewusstsein davon hat.

Die vielfältigen Wahrnehmungen treten nicht unabhängig voneinander und auch nicht nebeneinander auf, sondern sie bilden ein in sich abgestimmtes Wahrnehmungsmuster, das durch einen Handlungszusammenhang – eine Szene oder Episode – aufeinander bezogen wird.[9] Das heißt, jedes wahrgenommene Detail bekommt seine Bedeutung vom erlebten Handlungszusammenhang, der Episode/Szene, in der es auftritt. Die Farbe Gelb tritt also nicht als ein isoliertes Ereignis auf, sondern wird jeweils anders erfahren und abgestimmt, je nachdem, ob es um meinen gelben Pullover, die Gelbphase einer Ampel oder das gelbe Schmusetier einer Zweijährigen geht. Das Kind erfährt nicht gelb, sondern eine Szene, in der etwas Gelbes vorkommt. So wie die Farbe, werden auch alle anderen Sinneseindrücke so miteinander verbunden, dass sie in der Szene einen sinnvoll erlebten Zusammenhang bilden. Dabei kann die Farbe Gelb sehr verschiedene Tönungen annehmen.

---

9 Nelson (1986) nennt diese Einheit Event Knowledge, das als Mental-Event-Repräsentation im biographischen Gedächtnis gespeichert wird.

Aus diesen Überlegungen lassen sich drei elementare Bildungsaufgaben formulieren: zum einen die Intensivierung und Differenzierung der Wahrnehmung, zum zweiten, die Einbettung dieser Differenzierungen in Alltagszusammenhänge, zum dritten die Bildung eines Bewusstseins von Wahrnehmungen, die ein Kind macht und gemacht hat. Zu diesen Aufgaben gehört, die Vielfalt des Wahrnehmens zu erhalten.

## 2.5 Erfahrungsabhängige Wahrnehmungsmuster

### Erwartbare Erfahrungen

Am Anfang einer Wahrnehmungserfahrung steht also das komplexe, zusammenhängende Muster einer wahrgenommenen Szene oder Episode. D. h. beim Wahrnehmen haben wir nicht das Problem, wie wir einzelne Wahrnehmungsweisen zusammenbringen. Vielmehr bildet ein komplexes, vieldimensionales Wahrnehmungsmuster den Ausgangspunkt für einen Prozess, in dem wir das, was wir im Einzelnen gehört, gesehen, gefühlt oder empfunden haben, erst herausfinden müssen.

Diese Wahrnehmungsmuster werden im Gedächtnis gespeichert. Wir müssen also davon ausgehen, dass wir ein sehr großes Repertoire an Ereignis- und Erfahrungsmustern in unserem Gedächtnis sammeln, die sich auf die individuellen Erfahrungen beziehen, in die uns der Alltag hinein verwickelt hat. Erfahrungen, die sich in vergleichbarer Weise wiederholen, werden nicht einfach in einer Kammer der Erinnerung abgelegt. Sie bilden vielmehr einen Horizont, in dem Dinge erwartet werden nach dem Motto, wenn es in der Vergangenheit solche Zusammenhänge gab, dann können sie sich wohl auch in der Zukunft in ähnlicher Weise wieder ereignen.

Durch den ständigen Vergleich unserer inneren Vorstellungs- und Denktätigkeit mit dem gegebenen Geschehen in unserer Umwelt bilden wir Erwartungen und stellen Fragen. Dabei entscheiden wir in Sekundenbruchteilen zwischen dem, was uns vertraut oder nicht vertraut ist, und richten unsere Aufmerksamkeit auf das Unvertraute. Was uns vertraut ist, das wissen wir einzuordnen. Es ist das Unvertraute, auf das wir unsere Kräfte richten müssen um Wege zu finden, wie wir damit umgehen können.

Deshalb versuchen wir, wenn wir etwas Neues erleben, erst einmal, es mit etwas zu vergleichen, was wir schon kennen: eine neue, bislang unbekannte Pflanze mit einer, die schon vertraut ist, ein fremdes menschliches Verhalten, mit einem, das aus anderen Zusammenhängen bekannt ist, ein Konzert, ein Fußballspiel oder eine Schiffsreise mit entsprechenden vergleichbaren früheren Ereignismustern. Als neu und fremd erleben wir etwas, was nicht in solche erwartbaren Erfahrung- und Ereignismuster passt. Vergangene Wahrnehmungserfahrungen bilden also den Horizont, in dem neue Ereignisse erwartet und zunächst auch verstanden werden.

## Babys suchen nach neuen Erfahrungen

Haben sich Babys lange genug mit einer Sache beschäftigt, wenden sie den Kopf ab und suchen nach etwas Neuem.

> »Diesen Prozess der selektiven Aufmerksamkeit kann man sehr gut (beim Baby, GES) untersuchen und stellt dabei fest, dass bestimmte Reize sozusagen die Aufmerksamkeit auf sich ziehen. Wenn ein neuer Reiz im Gesichtsfeld auftaucht, führt das zu stärkeren Reaktionen, weil die Neuronen, die sich mit Vorhandenem beschäftigen, sich bereits adaptiert haben. Neuronale Antworten auf neue Reize ragen sozusagen wie Gipfel aus dem Wolkenmeer adaptiver Antworten und fallen dadurch auf...«.[10]
> 
> Wenn es dauerhaft keine Signale von außen gibt, die die Aufmerksamkeit auf sich ziehen, »wie man das bei sensorischer Deprivation beobachten kann, dann beginnt man zu halluzinieren, weil das System dann von sich irgendwelche Interpretationen in der festen Annahme liefert, dass irgendetwas da sein muss«.[11]

Man kann davon ausgehen, dass Neugeborene bereits mit einer genetischen Ausstattung auf die Welt kommen, aus der heraus sie Fragen an ihre Mitwelt stellen. Sie wollen beispielsweise »wissen«, wie sich diese Mitwelt anfühlt, was man damit machen kann, welche Ereignisse miteinander zusammenhängen und wie sie sich vertrauten Personen zuwenden können. Anhand der Antworten, die sie auf solche Fragen bekommen, strukturieren sie sich ihre Vorstellungen, Gedanken und Erwartungen. Das Gehirn gleicht eher einem Suchvorgang als einem, das auf Reize reagiert und antwortet. Was auf diesem Weg geklärt werden kann, bekommt später Zutritt zum Bewusstsein.

Wir können die frühen Lebensjahre als eine sensible Phase für diese Bildung einer differenzierten Wahrnehmungsfähigkeit im Bereich der Fern- und Körpersinne sowie der emotionalen Wahrnehmung betrachten. Diese frühen Bildungsprozesse schlagen sich in der Architektur des Gehirns nieder. Das bedeutet, sie verändern das Gewebe der neuronalen Vernetzungen und strukturieren es um. Dadurch erhalten diese Netze eine erfahrungsabhängige Grundstruktur, die immer wieder auch weiter geformt und verändert werden kann. Aber es gibt kein Zurück mehr in einen mehr oder weniger unstrukturierten Ausgangszustand.

So hängt die sinnliche Grundstrukturierung ganz wesentlich von Erfahrungen ab, die ein junges Kind in seiner unmittelbaren Mitwelt machen kann. Daher gibt es also eine direkte Verantwortung der Erwachsenen für das, was Kindern in den ersten Lebensjahren als Erfahrungsrahmen zur Verfügung steht.

Singer betont, dass diese frühen Bildungsprozesse, die

> »durch Erziehung die Architektur im Gehirn verändern, irreversible Folgen haben. Versäumnisse lassen sich später nicht mehr nachholen. Beim Spracherwerb versteht das jeder. Wenn Kinder bis zu einem gewissen Alter nicht sprechen gelernt haben, dann wird das nie wieder gut. Für die visuelle Wahrnehmung kennen wir das auch: Wenn Kinder aus irgendwelchen Gründen die ersten Lebensjahre über blind waren und man die Augen erst später zum Sehen brachte, dann erlangen sie nie wieder die normale Sehtüchtigkeit. Ähnlich wird das für die anderen Wahrnehmungs- und Ausdrucksfunktionen sein. Wenn man den Kindern von Anfang an den Umgang mit For-

---

10 Singer, 2003, S. 81
11 ebenda, S. 83

men und Farben angeboten hätte, so wie sie Deutschlernen, dann könnte sich wahrscheinlich jeder von uns bildlich ausdrücken«.[12]

Das ist kein Plädoyer für inszenierte sinnliche Lernprogramme – auch wenn dies einigen Hirnforschern auf der Zunge liegen mag –, sondern für ein Sich-beteiligen-Können der Kinder an vielfältigen Erlebnis- und Erfahrungsbereichen, in welchen diese sensorischen Möglichkeiten von den Kindern sinnvoll eingesetzt werden können.

**Komplexes Alltagserkennen**

Im Alltag benötigen wir Leistungen, die uns ohne langwieriges Nachdenken zur Verfügung stehen. Je schneller wir etwas wahrnehmen müssen, desto weniger können wir alle Details beachten, desto mehr verlassen wir uns auf eine Art Wahrnehmungsstichprobe und versuchen die Situation anhand einiger Merkmale einzuschätzen. Wir stützen uns auf bereits bewährte Erfahrungsmuster, in denen diese Merkmale typischerweise vorkommen. Mit ihnen ergänzen wir die »Kurzwahrnehmung«: Ich brauche einen Menschen nicht in allen Einzelheiten studieren, um zu sagen, dass das Onkel Erich sei. Da genügen mir ein paar typische Erkennungsmerkmale – die hohe Stirn, der charakteristische Gang oder die Kontur der Nase im Gesicht –, den Rest vervollständigt ein in meinem Gehirn gespeichertes Erfahrungsmuster.

Das funktioniert nicht immer einwandfrei. Manchmal ist diese Strategie nicht wirklich erfolgreich und führt zu Verwechslungen. Das muss ja auch nicht jedes Mal sicher funktionieren. Es reicht schon, wenn es in der Mehrzahl der Fälle zu brauchbare Ergebnissen führt. Deshalb geschieht die Differenzierung sensorischer Erfahrungen nicht in einzelnen Fördermaßnahmen, die einen einzelnen Sinn betreffen, sondern in komplexen Alltags- und Sinnzusammenhängen. Ohne einen solchen Kontext ist man zu solchen »Ergänzungen« nicht in der Lage.

**Entwerfen, Spielen**

Damit diese sensorischen Erfahrungsmuster in vielfältigen und neuen Situationen dann auch gebraucht werden können, müssen sie flexibel sein. Singer geht davon aus, dass unser Gehirn ständig damit beschäftigt ist, seine Inhalte zu ordnen, Bezüge herzustellen, Lösungen zu finden oder neuer Modelle für mögliche Handlungen und Gedanken zu entwerfen.[13] Das Gehirn beschäftigt sich,

---

12 ebenda, S. 10
13 Singer 2002. Ich verzichte auf einzelne Belegstellen; man kann Singers Essays insgesamt als Variationen über das Thema komplexer Abstimmungen im Gehirn lesen. Er gibt damit auch ein Beispiel für das Thema der Komplexität in biologischen Zusammenhängen als Problem der heutigen Forschung, welches nicht durch reduktionistische Auflösung in Einzelzusammenhänge gelöst werden kann, sondern als eigenes Problem angegangen werden muss. Er nennt dieses Problem in der Hirnforschung das Bindungsproblem (vgl. ebenda, S. 32 d, sowie S. 65 ff.)

auch über den konkreten Ablauf der Ereignisse hinaus, mit den erfahrungsbezogenen Weltbezügen. Auf der Grundlage ihrer Repräsentation in unserem Gedächtnis können wir mit ihnen frei operieren. Das Bewusstsein wird dabei nicht zwingend gebraucht, wie das bei Babys und Kleinkindern nachvollziehbar ist. Jedoch ist es für ein differenziertes kulturelles Handeln unabdingbar.

So können solche Erfahrungsmuster in der Vorstellung und/oder im Handeln neu zusammengesetzt und fiktiv handelnd simuliert werden. Am besten lässt sich das im Spiel beobachten, wo Kinder ihre Erfahrungsbilder immer wieder neu inszenieren, so als wollten sie fragen: »Was wären, wenn …?«

Das Spiel wäre also eine sehr effektives und nützliches Verfahren, Erfahrungsmuster, unabhängig von ihrem Entstehungszusammenhang, neu zu kombinieren, auszuprobieren und ihre Folgen vorweg zu nehmen.

**Kulturelle Synchronisation**

Weil sie im individuellen Alltag entstehen, sind Erfahrungsmuster sehr individuell. Auf zweierlei Weise jedoch werden sie mit denen anderer Menschen vergleichbar. Zum einen entstehen sie in sozialen und kulturellen Zusammenhängen, die für die Mitwelt in gleicher Weise strukturiert sind. Die Situationen, in welchen Alltagserfahrungen gewonnen werden, sind anderen in der Regel nicht fremd. Im gleichen Kulturraum kennt man, was eine Frühstückssituation, eine Bahnreise oder ein Besuch im Zoo sind.

Dann gibt es auch noch die Sprache. Über die gemeinsam gesprochene Sprache werden die Erfahrungen zwischen den Menschen verglichen und abgestimmt, die man im Alltag machen kann. Die Begriffe, mit welchen in einer Kultur gesprochen wird, bezeichnen Aspekte von Erfahrungen, die nicht individuell, sondern den meisten Menschen einer Kulturgemeinschaft vertraut sind. In diesen Begriffen sprechen bedeutet damit dreierlei: zum einen, die eigenen Erfahrungen mit den Augen anderer zu sehen, wobei die Gemeinschaft der Anderen durch die Sprachgemeinschaft repräsentiert wird. Zum anderen bedeutet es, die subjektiven Erfahrungen mit den kollektiven Aspekten dieser Erfahrung zu synchronisieren. Schließlich kann es bedeuten, dass sehr subjektive Besonderheiten von Erfahrung aus dieser Synchronisation ausgeschlossen und damit der Kommunikation entzogen sind. Es mag vielleicht noch andere Menschen geben, die ähnliche Erfahrungen haben. Die gilt es jedoch zu finden, um zumindest in kleinen sozialen Sprachgemeinschaften Sprechweisen zu finden, mit deren Hilfe auch über die privateren Aspekte von Erfahrungen gesprochen werden kann.

## 2.6 Ästhetik als Theorie der Wahrnehmung – ihre Bedeutung für die frühe Kindheit

**Wahrnehmen hat einen individuellen und einen soziokulturellen Aspekt**

Wahrnehmen ist also ein individuell strukturiertes Geschehen. Was und wie wir wahrnehmen, hängt stark von dem ab, in welche Wahrnehmungs- und Erfahrungszusammenhänge uns unsere Biographie eingefügt hat. Es gibt einen neuronalen Prozess, der die von der Evolution vorgegebenen Ausgangsbedingungen der menschlichen Wahrnehmung an die kulturellen und natürlichen Gegebenheiten anpasst, die ein Mensch individuell und bedingt durch sein persönliches Schicksal vorfindet. Eine Pädagogik der Kindheit muss diese Bildungsaufgabe erkennen und unterstützen.

Wahrnehmen ist aber ebenso sehr ein kulturelles Geschehen. Die sensorischen Erfahrungen, welche die Kinder machen, sind individuell. Gleichzeitig damit erfahren sie, was in ihrem Umfeld an sensorischen Erfahrungen üblich ist und wie man damit umzugehen hat. Sie verinnerlichen die Art und Weise, wie man seine Sinne in einer gegebenen sozialen und kulturellen Umwelt gebraucht, bis in ihr unbewusstes Handeln hinein. Sie übernehmen stillschweigend, welche sinnlichen Aspekte dabei für mehr oder weniger wichtig gehalten werden. Sie verinnerlichen aber auch, wie man diese Wahrnehmungserfahrungen reguliert, wie man über sie nachdenkt oder sie ignoriert. Ohne, dass sie es gelehrt bekommen – allein durch das alltägliche Handeln, seine Herausforderungen, Unterstützungen oder die Weisen, wie es beschnitten wird – formiert sich in individuellen Variationen der sinnliche Körper der Kinder, ihre Emotionen und Gedanken, so wie es im soziokulturellen Umfeld üblich ist.

Sie verkörpern auf eine subjektive Weise eine soziokulturelle Erkenntnistheorie.

**Pädagogische Neubewertung der sinnlichen Erfahrung**

Diese Einsichten in neurobiologischen Zusammenhängen des Wahrnehmens bilden den Ausgangspunkt für eine pädagogische Neubewertung der sinnlichen Erfahrung im Zusammenhang mit kindlichen Bildungsprozessen.

- Sinnliche Wahrnehmungen sind nicht unmittelbar von Anfang an gegeben. In einem biographischen und kulturellen Lernprozess strukturieren sie die Welterfahrung des Kindes und ermöglichen ihm eine erste, sinnliche Ordnung der Welt. Der Ausgangspunkt dafür sind die Alltagserfahrungen, in die Kinder eingebettet sind. Diese Sinneserfahrungen werden nicht nur durch Denken geordnet und überprüft, sondern sind selbst bereits eine Form des Denkens.
- Damit bilden sie die Grundlage jeglicher Erfahrung und damit auch jeglichen Weltwissens. Sinnliche Erfahrung kann man nicht nach Belieben weglassen

oder dem Wissen hinzufügen. Vielmehr gibt es kein Wissen ohne eine Grundlage an sensorischen Erfahrungsmustern, auf die sich dieses Wissen beziehen kann.

- Die neurobiologischen Erkenntnisse unterstützen zwar die Bedeutung und die Notwendigkeit einer Bildung der Sinne, jedoch nicht die Annahme, dass die Sinnesleistung isoliert und in einem hierarchischen Aufbau (wie bei Montessori und in vielen Förderprogrammen unterstellt) zustande kommen.
- Vielmehr wird die Annahme nahegelegt, dass wir zunächst sehr globale und vielfältige Sinneseindrücke aufnehmen. Diese bilden integrierte Muster der Erinnerung. Aus diesen Mustern können durch intensive Beschäftigung immer mehr Details herausgearbeitet und auch isoliert werden. So gesehen wird die Trennung und der Umgang mit getrennten Erfahrungsanteilen zur kulturellen Aufgabe eines längeren Bildungsweges. An seinem Anfang steht jedoch die integrierte Sinneserfahrung und ihre Speicherung in vielsinnlichen Erfahrungsmustern im Gehirn.
- Aber gegen die Isolierung von sinnlichen Einzelerfahrungen spricht noch eine weitere Folgerung. Isolierte, aus ihrem Alltagskontext heraus genommene Sinnesempfindungen ergeben keinen erfahrbaren Sinn. Kindern, die über einen Sinnespfad laufen, erschließen diese Sinneserfahrungen keine bedeutsamen Zusammenhänge. Die sensorischen Wahrnehmungen bedeuten nichts, nur sich selbst. Wenn man hingegen über die Oberfläche eines glatten Kieselsteins oder eines Stücks Holz streicht, dann empfindet man nicht nur diese Sinneserfahrung, sondern erspürt – wenn man will – die Materialität, Struktur und Formbarkeit dieses Steins oder Holzes. Zudem treten zum Tastempfinden das Temperaturempfinden, die vom Auge wahrgenommenen Qualitäten von Farbe, Form oder auch der Geruch hinzu. Im Alltag sind es die Möglichkeiten des Gebrauchs von Gegenständen, die durch sinnliche Erfahrung nachvollzogen werden. Sinneserfahrung und Sinn werden nicht künstlich voneinander getrennt. Anders in der Förderung einzelner sinnlicher Mechanismen – beispielsweise der Feinmotorik, der akustischen Differenzierung oder des körperlichen Gleichgewichts. Hierbei mögen sensorische Fortschritte erzielt werden, aber ein Sinn erschließt sich den Kindern daraus nicht. Es sind zwar sensorische, aber – in wörtlicher Bedeutung – sinn-lose Beziehungen.
- Die integrierten sensorischen Wahrnehmungsmuster müssen einen Weg ins Bewusstsein finden, damit man weiß, was man wahrgenommen hat. Es gibt zwei kulturelle Wege, sinnliche Erfahrung ins Bewusstsein zu bringen: Gestalten mit ästhetischen Mitteln, sowie die Sprache. Im Gestalten nimmt das Bewusstsein die sensorischen Erfahrungen dadurch auf, dass sie in neuen Zusammenhängen verwirklicht und mit kulturellen Formen verbunden werden. Über die Sprache können sie mit anderen Menschen geklärt, sowie in ihren sozialen und kulturellen Bedeutungen erfasst werden. Zudem ist die Sprache unser bevorzugtes Werkzeug um das, was wir erfahren haben, zu denken.
- Wenn es die Erfahrungszusammenhänge sind, in denen wir begreifen, wie die Dinge in dieser Welt zusammenwirken, dann brauchen wir eine möglichst große Anzahl an solchen Erfahrungsmustern um uns flexibel in der

Welt zurecht zu finden, d. h. zu begreifen, wie etwas funktioniert, wozu es verwendet wird und was man noch daraus machen kann. Sinnliche Erfahrungen in Alltagskontexten sammeln wird damit zu einer vordringlichen Bildungsaufgabe in den ersten Lebensjahren.

- Sinnliche Erfahrungen in ihren Gestaltungsformen und reflexiven Zusammenhängen werden immer eingebettet in einen sozial strukturierten Handlungskontext gemacht. Es gibt keine sozial isolierten sinnlichen Einzelerfahrungen. Auch die Situation isolierter Sinnesförderung ist eine soziale Einbettung. So haben alle sensorischen Erfahrungen einen sozialen und einen sachlichen Sinn. Das schließt ein, dass sie über den zwischenmenschlichen Dialog in ihrer Bedeutung sozial aufeinander abgestimmt werden. Im Mittelpunkt früher Bildungsprozesse stehen also nicht nur die individuellen Welten der Sinneserfahrungen, sondern auch der Abgleich ihrer Bedeutungen mit gegebenen sozialen und kulturellen Mustern über gestalterische Kommunikation und Sprache.
- Im Falle der isolierten Förderung besteht die soziale Einbettung in einen institutionellen Kontext von Förderung, welcher die Erfahrung von Sinn von der Sinneserfahrung abtrennt. Das Kind wird mit einer sozialen Übereinkunft konfrontiert, die es auffordert, sich einem isolierten sensorischen Prozess zu widmen, dessen Sinn sich jedoch nicht aus der Tätigkeit selbst erschließt. Stattdessen wird es aufgefordert, ein zunächst sinnlos erscheinendes Tun mit einem sozialen Kontext zu verbinden, der die Sinnhaftigkeit für einen späteren Zeitpunkt verspricht. Sinnvoll wird dieses Tun nämlich – wenn überhaupt – erst dann, wenn das Kind einsehen kann, dass diese Tätigkeit für seinen zukünftigen Lernerfolg von Bedeutung sein könnte. Hinter dieser soziokulturellen Strategie der Isolierung von Sinn und Sinnlichkeit steht ein kulturelles Erkenntnis- und Denkmodell, in dem der – sinnliche – Körper von einem – unkörperlich gedachten – Geist abgetrennt wird.

**Ein gesellschaftlicher Aspekt der Bildung sinnlicher Erfahrungswelten**

Diese Überlegungen enthalten daher ein kritisches Potenzial im Hinblick auf das, was unsere Gesellschaft sich von der nachwachsenden Generation wünscht. Nicht erst die Rede von der Wissensgesellschaft lenkt die Aufmerksamkeit im frühkindlichen Bildungsbereich vornehmlich auf die rationalen Anteile des Welterfahrens, auf das Weltwissen. Es gibt eine lange Tradition des Wissensverständnisses, die diese rationale Seite isoliert bevorzugt. Die Erkenntnisfähigkeiten von Kindern sind jedoch wesentlich weiter und vielfältiger. Wir laufen Gefahr, den sensorischen Erfahrungsanteil bei der Unterstützung frühkindlicher Bildungsprozesse zu Gunsten einer immer früheren rationalen Welterfassung zurückzudrängen. Damit wird aber den Kindern, zum einen, die Vielfalt des Wahrnehmens und der Ausdrucksmöglichkeiten verringert. Zum anderen verlieren sie tendenziell immer mehr Erfahrungsräume, die man braucht, um das zu erwerbende Wissen in nachvollziehbare Alltagszusammenhänge einzubetten.

»Ich behaupte und entferne mich damit sicher nicht zu weit von der Wahrheit, dass alle Kinder mit dem Angebot kommen, diese nicht-rationalen Kommunikations- und Ausdrucksmittel zu nutzen und dass alle Kinder über sie verfügen, dass wir diese aber zu wenig und wenn überhaupt, dann zu spät fördern und sie auf Kosten der Ausbildung der rationalen Sprache vernachlässigen oder gar unterdrücken. Hier liegt nach meiner Einschätzung ein Fall von Deprivation vor«.[14]

»... vieles, was sich im vorsprachlichen Bereich an ›Intelligenz‹ ausbilden lässt, an intelligentem Verhalten üben lässt – etwa die räumliche Vorstellung oder das Gestalterische – das wird sträflich vernachlässigt. Ich kann mir gut vorstellen, dass einer, der früh lernt, räumliche Zuordnungen oder musikalische Strukturen zu durchschauen, damit sein abstraktes Denkvermögen in einer Weise entwickeln kann, die es dann später ganz einfach macht, das Wesen von Differenzialgleichungen zu begreifen. Die speziellen Techniken lernt man dann wie Vokabeln, das funktioniert wahrscheinlich ein Leben lang.«[15]

### Was bedeutet das nun im Rahmen einer ästhetischen Bildung?

Nach dem Vorangegangenen muss man ästhetische Erfahrung als einen grundlegenden Aspekt von Bildung betrachten. In den frühen Lebensjahren erschließt sie Kindern die Lebensbereiche, von denen sie umgeben sind und zu denen sie zugelassen werden. Sie sind Grundlage und Teil *jeglicher* Sacherfahrung, die nicht abgetrennt werden können. Das ist der Grund, warum junge Kinder alle Dinge, für die sie sich interessieren, greifen, in den Mund nehmen, schmecken, riechen, betasten, motorisch ausprobieren, ihren Geräuschen und Klängen nachgehen und handelnd explorieren, um auszuprobieren, was man damit alles machen kann. Dafür bedürfen sie eines Alltags, in dem sie ihre Welt mit allen sinnlichen und emotionalen Werkzeugen, die ihnen zur Verfügung stehen, erfahren können.

Um diese sensorisch-emotionale Welterfahrung zu vertiefen und zu differenzieren brauchen sie aber auch kulturelle Materialien und Werkzeuge, die diese Erfahrungen weitertreiben, sowie ihnen ermöglichen, gestaltend damit umzugehen. Daraus eröffnet sich ein kulturelles mediales Feld, in dem sich ihre Wahrnehmungen, Empfindungen und Gefühle in Gestaltungsformen artikulieren und damit auch reflektiert werden können. Darüber hinaus treten sie in eine soziale Kommunikation ein, die diese Reflexion um die Perspektiven anderer bereichert.

Medien und ästhetische Gestaltungsformen sind also primäre Mittel der Weltwahrnehmung, der Reflexion und der Kommunikation. Als solche sollten sie in der Kindheit zunächst auch unterstützt und gepflegt werden, nicht als Vorläufer handwerklicher oder künstlerischer Gestaltung oder gar der Bildoder Geschenkherstellung. Sie unterliegen damit auch keinem Diktat einer künstlerischen Ästhetik, sondern sind Ausdruck und Widerhall kindlicher Welterfahrung, noch vor aller Sprache oder als deren Erweiterung.

So begreift die Reggio-Pädagogik die »hundert Sprachen der Kinder«.[16] Der Ort an dem dies pädagogisch unterstützt und gepflegt werden kann ist das Ate-

---

14 Singer, 2002, S. 59
15 Singer, 2003, S. 118
16 vgl. hierzu das entsprechende Kapitel in Schäfer, G. E., von der Beek, A. (2013)

lier. Dieses ist dann kein von anderen Sachfeldern abgetrennter künstlerischer Gestaltungsbereich, sondern der mit Materialien und Werkzeugen hoffentlich reich bestückte Ort einer medialen Reflexion und Kommunikation ihrer Welterfahrung – je nach dem Vermögen der Kinder – verbunden mit, oder losgelöst von sprachlichen Kommunikations- und Reflexionsformen. Als solcher ist das Atelier Teil einer Kultur des Lernens, die der ästhetischen Welterfahrung Raum gibt. Es ist auch ein Ort einer basalen Medienerziehung. Muss diese doch zunächst diese grundlegende Funktion einer ästhetischen Welterschließung, der Reflexion und der Wirklichkeitsgestaltung voranbringen, bevor sie sich einzelnen medialen Techniken widmet.

## Literatur

Baumgarten, A. G. (1993): Philosophische Betrachtungen über einige Bedingungen des Gedichtes. Herausgegeben und übersetzt von Heinz Paetzold. Hamburg. Ich zitiere Baumgarten nach Welsch 1993.
Da Vinci. Leonardo (2006): Jede Erkenntnis beginnt mit den Sinnen. München.
Dornes, M. (1992): Der kompetente Säugling. Frankfurt/Main.
Nelson, K. (1986): Event Knowledge. Hillsdale, New Jersey; Lawrence Erlbaum Associates, Publishers.
Roth, G. (1994): Das Gehirn und seine Wirklichkeit. Frankfurt/Main.
Schäfer, G. E. (1999): 1. Sinnliche Erfahrung bei Kindern. In: Lepenies, Annette, Nunner-Winkler, Gertrud, Schäfer, Gerd, E., Walper, Sabine: Kindliche Entwicklungspotentiale – Normalität, Abweichung und ihre Ursachen (Bd.1). Materialien zum 10. Kinder- und Jugendbericht. München 1999 Deutsches Jugendinstitut Verlag.
Schäfer, G. E. (2002a): Selbst-Bildung in der frühen Kindheit als Verkörperung von Erkenntnistheorie. In: Uhlendorf, H., Oswald, H. (Hrsg.): Wege zum Selbst. Soziale Herausforderungen für Kinder und Jugendliche (S. 75–98). Stuttgart.
Schäfer, G. E. (2002b): Bildung als verkörperte Erkenntnistheorie. In: Liegle, L., Treptow, R. (Hrsg.): *Welten der* Bildung in der Pädagogik der frühen Kindheit und in der Sozialpädagogik (S. 65–73). Freiburg.
Schäfer, G. E. (2019a): Bildung in der frühen Kindheit. In: Cornelie Dietrich, Ursula Stenger, Claus Stieve (Hrsg.): Theoretische Zugänge zur Pädagogik der frühen Kindheit. Eine kritische Vergewisserung. Im Erscheinen.
Schäfer, G. E. (2019b): Bildung durch Beteiligung. Zur Praxis und Theorie frühkindliche Bildung. Insbes. das Kapitel über die »kulturelle Natur« des Kindes.
Schäfer, G. E., von der Beek, A. (2013): Von Reggio lernen und weiter denken. Weimar, Berlin.
Welsch, W. (1993): Ästhetisches Denken. Stuttgart.

# 3 Die Bedeutung ästhetischen Lernens für eine Theorie der Kindheit – pädagogisch-anthropologische und sozialwissenschaftliche Begründungszusammenhänge

*Ludwig Duncker*

Das Verständnis von Kindheit als einer eigenständigen Lebensphase ist geprägt durch die Einblicke in eine ästhetische Praxis, die sich von der der Jugendlichen und Erwachsenen teilweise erheblich unterscheidet. Man könnte fast behaupten, dass wir in der ästhetischen Praxis von Kindern in besonderer Weise die Eigenständigkeit dieser Lebensphase entdecken können und dabei erkennen, dass die Formen, in denen sich eine ästhetische Praxis artikuliert, etwas zu tun haben mit grundlegenden Lernprozessen und Aneignungsformen von Wirklichkeit. Dies ist eine These, die im Folgenden entfaltet und als Frage einer Theorie der Kindheit ausgelegt werden soll.

## 3.1 Disparate theoretische Zugänge

Erschwerend ist dabei, dass diese Bezüge zur Kindheit auf heterogene Forschungstraditionen stoßen. Die Forschungen zur Kindheit folgen unterschiedlichen wissenschaftstheoretischen Paradigmen. So treffen wir, was das ästhetische Lernen in der Kindheit betrifft, auf die lange Tradition der pädagogischen Anthropologie, die auch in sich selbst nicht einheitlich ist und beispielsweise phänomenologische oder psychoanalytische Theoreme integriert hat. Eine sozialwissenschaftliche und sozialisationstheoretisch profilierte Forschung fokussiert dagegen mehrheitlich Fragen des Aufwachsens von Kindern in der Gesellschaft. Man könnte geradezu von einer Aufspaltung sprechen. Die Netze, die ausgeworfen werden, um neue Erkenntnisse einzufangen, sind jeweils geknüpft nach Regeln und Mustern, die nicht nur verschiedene methodische, sondern auch unterschiedliche inhaltliche Aufmerksamkeiten und Fragestellungen erzeugen.

Die anthropologische Perspektive zentriert sich vorwiegend um das Beschreiben und Verstehen von Selbstdeutungsprozessen in der Kindheit und darum, wie Kinder sich Wirklichkeit lernend selbst aneignen und dabei ihre Wahrnehmungs-, Handlungs- und Erfahrungsfähigkeit üben und entfalten. Gerd E. Schäfer spricht deshalb auch von Prozessen der »Selbstbildung« (Schäfer 1995, vgl. auch Merkel 2005), die in Formen einer ästhetischen Praxis zum Ausdruck kommen. Sozialwissenschaftliche Studien lenken dagegen ihr Interesse mehr auf den Prozess, »wie sich die Lebensphase Kindheit entwickelt und verändert hat und welche kulturellen, sozialen und politischen Vorstellungen vom Kind in einer Gesellschaft existieren« (Andresen/Hurrelmann 2010, S. 56).

Trotz der heterogenen wissenschaftstheoretischen Paradigmen, die hier zugrunde liegen, gibt es zwischen pädagogisch-anthropologischer und sozialwissenschaftlicher Forschung bezüglich der Kindheit manchmal auch Berührungspunkte und Überschneidungen. Hier ist beispielsweise die Verwendung des Kulturbegriffs zu nennen. Die pädagogisch-anthropologische Thematisierung von Kindheit hat den individuellen Bezugsrahmen für die Deutung kindlicher Lernprozesse, wie sie in älteren Schriften noch enthalten ist, längst überschritten und versteht Lernen, unterstützt durch die Einbeziehung kulturphilosophischer Argumentationen, als eine *Form der Kulturaneignung* (vgl. Duncker 1994, Göhlich/Zirfas 2007). Die ästhetische Praxis von Kindern kann in diesem Sinne als ein Lernen begriffen werden, in dem sich eine spezifische Kultur der Kindheit entfaltet.

Der Kulturbegriff ist auch für die sozialwissenschaftliche Forschung bedeutsam geworden und hat sich inzwischen gleichberechtigt neben gesellschaftstheoretisch ausgewiesene Kategorien gestellt. Dies war nicht immer so. Es sei hier nur erinnert an die Auseinandersetzungen innerhalb der Soziologie, die Wolfgang Lipp und Friedrich Tenbruck (vgl. Lipp/Tenbruck 1979) angestoßen haben. Sie haben dort die Wiederbeachtung des Kulturbegriffs in der Soziologie reklamiert und in diesem Zusammenhang strukturfunktionale und sozialdeterministische Verkürzungen in der eigenen Fachdiskussion angeprangert. Auch für die Sozialisationsforschung sind kulturelle Orientierungen damit neu in den Blick geraten (vgl. Hurrelmann/Bründel 2003).

Was damit für die Theoriediskussion gesagt werden soll, ist Folgendes: Trotz unterschiedlicher und teilweise auch gegensätzlicher wissenschaftstheoretischer Paradigmen lassen sich in der Beschreibung einer Kultur der Kindheit produktive Verknüpfungen anthropologischer und sozialwissenschaftlicher Perspektiven gewinnen. Eine Theorie der Kindheit, die solche Perspektiven miteinander verbindet, ist jedoch bislang nicht ausgearbeitet worden. Studien, die versuchen, ein umfassendes Gesamtverständnis von Kindheit zu entwerfen, folgen bislang eher *einem* bevorzugten wissenschaftlichen Paradigma (vgl. Honig 1999, Göppel 2007, Konrad/Schultheis 2008).

Tendenziell lässt sich behaupten, dass die pädagogisch-anthropologische Perspektive die Dialektik von Individuierung und Enkulturation eher von den individuellen Handlungs- und Erfahrungsweisen der Kinder her in den Blick nimmt, die sozialwissenschaftliche Perspektive dagegen eher umgekehrt danach fragt, welche Einflüsse auf die Kindheit durch die gesellschaftlichen und kulturellen Kontexte, in denen Kinder aufwachsen, erfasst werden können. Eine harmonische Verschmelzung beider Traditionslinien wird es wohl aufgrund der heterogenen theoretischen Positionen nicht geben können, dies sei jedoch ausdrücklich angemerkt.

Die wissenschaftstheoretische Diskussion kann hier nicht geführt werden. Die folgenden Ausführungen müssen sich darauf beschränken, einige Aspekte zusammenzutragen, die die Bedeutung ästhetischen Lernens für das Verständnis vom kindlichen Lernen erhellen. Dies geschieht je nach thematischem Ausschnitt im Rückgriff mehr auf die eine oder die andere Forschungstradition.

## 3.2 Die sinnlich-leibgebundene Grundlegung ästhetischen Lernens

Eine Darstellung der leibgebundenen Grundlagen ästhetischen Lernens kann fruchtbar auf phänomenologische, insbesondere leibphänomenologische Studien zurückgreifen, die mit den Namen von Frederik Buytendijk, Martinus Langeveld, Maurice Merleau-Ponty und Hermann Schmitz verbunden sind. Es ist das Verdienst von Klaudia Schultheis (1998), diese Traditionslinie aufgegriffen und auch für schulpädagogisches Denken und Handeln erschlossen zu haben. Deshalb soll zunächst ihren Ausführungen gefolgt werden. Sie verdeutlichen, dass »Leiblichkeit als Fundament des kindlichen Lernens« (Schultheis 2004, S. 102) begriffen werden muss. Die Anfänge kindlichen Lernens liegen in der sinnlichen Wahrnehmung und dem Gebrauch motorischer Fähigkeiten begründet, die im Zusammenspiel eine aktive Auseinandersetzung mit der Wirklichkeit ermöglichen, noch lange bevor im Zuge des Spracherwerbs auch die begrifflichen Voraussetzungen zur Reflexion von Erfahrung vorliegen. Auch die Muster kognitiver Verarbeitung entwickeln sich nicht abstrakt und losgelöst von den leiblich gebundenen Erfahrungen, sondern entfalten sich sukzessive aus den sinnlich-ästhetischen Wahrnehmungen und den Formen des leiblichen Tätigseins heraus. Insofern legen die leiblich-sinnenhaften Zugänge zur Welt den Grund für ein Lernen als einer interaktiven Auseinandersetzung mit der Umwelt, in der Kinder aufwachsen.

> »Der grundlegende Gedanke der Leibphänomenologie ist demnach, dass der Leib die nicht hintergehbare Basis unserer Welterfahrung ist. Über den Leib ist der Mensch in der Welt verankert, er ist sein Medium zur Welt« (Schultheis 2004, S. 99).

Der Begriff der »leiblichen Kommunikation« (Schmitz 1990) unterstreicht dabei die Fähigkeit, dass Kinder mit ihrer Umwelt in Austausch treten können, noch bevor sie über differenzierte kognitive und sprachliche Kompetenzen verfügen, dass die Begegnung mit der Welt vielmehr von einer Unmittelbarkeit geprägt ist, die sich über die Sinne, die Bewegung, über ästhetische Empfindungen und atmosphärische Stimmungen vermittelt (vgl. auch Bilstein 2011).

Das Problem institutionell organisierten Lernens wie beispielsweise in der Schule besteht oft darin, dass die sinnlich-ästhetischen Zugänge zum Lernen ignoriert und übersprungen werden und unterrichtliche Lernprozesse vorschnell oder gar ausschließlich auf begriffliche und abstrakte Aneignungsformen von Wissen aufbauen. Es wird dabei übersehen, dass für das Lernen der Kinder »der Leib als Erkenntnisorgan« (Stenger 2013) dient. Eine breit geführte Schulkritik hat hier einen ergiebigen Ansatzpunkt entdeckt (z. B. Rumpf 1981, Liebau/Zirfas 2009). Dennoch können Konzepte eines »ganzheitlichen Lernens« oder eines »Lernens mit allen Sinnen«, wie sie oft vorgebracht werden, keine geeignete Lösung des Problems sein, weil sie die Frage der Systematisierung, Verallgemeinerung und Überschreitung primärer Erfahrung nicht als notwendigen Bestandteil des Bildungsauftrags betrachten (vgl. kritisch dazu Kahlert 1997).

Damit verbunden ist ein weiteres Problem: Das Üben wird, zumindest dort, wo es systematisch angeleitet wird, oft verkürzt auf den Aspekt des leistungsorientierten Trainings. Dabei wird die in der anthropologischen Diskussion herausgestellte Bedeutung des Übens als einer sammelnden und vertiefenden Tätigkeit verfehlt. Im Grunde geht es im Üben um eine Art selbsttätiger Vervollkommnung, um die Ausbildung eines Könnens, das sich in der Praxis alltäglicher Anwendung ausdifferenziert und erweitert, sofern es mit der richtigen Einstellung und dem erforderlichen Ernst betrieben wird. Dies markiert jedenfalls nach Otto Friedrich Bollnow (1991) und Malte Brinkmann (2012) den anthropologischen Ort der Übung.

Günther Bittner (1993) hat mit der Unterscheidung von Erscheinungsleib, Werkzeugleib und Sinnenleib eine wichtige Differenzierung für die Beschreibung leibgebundener Formen des Lernens vorgenommen. Im »Erscheinungsleib« nimmt sich das Kind selbst in seiner körperlichen Gestalt wahr und darin, wie es von anderen Kindern und Erwachsenen gesehen wird. Diese Selbstwahrnehmungen sind verwoben mit der subjektiv bedeutsamen Frage nach der sozialen Resonanz über Anerkennung und Ablehnung durch andere und darüber, wie die eigene äußere Erscheinung einem Ich-Ideal nahe kommt oder von ihm abweicht. Im »Werkzeugleib« sind jene Potentiale für Erfahrungen gebündelt, die sich im Zugewinn von Kraft und Geschicklichkeit ausbilden und den Körper gleichsam als Mittel zur Erfüllung eigener Könnens-Wünsche beanspruchen. Am Beispiel des Fahrradfahrens wird erläutert, wie aus der Beherrschung von Balance und der Koordination von Bewegungen auch ein größeres Maß an Selbständigkeit und Unabhängigkeit erwächst. Bewegungsabläufe meistern zu wollen wird deshalb zu einem wichtigen Antrieb für einen Kompetenzerwerb. Im »Sinnenleib« werden jene Dimensionen erfasst, die den Leib als Ort des Fühlens, Empfindens und sinnlichen Wahrnehmens betreffen. Im Anschluss an René Spitz wird die Unterscheidung coenästhetischer und diakritischer Wahrnehmung herangezogen, um die Entwicklung von Wahrnehmungsprozessen bis ins Schulalter zu verdeutlichen. Die psychoanalytisch beeinflusste pädagogische Anthropologie, in deren Tradition auch Günther Bittner steht, hat für die Interpretation kindlichen Leiberlebens wesentliche Impulse gegeben und ist in ihren Grundeinsichten nach Hans-Joachim Fischer (2010) auch durch wahrnehmungspsychologische Studien bestätigt:

> »Wahrnehmung ist – bezogen auf den Prozess der kindlichen Entwicklung – von Anfang an eine komplexe, intermodale Leistung des Subjekts (des Kindes) auf der Basis bedeutungsgebundener Bewegungshandlungen (...). Daraus ergibt sich zwingend ein Verständnis, das Bewegung und Wahrnehmung als Handlungseinheit begreift« (Fischer 2010, S. 119).

Michael Göhlich und Jörg Zirfas (2007) haben darauf hingewiesen, dass für eine Anthropologie des Leibes der Habitusbegriff, wie er von Pierre Bourdieu geprägt wurde, aufgegriffen werden kann. Habitualisierung beschreibt gleichsam den Prozess der individuellen Einverleibung kollektiv erworbener Handlungsmuster.

> »An diesen Mustern kultureller Praxis nimmt das Individuum teil und erwirbt sich dabei allmählich einen spezifischen Habitus. Dieser Habitus bestimmt im Weiteren, wie das betreffende Individuum sich in einer bestimmten Situation, gegenüber einem bestimmten Menschen, Gegenstand oder Ereignis verhält. Da Lernen in Situationen stattfindet, und auf Gegenstände, Ereignisse und/oder Menschen bezogen ist, bestimmt der Habitus auch Inhalt und Form resp. Modalität des Lernens« (Göhlich/Zirfas 2007, S. 120).

Sozialwissenschaftliche und im engeren Sinne sozialisationstheoretisch ausgerichtete Studien untersuchen schwerpunktmäßig ganz andere Aspekte kindlichen Leiberlebens. Hier geht es mehr um die Thematisierung von Lebensräumen, die die körperlich-leibliche Entfaltung von Kindern betreffen. Kritisch betont werden dabei zunehmend einschränkende Bedingungen in unserer Gesellschaft, die durch Architektur (vgl. Bühler-Niederberger 2005), dem Aufwachsen in urbanen Räumen (vgl. Zeiher/Zeiher 1994) und durch verinselte Lebensräume bedingt sind, die nur durch die Chauffeursdienste der Eltern miteinander verbunden werden (Scheiner/Holz-Rau 2015). Auch der Rückzug ins Kinderzimmer (Rohlfs 2006) und der damit oft verbundene überhöhte Medienkonsum werden als teilweise problematische Tendenzen für eine gesunde Entwicklung angesprochen (vgl. Rolff/Zimmermann 1985, Stein/Stummbaum 2011). Erfasst werden Bewegungsmangel und fehlende Möglichkeiten für körperliche Aktivitäten sowie die mangelhafte Ausbildung grundlegender Formen von motorischer Geschicklichkeit (vgl. Hunger/Zimmer 2010). Thematisiert werden also überwiegend äußere Bedingungen und Einflüsse auf körperlich-leibliches Verhalten und eine Analyse von Räumen und Gelegenheiten für Bewegung und Spiel. Ästhetische Implikationen des Lernens kommen dabei jedoch nicht oder nur in indirekter Weise vor.

## 3.3 Symbolisches Verstehen und Formen eines ästhetischen Denkens

Auch bezüglich einer weiteren Dimension ästhetischen Lernens kann produktiv auf Erkenntnisse einer pädagogisch-anthropologischen Forschung zurückgegriffen werden, hier insbesondere auf Untersuchungen zum Spiel und zur Phantasie des Kindes. Hier wird deutlich, dass ästhetische Wahrnehmungen nicht nur Eindrücke und Empfindungen enthalten, sondern auch Deutungen und Interpretationen einschließen. Die Anfänge ästhetischen Lernens bauen Brücken von der »sensomotorischen Spur zur Sinn-Struktur« (Dietrich/Krinninger/Schubert

2012, S. 76ff.) Sinneswahrnehmungen können deshalb eine Neugier stiften und Fragen auslösen, die in einer weiteren Beschäftigung mit den Phänomenen erst in ihrem Sinn geklärt und verstanden werden müssen. Dies ist als ein Prozess des Suchens und Findens von Bedeutungen zu begreifen, die in ihrer Anbindung an Objekte zwischen Verflüssigung und Verfestigung variieren. Es ist geradezu ein konstitutives Merkmal kindlichen Spiels, dass Bedeutungen, die den Dingen und Phänomenen zugeschrieben werden, flexibel bleiben und ständig verändert werden. Deuten ist dabei immer auch ein Umdeuten, und im Spiel mit Bedeutungen werden Erkenntnisse und Einsichten erprobt und variiert, neu erdacht und wieder verworfen (vgl. Winnicott 1993, Flitner 1996).

Die pädagogisch-anthropologische Beschäftigung mit der kindlichen Phantasie hat deshalb die Einsicht gefördert, dass die Begegnung mit der Welt in Formen geschieht, die das Vorstellungsvermögen und die Anschauungskraft aktivieren. In der ästhetischen Praxis von Kindern sind bildhafte und szenische, sprachliche und gestische Mitteilungen enthalten, die uns etwas verraten über jene Innenseite des Lernens, in der Eindrücke verarbeitet und mit bisherigen Erfahrungen verknüpft werden. Sie hat uns sensibilisiert für einen Begriff von Lernen, der weit über eine bloße Rezeption von Wissen und eine Anpassung an die Umwelt hinausgeht. Gerade das kindliche Spiel zeigt uns vielfältige Formen von Phantasie und Kreativität, die auch neue Wirklichkeiten hervorbringen. Es werden hier Formen einer symbolisch gesteuerten Auseinandersetzung mit der Wirklichkeit sichtbar, die als Lernprozesse beschrieben werden können.

Damit ist ein Verständnis ästhetischen Lernens erreicht, in dem der Symbolbegriff einen bedeutsamen Stellenwert einnimmt. Die Ausführungen zur kindlichen Phantasie lassen sich deshalb theoretisch anbinden an die Kulturphilosophie Ernst Cassirers. In seiner »Philosophie der symbolischen Formen« (1923–1929) beschreibt Cassirer die Symbolfähigkeit als eine spezifisch menschliche Fähigkeit. Die Fähigkeit, Symbolsysteme hervorzubringen, begreift er als eine »Methode«, mit der sich der Mensch nicht nur an seine Umgebung anpassen könne, sondern mit der er gleichzeitig eine neue Wirklichkeit entwerfe, die er als »Zwischenwelt« bezeichnet. Die symbolische Zwischenwelt sei keine Welt harter Fakten, sie enthalte Bedeutungen, die sich ablösen und verselbständigen könnten. Sie erlaube den Entwurf von Bildern und Projektionen, von Hoffnungen und Ängsten, von Phantasien und Träumen, die eine ebenso wirksame Realität bedeuteten wie die sogenannten Tatsachen:

> »Eine Welt selbstgeschaffener Zeichen und Bilder tritt dem, was wir die objektive Wirklichkeit der Dinge nennen, gegenüber und behauptet sich gegen sie in selbständiger Fülle und objektiver Kraft« (Cassirer 1921f./1956, S.175f.).

Solche Bezüge zur Kulturphilosophie können auch eine Theorie der Kindheit sinnvoll abstützen. Sie verdeutlichen den hohen Stellenwert ästhetischen Lernens. Das, was Kinder vorfinden, wird nicht bloß aufgegriffen und wahrgenommen, sondern untersucht und gedeutet, erkundet und abgetastet, verglichen und bewertet. Auf diese Weise entsteht ein Spiel mit Perspektiven und Standpunkten, ein Abwägen von Wesentlichem und Unwichtigem, ein Finden von Originellem und Übertragbarem. Man muss dabei davon ausgehen, dass Lernen immer ein individueller Vorgang ist und dass jedes Kind ein anderes Bild von der Welt entwirft. Einsichten und Ansichten von der Wirklichkeit sind durch die subjektiven Blickwinkel gebrochen, weil sie immer auch mit dem Vorwissen und der eigenen Erfahrung in Verbindung stehen. Im Lernen, so könnte man die These zuspitzen, entsteht die Welt auf eine neue Weise. Lernen hat deshalb viel zu tun mit dem Entwurf von Wirklichkeiten. Diese sind kein direktes Abbild der Realität, auch wenn sie in vielfältiger Weise mit der Realität verbunden sind.

Diese philosophischen und pädagogisch-anthropologischen Prämissen zum Begriff des Lernens lassen erkennen, in welchen Zusammenhang kindliche Phantasie, Spiel und Kreativität zu stellen sind: Es geht darum, jenen inneren Schauplatz der Vorstellungskraft zu entfalten, der sich in der Phantasietätigkeit seinen Raum schafft und der im spielerischen Umgang mit der Wirklichkeit einen kreativen Ausdruck annimmt. Die Vermittlung von Innen und Außen über das Spiel vermag diese Zweipoligkeit des Lernens besonders zu betonen. Es entsteht Neues und Originelles, das sowohl Einfluss auf das Bild von der Wirklichkeit nimmt wie auch auf die Wirklichkeit selbst. Deshalb könnte man das Spiel auch als einen kulturellen Prozess beschreiben und dabei betonen, dass im Lernen das dialektische Zusammenspiel von Kulturaneignung und kultureller Erneuerung zur Entfaltung kommt.

Wichtig für das Verständnis symbolischen Verstehens ästhetischen Lernens ist es, dass die denkende Verarbeitung sinnlicher Wahrnehmungen nicht allein in sprachlich-begrifflicher Weise geschieht, sondern sich selbst ästhetischer Formen bedient. Wolfgang Welsch hat in diesem Zusammenhang den Begriff des »ästhetischen Denkens« (Welsch 1990, vgl. auch Nortmann/Wagner 2010) geprägt, ein Denken, das besonders in den Formen eines Denkens in Bildern veranschaulicht werden kann. Vereinfacht ausgedrückt kann ein Bild nicht allein sprachliche Reaktionen hervorrufen, sondern auch den Entwurf neuer Bilder gleichsam als Antwort und Gegenentwurf erzeugen. Es entsteht auf diese Weise eine Art »Diskurs in Bildern« (Schulze 1993, vgl. auch Duncker/Lieber 2013), eine dialogische Auseinandersetzung mit den Mitteln des bildsprachlichen Ausdrucks. Ähnliches ließe sich auch in Bezug auf leiblich gebundene, musikalische und szenische Ausdrucksformen übertragen. Es ist ein Kennzeichen ästhetischer Praxis von Kindern, dass mit solchen ästhetischen »Sprachen« experimentiert wird und Deutungsprozesse, die darin in symbolischer Weise vermittelt sind, auch in ästhetischen Kategorien zum Ausdruck kommen.

Auch die Sozialisationsforschung hat die symbolischen Bezüge kultureller Prozesse produktiv in ihre Theoriebildung aufgenommen. Exemplarisch sei hier verwiesen auf die Studie von Hans-Günter Rolff und Peter Zimmermann, die in ihrer Untersuchung zum Wandel der Kindheit die »Erfahrung aus zweiter Hand durch mediatisierte Aneignung symbolischer Kultur« (Rolff/Zimmermann 1985, S. 138) als ein wesentliches Merkmal veränderter Sozialisationsbedingungen heutiger Kindheit bezeichnen.

> »Die Mediatisierung der kindlichen Lebenswelt hat zur Folge, dass sich zwischen Musik und Hörer die Kassette schiebt, zwischen Puppenspiel und Zuschauer das Fernsehgerät und zwischen Landschaft und Raumerleben die laufenden Bilder. Dies führt

gewiss nicht zu einem Verlust an Information, die eher sintflutartig anschwillt, wohl aber zu einer Verarmung des Bereichs unmittelbarer Erfahrungen« (a. a. O., S. 139).

Rolff und Zimmermann verwenden in ihrer Analyse nicht den Begriff des ästhetischen Lernens. Es ließe sich jedoch in einer Fortführung ihrer Argumentation leicht darstellen, dass die Verarmung unmittelbarer Erfahrung auch eine Ausdünnung ästhetischer Dimensionen des Lernens einschließt, zumindest jene, die auf der Authentizität eigenen Handelns beruhen. Deutlich wird in der Studie auch, dass die Sozialisationsforschung kindliche Aneignungsprozesse von veränderten gesellschaftlichen und kulturellen Rahmenbedingungen her in den Blick nimmt.

## 3.4 Die Erzeugung ästhetischer Resonanzräume und die Entfaltung einer kulturellen Praxis

Mit der Benennung leiblich gebundener und symbolisch gesteuerter Prozesse der Aneignung und Deutung von Wirklichkeit ist der Grund gelegt, um die Formen ästhetischen Lernens in ihrer Außenseite auch hinsichtlich ihrer sichtbaren Spuren zu thematisieren. Dabei wäre es eine Verkürzung, solche Spuren nur als Reflex auf gesellschaftliche Verhältnisse und quasi als Sozialisationsmechanismen zu begreifen, in denen kausale Ursache-Wirkungszusammenhänge aufscheinen. Gerade die ästhetische Praxis von Kindern zeigt auch dysfunktionale Momente. Sie zeigt Eigenständigkeit, Originalität und überraschende Vielfalt, die als Spiegel schöpferischer Kreativität und nicht nur als Funktion von Imitation, Nachahmung und Reproduktion zu begreifen sind. Kinder und Jugendliche wählen aus, was sie interessiert, sie benutzen angebotene und vorgefundene Dinge oft auf unvorhersehbare Weise, sie deuten Gebrauchsgegenstände um und bauen sie symbolisch verfremdet in ihre eigenen Probehandlungen ein. Sie entwerfen Phantasien und Visionen, die sich ablösen von vorgegebenen Mustern realer Erlebnisse und finden Dinge »cool«, über die Eltern und Erwachsene oft nur irritiert den Kopf schütteln – in all solchen nicht deterministisch und nicht funktional vereinnehmbaren Empfindungen, Tätigkeiten und Deutungen zeigen sich Vorgänge, die Konturen eines relativ eigenständigen kulturellen Handelns sichtbar machen.

Kinder erzeugen eigene kulturelle Resonanzräume, die sie mit den Mitteln einer ästhetischen Praxis ausgestalten. Das Anlegen von Sammlungen (vgl. Duncker/Hahn/Heyd 2014), das Spiel des Kleidens und Verkleidens (vgl. Duncker 2014), die Erfindung von Geschichten und Phantasiegefährten (vgl. Fatke 1993, Neuß 2001), die Herstellung von Bastelarbeiten (vgl. Schäfer 1993) usw. zeigen, wie Kinder in kommunikativem Austausch mit ihrer Umwelt ihre Kreativität einbringen und sich dabei als Akteure einer relativ eigenständigen kulturellen Praxis behaupten (vgl. auch Altenberger/Maurer 1992, Duncker/Maurer/

Schäfer 1993, Fatke 1994, Neuß 1999, Duncker/Lieber/Neuß/Uhlig 2010, Duncker 2018). Die ästhetischen Tätigkeiten von Kindern zeugen von Vorgängen der Übernahme und Adaptation, Identifikation und Imitation, aber auch von Abgrenzung, Verweigerung und der Entwicklung abweichender eigener Ideen.

In den Kontext einer Kultur kindlichen Lernens sind auch die Formen szenischen Gestaltens zu stellen. Szenisches Gestalten schließt ein ästhetisches Verstehen von Gestik und Mimik, von Bewegungsabläufen und Verhaltensweisen ein, die sich körperlich-leiblich artikulieren. Bedeutsam ist, dass sich der Sinn solch ästhetischer Ausdrucksformen immer szenisch vermittelt, d. h. er kann erst im Kontext von Szenen interpretiert werden. Eva Bannmüller (1979) hat deshalb die Szene als die kleinste Einheit beschrieben, in der Alltagserfahrungen leiblich vermittelt sind. Szenen enthalten Bewegungsabläufe, sie sind Ausschnitte, in denen leiblich-körperliche Vorgänge beobachtet und beschrieben werden können. Sie sind eingebunden in eine Umgebung, sind mit Requisiten und Kulissen ausgelegt, in denen und auf die bezogen sich Leiblichkeit als Lebensvollzug darstellt – ein Gedanke, der in Konzepten einer »theatralen Bildung« fruchtbar aufgegriffen und weitergeführt wird (vgl. Liebau/Klepacki/Zirfas 2009).

Szenen können gestaltet werden. Alltägliche Szenen bieten die Möglichkeit, sich zu inszenieren, sie können durch die Wahl der Mittel, der Umgebungen und der Verhaltensweisen Wirkungen erzeugen, sowohl auf andere Adressaten bezogen als auch reflexiv zurückgewandt auf sich selbst. In dramaturgischen Miniaturen lassen sich im Alltag Auftritte durchspielen, sei es über die große Geste der Selbstdarstellung oder eher durch Unauffälligkeit, Zurückhaltung und Bescheidenheit. Sich in Szene zu setzen beschreibt demnach ein anthropologisch und sozial bedeutsames Konzept, in dem Leiblichkeit und Ästhetik sinnkonstituierend sichtbar werden. Szenen enthalten deshalb eine Art Skript, das dramaturgischen Regeln folgt und Muster für die eigene Alltagsregie bereitstellt (vgl. Andersen 2005).

Gerade in einer Gesellschaft, in der eine »Ästhetisierung des Alltagslebens« (Schulze 2005, S. 33ff.) fortschreitet, werden die Formen der Selbstdarstellung zu einer zentralen Kategorie der Alltagsbewältigung. Kinder sind hier in hohem Maße involviert. Alltägliche Inszenierungen entscheiden über subkulturelle Identifikationen, über Zugehörigkeiten und Ausgrenzungen. Partizipation und Integration werden über symbolisch-ästhetische und leiblich-gestische Stilmittel instrumentiert. Soziale Differenzierungen, die sich an ästhetischen Normen des Geschmacks festmachen, bekommen dabei eine wachsende Bedeutung. Sie vermitteln sich szenisch und habituell, der eigene Leib, die gewählte Kleidung, das Auftreten und auch die benutzten Requisiten werden dabei zu Subjekten und Objekten der Darstellung zugleich.

Ästhetische Identifikationen haben schon im Kindesalter eine Bedeutung für die Herausbildung einer eigenen Identität. Kinder wollen teilhaben und sozial wie kulturell integriert sein, aber sie möchten auch ihre Individualität unterstreichen, ihren eigenen Willen artikulieren und Interessen ausbilden, die unverfügbar sind. Ästhetische Praxis wird so zum Spielfeld einer Ausbalancierung von Zugehörigkeit und Abgrenzung, von Identifikation und Distanz, von sozialer Integration und Differenzierung. Auch in einer Medien- und Konsumgesellschaft, die teilweise aufdringlich und massiv auf Kinder einwirkt, zeigt die ästhetische Praxis von Kindern immer wieder eine erstaunliche Eigenständigkeit, Widerständigkeit und Originalität.

## 3.5 Zeitstrukturen in ästhetischen Erfahrungsprozessen

Abschließend sei noch auf ein Strukturmoment ästhetischen Lernens hingewiesen, in dem ein spezifisches Verhältnis zur Zeit sichtbar wird. Ästhetisches Lernen folgt nicht der Struktur eines methodisch-systematischen Lernens, wie es beispielsweise im Kontext der Schule bevorzugt wird. Dort geht es bevorzugt um ein effizientes und linear ausgerichtetes Erreichen von Zielen und die Auslegung leistungsorientierter Lernschritte (vgl. Duncker 2001). In ästhetischen Lernprozessen geht es eher um ein Entfalten und Auskosten der Gegenwart. Es sind dabei oft die »unstetigen Momente« (Bollnow 1970), die sichtbar werden, wenn sich Kinder im Spiel und in der Beschäftigung mit einer Sache vertiefen und sich selbstvergessen ihren Dingen zuwenden. Friedemann Maurer (1993) hat in diesem Zusammenhang von einer »ästhetischen Wahrnehmung als Welthingabe« gesprochen, die im kindlichen Spiel erkennbar sei. Ästhetisches Lernen ist in dichter Weise ein gegenwartsbezogenes Lernen, Ausdruck eines Ergriffenseins von der Sache, der man sich hingibt. Auch das Staunen zählt zu den Momenten eines ästhetischen Lernens, ein Innehalten und genussvolles Verweilen angesichts der Momente, die faszinieren und als emotional berührend erlebt werden (vgl. Pohl 1981, Nießeler 2003). Es ist die Nichtlinearität, die in solchen Situationen erfahren wird, bisweilen sogar eine Diskontinuität, die eine Struktur der zeitlichen Negativität enthält: Im ästhetischen Lernen steckt oft die Erfahrung, dass es anders sein kann als vermutet. Otto Friedrich Bollnow (1968) hat dies in seiner existenzphilosophischen Interpretation des Erfahrungsbegriffs herausgearbeitet: In der Erfahrung wird eine Erwartung durchkreuzt, die zum Innehalten zwingt, Fragen aufwirft und letztlich besagt, dass viele Dinge im Leben nicht planend herbeigeführt werden können und dass man den unvorhersehbaren Ereignissen auch ausgeliefert ist. Dies schließt ein, dass auch beglückende Momente als nicht zwingend herbeiführbare Ereignisse den Fluss der Zeit unterbrechen: Man ist überrascht, hält inne und genießt den Augenblick. Deshalb lassen sich ästhetische Lernprozesse auch schwer einem Leistungsdiktat unterwerfen. Sie lassen sich nur schwer steigern und beschleunigen. Wo die ästhetischen Momente des Lernens verdrängt werden, können daher viele Impulse für den Gewinn von Fragen und Interessen verloren gehen. Deshalb steckt in der Struktur des streng methodisch-systematischen Lernens immer die Gefahr des Motivationsverlusts.

Das nicht lineare »Hin und Her« als eines besonderen Merkmals kindlichen Spiels (vgl. auch Flitner 1996) verweist auf ein anderes zeitliches Strukturmoment ästhetischen Lernens: Es sind die rhythmischen Muster, die für das Lernen im Kindesalter kennzeichnend sind und die auch vielfältige Ansatzpunkte für pädagogisches Handeln bieten. Hier ist auch die Rückbindung an die Kategorie der Leiblichkeit offensichtlich. Leibgebundene Erfahrungsprozesse lassen sich nicht beschreiben ohne die Einbeziehung rhythmischer Formen, in denen und mit denen sich Kinder in der Welt bewegen und sich auf sie einlassen. Rhythmische Formen bilden in anthropologischer Sicht sogar eine grundlegende Voraussetzung für den Erwerb von Erfahrungen, weil hier die Leibgebundenheit in besonders existenzieller Weise sichtbar wird. Dies hängt damit zusammen, dass sich bereits elementare Lebensäußerungen und physiologische Bedingtheiten des eigenen Lebens in rhythmischen Formen artikulieren. Puls, Atem und Schritt, aber auch die Wiederkehr von Hunger und Schlaf sind durch körperliche Funktionen bestimmt.

Es ist zu einem Problem des Aufwachsens von Kindern geworden, dass diese kreisförmigen Abläufe vielfach zerstört oder zumindest gewaltsam beeinträchtigt werden. Der beschleunigte Wandel der gesellschaftlichen Lebensverhältnisse, das Leben nach der Uhr und die Steigerung von ökonomischem Wachstum, von Leistung und Wissen mitsamt ihrer technischen Steuerung hat das Verhältnis des Leibes zur Natur und zu sich selbst vor allem hinsichtlich seiner Rhythmen entscheidend verändert. Hier liegen die Ursachen für zahlreiche Entfremdungsprozesse, die bis in die Kindheit hineinreichen. Wachen und Schlafen, Aufmerksamkeit und Entspannung, Essen und satt Sein, Bewegung und Ruhe usw. sind oft schon im Kindesalter ständig wechselnden Beanspruchungen ausgesetzt, die Stress erzeugen, weil sie keine Rücksicht auf rhythmische Belange des Leibes nehmen. Die leibliche Bedingtheit des Lernens zu achten und die Rhythmen von Anspannung und Entspannung, von Konzentration und Zerstreuung, von Aufmerksamkeit und Abschalten dürfen zu berücksichtigen und auch in ihren individuellen Differenzierungen zu respektieren bedeutet einen wesentlichen Schlüssel zum Schulerfolg. Rhythmische Erziehung kann deshalb »als ästhetische Kunst der Erschließung der Disponibilität und Eigendynamik des Körpers« (Giel 1985, S. 46) verstanden werden. Sie versucht, rhythmische Formen zur Verarbeitung von Eindrücken nutzbar zu machen, andererseits ermöglicht sie die Teilhabe an gleichsam objektivierten Verrichtungen und Abläufen, da schon die grundlegenden Lebensäußerungen an Rhythmen zurückgebunden sind: Sprache und Musik, Handlungen und Besorgungen, Alltag und Festtag usw. enthalten immer auch gemeinschaftliche Erfahrungen, die in engeren oder weiteren zeitlichen Rhythmen strukturiert sind und im Hin und Her spielerische Formen des sich Einlassens auf Kommunikation und Kultur erlauben.

In der Ausbildung von Rhythmen kultivieren Kinder den Leib als Organ für Erfahrungen, sie ordnen die Wahrnehmungen und Handlungen in der Zeit. Rhythmen als strukturierte Verläufe von Wiederholung, Gruppierung und Akzentuierung erzeugen Dispositionen für eine Kultivierung des Lernens. Christian Rittelmeyer hat die Diskussion mit einer interdisziplinären Erweiterung bereichert, indem er aktuelle naturwissenschaftliche und medizinische Erkenntnisse einbezieht, die die »rhythmische Organisation des Menschen« (Rittelmeyer 2002, S. 105) verdeutlichen. Diese Verbindung anthropologischer und naturwissenschaftlicher Studien sind auch nach Annette Scheunpflug (2001, 2004) für die Lernforschung ein wegweisender Schritt, um neue Einsichten in den Aufbau der Lernfähigkeit zu gewinnen und darauf aufbauend neue pädagogische Konzepte zu entwickeln.

## 3.6 Auf dem Weg zu einer Theorie der Kindheit

Die hier ausgewählten und angesprochenen Aspekte können keinen systematisch geschlossenen Entwurf im Verständnis ästhetischen Lernens im Kindes- und Jugendalter zeigen. Es ergibt sich vielmehr ein offenes Bild, in dem einige Verdichtungen, aber auch Leerstellen enthalten sind. So sind beispielsweise soziokulturelle und interkulturelle Differenzierungen noch nicht angesprochen. Auch hinsichtlich einer wissenschaftstheoretischen Konsistenz ist im Rahmen einer Theoriediskussion noch viel zu tun. Unbestreitbar scheint jedoch die große Bedeutung ästhetischen Lernens für die Fragen der Kulturaneignung, der Selbstbildung und der Konstruktion eigener Identität zu sein. Hierfür lassen sich aus den verschiedenen Forschungs- und Diskussionszusammenhängen zahlreiche aussagekräftige Befunde gewinnen. Fragen der Individuierung, die eng verknüpft sind mit dem Entwurf und der Darstellung eigener Identität sowie Aspekte der Enkulturation, die sich ausdifferenzieren nach verschiedenen Milieus und sozialen Lebenswelten, erzeugen ein Verständnis von Kindheit, in dem ästhetische Kategorien nicht die alleinige, wohl aber eine bedeutsame Rolle einnehmen.

## Literatur

Altenberger, H./Maurer, F. (1992): Kindliche Welterfahrung in Spiel und Bewegung. Bad Heilbrunn: Klinkhardt.
Andersen, K. (2005): Wahrnehmung in der Leibphänomenologie. Zur Mehrperspektivität leiblicher Interaktion und sinnlicher Wahrnehmung im Theaterspiel. In: Duncker, L./Sander, W./Surkamp, C. (Hrsg.): Perspektivenvielfalt im Unterricht (S. 177–188). Stuttgart: Kohlhammer.
Andresen, S./Hurrelmann, K. (2010): Kindheit. Weinheim und Basel: Beltz.
Bannmüller, E. (1979): Neuorientierung der Bewegungserziehung in der Grundschule. Stuttgart: Klett.
Bilstein, J. (2011): Anthropologie und Pädagogik der Sinne. Opladen & Farmington Hills: Barbara Budrich.

Bittner, G. (1993): Erscheinungsleib, Werkzeugleib, Sinnenleib. Zur Ästhetik kindlichen Leiberlebens (2. Aufl.). In: Duncker, L./Maurer, F./Schäfer, G.E.: (Hrsg.): Kindliche Phantasie und ästhetische Erfahrung. Wirklichkeiten zwischen Ich und Welt (S. 63–78). Langenau-Ulm: Vaas.

Bollnow, O.F. (1968): Der Erfahrungsbegriff in der Pädagogik. In: Zeitschrift für Pädagogik. 14, S. 221–252.

Bollnow, O.F. (1970): Existenzphilosophie und Pädagogik. Stuttgart: Kohlhammer.

Bollnow, O.F. (1991): Vom Geist des Übens. Eine Rückbesinnung auf elementare didaktische Erfahrungen. Stäfa: Kugler, 3. Auflage.

Brinkmann, M. (2012): Pädagogische Übung. Praxis und Theorie einer elementaren Lernform. Paderborn: Schöningh.

Bühler-Niederberger, D. (2005): Kindheit und die Ordnung der Verhältnisse. Von der gesellschaftlichen Macht der Unschuld und dem kreativen Individuum. Weinheim und München: Juventa.

Cassirer, E. (1921): Der Begriff der symbolischen Form im Aufbau der Geisteswissenschaften. In: Cassirer, E.: Wesen und Wirkung des Symbolbegriffs. Darmstadt: Wissenschaftliche Buchgesellschaft 1956.

Cassirer, E. (1923–1929): Philosophie der symbolischen Formen. 3 Bde. Reprografischer Nachdruck der 2. Auflage 1953/54, Darmstadt: Wissenschaftliche Buchgesellschaft.

Dietrich, C./Krinninger, D./Schubert, V. (2012): Einführung in die ästhetische Bildung. Weinheim und Basel: Beltz Juventa.

Duncker, L. (1994): Lernen als Kulturaneignung. Schultheoretische Grundlagen des Elementarunterrichts. Weinheim und Basel: Beltz.

Duncker, L. (2001): Die linearisierte und zerstückelte Zeit. Prozesse der Zeitoptimierung als pädagogisches Problem. In: Hofmann, Ch./Brachet, I./Moser, V./von Stechow, E. (Hrsg.): Zeit und Eigenzeit als Dimensionen der Sonderpädagogik. Luzern: Edition SZH/SPC, S. 349–356.

Duncker, L. (2014): Verkleidung als Verfremdung – Szenisches Verstehen in Alltag und Schule. In: Schultheater 16, S. 34–37.

Duncker, L. (2018): Wege zur ästhetischen Bildung. Anthropologische Grundlegung und schulpädagogische Orientierungen. München: kopaed.

Duncker, L./Lieber, G./Neuß, N./Uhlig, B. (2010): Bildung in der Kindheit. Das Handbuch zum Lernen in Kindergarten und Grundschule. Seelze: Friedrich.

Duncker, L./Hahn, K./Heyd, C. (2014): Wenn Kinder sammeln – Begegnungen in der Welt der Dinge. Seelze: Friedrich.

Duncker, L./Lieber, G. (2013): Bildliteralität und ästhetische Alphabetisierung – Konzepte und Beispiele für das Lernen im Vor- und Grundschulalter. München: kopaed.

Duncker, L./Maurer, F./Schäfer, G.E (1993): Kindliche Phantasie und ästhetische Erfahrung. Wirklichkeiten zwischen Ich und Welt (2. Aufl.). Langenau-Ulm: Vaas.

Fatke, R. (1993): Kinder erfinden Geschichten. Erkundungsfahrten in die Phantasie. In: Duncker, L./Maurer, F./Schäfer, G.E: (Hrsg.): Kindliche Phantasie und ästhetische Erfahrung. Wirklichkeiten zwischen Ich und Welt (2. Aufl.) (S. 47–62). Langenau-Ulm: Vaas.

Fatke, R. (1994): Ausdrucksformen des Kinderlebens. Phantasie, Spiele, Wünsche, Freundschaft, Lügen, Humor, Staunen. Bad Heilbrunn: Klinkhardt.

Fischer, K. (2010): Die Bedeutung der Bewegung für Bildung und Entwicklung im (frühen) Kindesalter. In: Schafer, G.E./Staege, R./Meiners, K. (Hrsg.): Kinderwelten – Bildungswelten. Unterwegs zur Frühpädagogik (S. 117–131). Berlin: Cornelsen Scriptor.

Flitner, A. (1996): Spielen – Lernen. Praxis und Deutung des Kinderspiels (10. Aufl.). München: Piper.

Giel, K. (1985): Der Elementarunterricht in anthropologischer Sicht. In: Hemmer, K.-P./Wudtke, H. (Hrsg.): Erziehung im Primarschulalter (S.21–50) (Enzyklopädie Erziehungswissenschaft, Band 7). Stuttgart: Klett.

Göhlich, M./Zierfas, J. (2007): Lernen. Ein pädagogischer Grundbegriff. Stuttgart: Kohlhammer.

Göppel, R. (2007): Aufwachsen heute. Veränderungen der Kindheit – Probleme des Jugendalters. Stuttgart: Kohlhammer.
Honig, M.-S. (1999): Entwurf einer Theorie der Kindheit. Frankfurt am Main: Suhrkamp.
Hunger, I./Zimmer, R. (2010): Bildungschancen durch Bewegung – von früher Kindheit an! Schorndorf: Hofmann.
Hurrelmann, K./Bründel, H. (2003): Einführung in die Kindheitsforschung. Weinheim und Basel: Beltz.
Kahlert, J. (1997): Vielseitigkeit statt Ganzheit. Zur erkenntnistheoretischen Kritik an einer pädagogischen Illusion. In: Duncker, L./Popp, W. (Hrsg.): Über Fachgrenzen hinaus. Chancen und Schwierigkeiten des fächerübergreifenden Lehrens und Lernens (S. 92–118). Band 1: Grundlagen und Begründungen. Heinsberg 1997: Agentur Dieck.
Konrad, F.-M./Schultheis, K. (2008): Kindheit. Eine pädagogische Einführung. Stuttgart: Kohlhammer.
Liebau, E./Klepacki, L./Zirfas, J. (2009): Theatrale Bildung – Theaterpädagogische Grundlagen und kulturpädagogische Perspektiven für die Schule. München: Juventa.
Liebau, E./Zirfas, J. (2009): Die Kunst der Schule. Über die Kultivierung der Schule durch die Künste. Bielefeld: transcript.
Lipp, W./Tenbruck, F. (1979): Zum Neubeginn der Kultursoziologie. In: Kölner Zeitschrift für Soziologie und Sozialpsychologie 31, S. 393–398.
Maurer, F. (1993): Die Wahrheit der Phänomene. Über ästhetische Wahrnehmung als Welthingabe (2. Aufl.). In: Duncker, L./Maurer, F./Schäfer, G.E: (Hrsg.): Kindliche Phantasie und ästhetische Erfahrung. Wirklichkeiten zwischen Ich und Welt (S. 17–32) Langenau-Ulm: Vaas.
Merkel, J. (2005): Gebildete Kindheit. Wie die Selbstbildung von Kindern gefördert wird. Handbuch der Bildungsarbeit im Elementarbereich. Bremen: Lumière.
Neuß, N. (1999): Ästhetik der Kinder. Interdisziplinäre Beiträge zur ästhetischen Erfahrung von Kindern. Frankfurt a. M.: Evangelische Verlagsanstalt.
Neuß, N. (2001): Phantasiegefährten – Warum Kinder unsichtbare Freunde erfinden. Weinheim und Basel: Beltz
Nießeler, A. (2003): Staunen und Fragen. Erste Weltdeutungsversuche von Kindern und Anfänge philosophischen Denkens. In: Martin Bolz (Hrsg.): Philosophieren in schwieriger Zeit (S. 121–135). Münster, Hamburg & London: LIT.
Nortmann, U./Wagner, C. (2010): In Bildern denken? Kognitive Potentiale von Visualisierung in Kunst und Wissenschaft. München: Fink.
Pohl, K. (1991): Lobpreis des Staunens. Über die Ursprünglichkeit des kindlichen Philosophierens. In: Ullrich, H./Hamburger, F. (Hrsg.): Kinder am Ende ihres Jahrhunderts (S. 83–90). Langenau – Ulm: Vaas.
Rittelmeyer, C. (2002): Pädagogische Anthropologie des Leibes. Biologische Voraussetzungen der Erziehung und Bildung. Weinheim und München: Juventa.
Rohlfs, C. (2006): Freizeitwelten von Grundschulkindern. Eine qualitative Sekundäranalyse von Fallstudien. Weinheim und München: Juventa.
Rolff, H.-G./Zimmermann, P. (1985): Kindheit im Wandel. Weinheim und Basel: Beltz.
Rumpf, H. (1981): Die übergangene Sinnlichkeit. München: Juventa.
Schäfer, G.E. (1986): Spiel, Spielraum und Verständigung. Untersuchungen zur Entwicklung von Spiel und Phantasie im Kindes- und Jugendalter. Weinheim und München: Juventa.
Schäfer, G.E. (1993): Universen des Bastelns – Gebastelte Universen (2. Aufl.). In: Duncker, L./Maurer, F./Schäfer, G.E: (Hrsg.): Kindliche Phantasie und ästhetische Erfahrung. Wirklichkeiten zwischen Ich und Welt (S135–161). Langenau-Ulm: Vaas.
Schäfer, G.E. (1995): Bildungsprozesse im Kindesalter. Selbstbildung, Erfahrung und Lernen in der frühen Kindheit. Weinheim und München: Juventa.
Scheiner, J./Holz-Rau, C. (2015): Räumliche Mobilität und Lebenslauf. Studien zu Mobilitätsbiografien und Mobilitätssozialisation. Wiesbaden: Springer VS.
Scheunpflug, A. (2001): Biologische Grundlagen des Lernens. Berlin: Cornelsen Scriptor.
Scheunpflug, A. (2004): Lernen als biologische Notwendigkeit. Schulkindheit aus der Sicht von naturwissenschaftlicher Anthropologie und evolutionärer Pädagogik. In:

Duncker, L./Scheunpflug, A./Schultheis, K.: Schulkindheit. Anthropologie des Lernens im Schulalter (S. 172–230). Stuttgart: Kohlhammer.
Schmitz, H. (1990): Der unerschöpfliche Gegenstand. Grundzüge der Philosophie. Bonn: Bouvier.
Schultheis, K. (1998): Leiblichkeit – Kultur – Erziehung. Zur Theorie elementarer Erziehung. Weinheim: Deutscher Studienverlag.
Schultheis, K. (2004): Leiblichkeit als Dimension kindlicher Weltaneignung. Leibphänomenologische und erfahrungstheoretische Aspekte einer Anthropologie kindlichen Lernens. In: Duncker, L./Scheunpflug, A./Schultheis, K.: Schulkindheit. Anthropologie des Lernens im Schulalter (S. 93–171) Stuttgart: Kohlhammer.
Schulze, G. (2005): Die Erlebnisgesellschaft. Kultursoziologie der Gegenwart. Frankfurt/New York: Campus.
Schulze, Th. (1993): Ästhetische Erziehung in der Schule. Hintergrund, Horizont und Perspektive für das »Denken in Bildern«. In: Staudte, A. (Hrsg.): Ästhetisches Lernen auf neuen Wegen (S. 44–51). Weinheim und Basel: Beltz.
Stein, M./Stummbaum, M. (2011): Kindheit im Jugend im Fokus aktueller Studien. Bad Heilbrunn: Klinkhardt.
Stenger, U. (2013): Der Leib als Erkenntnisorgan. In: Bilstein, J./Brumlik, M.: Die Bildung des Körpers (S. 104–115). Weinheim und München: Juventa.
Welsch, W. (1990): Ästhetisches Denken. Stuttgart: Reclam.
Winnicott, D.W. (1993): Vom Spiel zur Kreativität (7. Aufl.). Stuttgart: Klett-Cotta.
Zeiher, H.J./Zeiher, H. (1994): Orte und Zeiten der Kinder. Soziales Leben im Alltag von Großstadtkindern. Weinheim und München: Juventa.

# II Empirische Zugänge über Wahrnehmungen und Phänomene

# 4 »Ästhetisch-Künstlerisch Forschen« – Möglichkeiten einer transdisziplinären ästhetischen Bildung in der frühen Kindheit

*Andreas Brenne*

Künstlerisch-gestalterische Aktivitäten von Kindern werden meist als eine Praxis gekennzeichnet, in der es vornehmlich um die Hervorbringung von sogenannten schönen Dingen geht. In angenehmer und entspannter Atmosphäre setzen sie sich mit erbaulichen Kunstwerken auseinander und/oder erproben gestalterische Techniken, die zwar nicht nützlich sind, aber dennoch die Alltagsästhetik bereichern sollen. Künstlerische Praxis gilt als eine entspannende Phase in konzentrierten Bildungsprozessen, die es den Kindern erlaubt in den Schlüsseldisziplinen um so effizienter zu arbeiten (vgl. Berger 2016). Dass auch die Institutionen der frühen Kindheit davor nicht haltmachen, zeigen die Bildungspläne der Länder sowie die Diagnoseverfahren, die frühe Defizite und Leerstellen in Bildungsprozessen analysieren. Als allgemeinbildendes Ziel erwartet man von künstlerischer Praxis darüber hinaus eine dezidierte Schulung und Förderung der Kreativität. »Kreative auf der Überholspur« sendet der Deutschlandfunk und Angela Merkel äußert sich auf dem Parteitag der CDU im April 2014: »Ich möchte ein Europa der Kreativität und der Chancen« (Merkel 2014).

All dies mag gelebte Praxis der Alltagskunstdidaktik sein (auch in den KiTas, da nur wenige Fachkräfte über eine kunstpädagogische Ausbildung verfügen), entspricht aber nur bedingt den fachlich postulierten Zielen. Dort geht es um Bildkompetenz in Auseinandersetzung mit bildnerischen Arbeiten der Kunstgeschichte und der Alltagskultur und um gestalterische Kompetenz als Form der Weltaneignung und des Selbstausdrucks (vgl. Kirchner & Gotta-Leger & Nockmann 2015). Darüber hinaus soll hier auf den Kern der Kunstpädagogik hingewiesen werden, den man durch den Begriff der Ästhetischen Erfahrung kennzeichnet und der insbesondere im Rahmen einer künstlerisch-ästhetischen Forschung einen besonderen Stellenwert erfährt. Gemeint ist die Initiierung ästhetischen Lernens in Auseinandersetzung mit der Lebenswelt. Es geht also um ein basales Bildungsprinzip, das quer zu den kindlichen Lernfeldern von zentraler Bedeutung ist. In seinen spezifischen Ausprägungen und Handlungsfeldern ist es gleichsam Grundlage für die Etablierung von wissenschaftlichem Denken und Handeln, von Disziplinen, Fakultäten und auch von heutigen Unterrichtsfächern (vgl. Welter 1986). Theoretisches Denken kann nicht allein aus transzendentalen Kategorien abgeleitet werden, sondern bedarf der ästhetisch-emotionalen Auseinandersetzung mit dem Vorgefundenen. Gleichzeitig ist das Ästhetische im Sinne von Martin Seel nicht vorbegrifflich und unmittelbar zu denken, sondern besteht in der Wahrnehmung der Präsenz eines Gegenstandes im Hinblick auf ein komplexes Arrangement unterschiedlicher Aspekte und

Modi; durchaus im Sinne einer angenommenen Ganzheit (vgl. Seel 2003). Das heißt, dass die ästhetische Wahrnehmung – in Unterschied zu anderen Formen des Wahrnehmens – sich nicht auf das Verifizieren von Sachverhalten beschränkt, sondern durch die Anbindung an Traditionen und begriffliche Zuschreibungen Gegenstände als sinnhaft strukturiert erleben lässt. Das Dasein der Phänomene braucht den Betrachter und dessen explorative und zeigende Kompetenz. Kinder stehen diesem Zusammenhang grundsätzlich nahe; denn ihre Sicht der Dinge basiert auf dem unmittelbaren Kontakt zum Gegenstand wie der kooperativen Auseinandersetzung mit geteilten Erfahrungen.

## 4.1 Kinder bilden sich ästhetisch

Kinder bilden sich von Anfang an – und zwar ästhetisch (vgl. Schäfer 2001). Bildung reduziert sich nicht auf die Anpassung an sozioökologische Gegebenheiten, sondern ist als dekonstruktive und produktive Entwicklung sinnstiftender Perspektiven im Kontext einer vermittelten Lebenswelt zu verstehen. Lebenswelt, ein Begriff von Edmund Husserl, ist nicht mit einer objektivierbaren Realität zu vergleichen, sondern eine sinnhaft strukturierte Einrichtung in das Vorgefundene. Abweichend von Husserl sind es aber keine materiellen Phänomene, sondern alles,»was der Fall ist« (vgl. Wittgenstein 1998) – Objekte, Dinge, Konzepte, Begriffe, Ideen und Phantasien. In diesem Sinne ist der Begriff ›Welt‹ durchaus prekär, denn dieser setzt voraus, dass es eine Ganzheit gibt, in der alles mit allem zusammenhängt. Insofern ist der Begriff »Sinnfeld« (vgl. Gabriel 2016, S. 163f.) angemessener, denn dieser verzichtet auf einen exklusiven Holismus, darüber hinaus macht er deutlich, dass es eine unbestimmbare Fülle von perspektivischen Beschreibungen von Tatsachen gibt, die im Rahmen von Bildungsprozessen bearbeitet werden und dann Gegenstand von Modellbildungen sind. Derartige Prozesse sind in hohem Maße ästhetisch aufgeladen. Dies zeigt sich bereits in der frühen Kindheit im Hang zur expressiven und transmedialen Artikulation leibsinnlicher Erfahrungen. Zu nennen sind Sprache, Bewegungsformen, Bilder, Erzählungen und Klänge. Diese Formen kindlicher Äußerungen sind keine vordergründigen Symbolisierungen von Affekten, sondern Versuche, die Realität zu deuten und sie sich produktiv anzueignen. Diese Prozesse sind performativ strukturiert, d.h. sie entwickeln sich dynamisch und in responsiven Zusammenhängen, in denen der Dritte (die Familie, der Erzieher/die Erzieherin, die Peers) eine bedeutsame Rolle spielt.

Jedes Kind durchläuft solche holistischen Prozesse unabhängig von den curricularen Festlegungen der formalen Bildung. In den Bildungsinstitutionen der frühen und mittleren Kindheit versucht man, diese Entwicklungsprozesse aufzugreifen und zu erweitern. Man orientiert sich als Übergangsinstitution an den informellen und non-formalen Bildungsprozessen der frühen Kindheit. Doch bereits hier scheitert man allzu oft an der fakultativen Ausrichtung der propagierten Angebote (vgl. Hessischer Bildung- und Erziehungsplan 2011). Kindergärten stehen hier in einer ambivalenten Tradition: Zum einen geht es um die fürsorgliche und kompensatorische Unterstützung von Kindern in prekären Situationen, zum anderen in der Tradition von Fröbel und Montessori um die frühkindliche Bildung. Zeitgenössische Modelle orientieren sich vor allem am Kompetenzbegriff und bemühen sich um die Etablierung von konkreten Lernfeldern, die sich stark an die curricularen Strukturen der schulischen Bildungsangebote anlehnen.

Substanzielle ästhetische Bildungsprozesse ermöglichen Kindern Einsichten in die Produktion von Weltverhältnissen. Objekte, Konzepte und Ideen sind nicht einfach nur vorhanden, sondern entstehen im Spannungsfeld von Zusammenbruch und Neuschöpfung – und dies ist ein kreativer bzw. künstlerischer Akt. Gefragt ist die Kreativität des »L'Art pour l'Art« und eine kommunikative Neuschöpfung aus dem Vorgefundenen. Dadurch wird die Tradition lebendig und kann im Lichte einer aktualisierten Sinnbestimmung verstanden werden. D. h. aber auch: Alles Vorgefundene ist für Kinder zunächst einmal interessant und kann Gegenstand einer substantiellen Untersuchung sein. Die akademische Unterscheidung zwischen High & Low spielt dabei keine Rolle. Kulturelle Substrate werden diskursiv transformiert und kommuniziert. Das, was sich auf KiKa, auf Disneychannel abspielt, durch Fanzines, Spielfiguren oder Smartphones intermedial dargeboten wird, ist genauso Gegenstand kindlicher Bildungsprozesse wie sogenannte Naturmaterialien. Ästhetisches Handeln ist eine forschende, d. h. ordnende Tätigkeit, wobei sich vier Aspekte unterscheiden lassen:

- Ästhetisches Verhalten vollzieht sich grundsätzlich in Auseinandersetzung mit sinnlich wahrnehmbaren Objekten und Phänomenen.
- Ästhetisches Verhalten stellt eine Beziehung zwischen der Umwelt und dem Individuum her.
- In der Ästhetischen Wahrnehmung verbinden sich individuelle Perspektiven mit dem Blick des »Anderen«.
- Auch wenn hier gleichermaßen rezeptive und produktive Aneignungsformen enthalten sind, so ist der Umgang immer ein aktiv-gestalterischer – d. h. ordnender.

## 4.2 Ästhetisch-künstlerische Forschung

Die kunstpädagogische Methode, die auf eine lebensweltorientierte Bildung abzielt, ist die ästhetische Forschung, die meist im Rahmen von projektbezogenen Lernphasen zum Einsatz kommt. Diese Konzeption wurde von der Kunstpädagogin Helga Kämpf-Jansen initiiert und vielfältig weiterentwickelt (vgl. Kämpf-Jansen 2000) und von Georg Peez als eine Form der subjektbezogenen Kunstpädagogik charakterisiert. Sie versteht darunter ein System, in dem Alltagserfahrung und Lebensweltbezug mittels ästhetisch-künstlerischer Recherche beforscht, durchdrungen und gestalterisch transformiert werden. In diesem Zusammenhang werden künstlerische und wissenschaftliche Weltzugänge und Darstellungsformen synergetisch miteinander verbunden. Inspiriert wurde sie durch künstlerisch-forschende Tendenzen in der Kunst seit den 1970er Jahren (z. B. durch Künstler_innen wie Anna Oppermann, Nikolaus Lang oder Fischli/Weiß).

Am Anfang steht – so Kämpf-Jansen – immer eine Frage, ein Gedanke, eine Befindlichkeit in Bezug auf einen Gegenstand, eine Pflanze, ein Tier, ein Phänomen, ein Werk, eine Person, eine Situation, ein literarisches Thema, einen Begriff, einen komplexen Inhalt oder etwas ganz Anderes. An diese Konzeption anschließend gibt es eine weitverzweigte kunstdidaktische Fortschreibung (vgl. Brenne 2006), die auch im Rahmen der Frühpädagogik erprobt wird (vgl. Schneider).

Um das Potenzial kindlicher Bildungsprozesse aufzuschließen, sollen anhand von Auszügen aus drei Fallstudien zentrale Motive identifiziert werden. Methodisch geht es um eine Sichtbarmachung kindlicher Perspektiven, wobei spezifische Erfahrungsräume in den Blick genommen werden. Es handelt sich um Einblicke in die Praxis von Kindern der frühen und mittleren Kindheit in ihrem räumlichen, familialen und institutionellen Umfeld.

## 4.3 Ästhetisch-Künstlerisch forschen – drei Fallstudien

### 1. Fridas Kanalrunde – über Raum und Erfahrung

Frida lebt seit ihrer Geburt in einem kleinen Reiheneckhaus am Dortmund-Ems-Kanal. Das Haus verfügt über einen großen und mit Obstbäumen bestandenen Garten, der an den Kanal grenzt. Seit ihrer Geburt ist es genau dieses Areal, in dem Frida den Großteil ihrer Zeit verbracht hat. Je nach Witterung wurde dieses Gebiet nahezu täglich umrundet. Mittlerweile ist sie zwei Jahre alt. Zunächst geht es durch das Holztor links auf den Bürgersteig und an der Begrenzung der Vorderfront des Wohnhauses entlang. Zunächst versucht sie den Buggy richtig in Fahrt zu bringen, was ihr nach einigen Schwankungen auch gelingt. Nun folgt eine breite Erhebung, die aus Waschbetonplatten besteht und von einem ausladenden und in Blüte stehenden Rosenstrauch überwuchert wird. Hier bugsiert Frida zunächst das Gefährt auf die Erhebung und genießt für einen Moment das Ruckeln des Buggys. Dann wird es kompliziert, denn es gilt, dem Strauch auszuweichen. Frida stellt sich der Gefährdung und berührt mit dem ausgestreckten Zeigefinger einen Dorn und sagt »Aua«. Nun folgt eine längere weiß getünchte Wand. In Bodenhöhe befindet sich ein Kellerfenster, das durch ein gestanztes Blech bedeckt wird. Frida hat ihren Buggy stehen gelassen und schleicht betont langsam und aufmerksam die Wand entlang. Sie wählt den Abstand derart, dass sie die Wand fast berührt. Die weiße Fläche hat etwas körperlos Schwebendes und scheint die Annäherung geradezu herauszufordern. Dann wird es wieder konkret. Frida bückt sich und untersucht mit dem Zeigefinger die Größe der Löcher des Kellerfensters, die aber zu klein sind, um ihn ganz hindurchzustecken.

Als nächstes Ereignis erwartet Frida ein Busch, an dem rosa Blüten prangen. Sie ergreift eine volle Blüte, wobei sich diese vom Busch löst. Dann zerkrümelt sie die Blüte in ihrer Faust und lässt die Blätter langsam zu Boden rieseln. Es ist ein Akt der Neugierde und mit ambivalenten Emotionen und Empfindungen verbunden. Die zarten Blütenblätter kitzeln die Haut und lassen sich einzeln kaum fassen. Auch wenn die gesamte Blüte kompakt und fest wirkt, zerreißt sie bereits unter leichtem Druck und gibt ihre Bestandteile frei.

Als das Kanalufer erreicht ist, interessiert sie nicht das große Wasser, sondern die Pfütze unterhalb des Bootshauses. Sie betrachtet ihr Spiegelbild im trüben Wasser, um dann vorsichtig und mit spitzen Fingern die Oberfläche zu teilen. Daraufhin wird eine Sammlung von herumliegenden Steinchen vorgenommen und in die Pfütze geworfen. »Opa hat mir das gezeigt.« Auch hier setzt sich Frida komplex mit der Welt und ihrer Erfahrungsgeschichte auseinander. Durch die Spiegelung entsteht ein disparates Bild ihres Körpers, das mit beobachtetem Phänomen verwoben zu sein scheint – eine Manipulation der Wasseroberfläche verändert das Bild. Auch das Befeuchten der Finger steigert diese Erfahrung, wobei an die bereits vorgenommenen Berührungen von Dorn, Metall, Kiesel und Blüte angeschlossen werden kann – es entstehen komplexe Relationen. Der Stein-

**Abb. 4.1:** Frida

wurf ist nicht nur eine Entsprechung zum Kieselsteinchenwurf im Innenhof, sondern knüpft an Erfahrungen an, die sie zuvor mit ihrem Großvater gemacht hat. Dies schafft Identität durch Kontinuität und ermöglicht neue Anschlüsse.

Topologische Bezüge ästhetischer Forschung

Fridas Bemühungen und Aktivitäten sind mehr als eine sukzessive Eroberung eines Territoriums, das sich gemessen an ihrem Entwicklungsstand verschließt oder nach abgeschlossener Reifung in Gänze darbietet. Vielmehr geht es Frida primär um eine verschränkte Begegnung mit sich selbst und den Gegenständen, wodurch sich nicht nur eine spezifische räumliche Strukturierung konstruktiv entwickelt, sondern auch die Erfahrung Raumcharakter annimmt. Frida entwirft während ihres Spaziergangs ein ausgeklügeltes Netz von Forschungsfeldern, die niemals isoliert stehen, sondern untereinander Resonanzen erzeugen.

Ästhetische Erfahrungsbildung entsteht nicht nur durch eine Bewegung zwischen den Gegenständen und dem Selbst, d.h. zwischen den Begriffen der individuellen Erfahrungsgeschichte und der Negation des gegenwärtig noch nicht Begriffenen. Sie ist gebunden an mannigfaltige räumliche Strukturen, die durch diese erste hervorgerufen werden und einen beständigen Resonanzraum erzeugen.

## 2. Adrian und die Ordnung der Dinge – über das Material und die Komposition

Adrian ist vier Jahre alt und sitzt mit dem zweijährigen Tjado auf dem Holzfußboden des Wohnzimmers. Um sich herum hat er seine »Schätze« konzentrisch ausgebreitet. Es handelt sich um eine Sammlung unterschiedlichster Gegenstände und Spielzeuge: eine Polizeikelle (bedruckt mit einem Benjamin-Blümchen-Motiv), ein Holzmesser, ein kleines Gleitflugzeug, ein Schraubenschlüssel inklusive Inbusschlüssel und eine Spielzeug-Stichsäge. Diese Anordnung ist nicht beliebig; Adrian prüft, sortiert und ordnet das Material scheinbar nach einem inneren Plan. Gegenstände werden probeweise platziert und wieder umgruppiert; es entsteht ein Bild, eine Komposition. Nun begrenzt er das Ganze durch einen Greifarm, der eine Schnur hält, die an einer Seifenblasenvorrichtung befestigt ist, die wiederum in einer leeren Papprolle steckt. Dann kniet er vor der Kiste und sondiert weiteres Material; offenbar soll das Arrangement erweitert werden. Der zweijährige Spielgefährte sitzt interessiert daneben und bewegt begleitend Arme und Beine, so als wolle er den Prozess befördern.

Aus der Perspektive eines Erwachsenen ist dieses Spiel zunächst unstrukturiert und wenig sinnvoll. Zu unterschiedlich sind die Objekte, deren offenkundige Semantik nicht beachtet wird. Es wirkt so, als wolle der Junge eine Ansammlung von beliebigen Dingen ausbreiten, um sich einen Überblick zu verschaffen. Womit er spielen will, ist noch nicht entschieden. Unordnung und Beliebigkeit scheinen die Szene zu bestimmen. Eine genaue Betrachtung lässt aber auch andere Schlüsse zu.

Der Betrachter ist Zeuge einer dichten und konzentrierten Auseinandersetzung mit Material, das sinnlich-haptische Eigenschaften hat – und es geht um Ordnung. Um die Ordnung der Dinge und das Aufspüren eines impliziten Sinns, der sich nicht allein durch den vermittelten Gebrauch erschließt.

Foucault schreibt: »Erkennen heißt also interpretieren: vom sichtbaren Zeichen zu dem dadurch Ausgedrückten gehen, das ohne das Zeichen stummes Wort, in den Dingen schlafend bliebe« (vgl. Foucault 1966).

Zunächst fällt auf, dass die »Unordnung« System hat: Dinge werden unabhängig von ihrem Gebrauch gesammelt und in eine Komposition überführt. Mit Akribie und Kontemplation wird das Material begutachtet und Positionsbestimmungen vorgenommen. Von Langeweile, Überdruss oder Unentschiedenheit ist nichts zu bemerken. Auch wenn die Dinge nicht gemäß einem festgelegten Gebrauch benutzt werden, so werden sie dennoch kriteriengestützt sortiert. Ein Aspekt ist Funktionalität im Hinblick auf Verbindungs- und Anschlussmöglichkeiten. Des Weiteren sind auch qualitative Eigenschaften wie Größe und Farbe bedeutsam. Das zentrale Materialcluster versammelt Objekte mit einer spezifischen Größe. Die Magnetmodule werden dagegen farblich arrangiert.

Also keine Beliebigkeit, sondern Komposition und Arrangement auf der Grundlage von relationalen Bestimmungen. Die »Ordnung der Dinge« ist also nichts Vorliegendes, sondern muss individuell erzeugt werden. Daraus folgt, dass sprachliche Bezeichnungen für ein Kind nicht fundamental und vorgängig sind, sondern erst dann Sinn ergeben, wenn dieser performativ erzeugt wurde.

Derartig manifeste Sinnkonstruktionen haben Bildcharakter. Und noch eines ist bedeutsam: Bildfindungen basieren auf haptischen und sensitiven Erfahrungen. Der reine Augenschein reicht hier nicht aus. Adrian prüft sorgfältig die Dinge und kommt darüber zu gestalterischen Entscheidungen. Er geht ihnen buchstäblich auf den Grund. Nach Heidegger findet eine wesentliche Auseinandersetzung mit dem »Zeug« dann statt, wenn das »Zuhandene« durchkreuzt wird: »*Was aber die Unverwendbarkeit entdeckt, ist nicht das hinsehende Feststellen von Eigenschaften, sondern die Umsicht des gebrauchenden Umgangs. In solchem Entdecken der Unverwendbarkeit fällt das Zeug auf*« (vgl. Heidegger 2006).

Kinder sind nicht dem Mainstream verhaftet. Sie entwickeln ihre Ordnungen und geben sich nicht mit dem Selbstverständlichen zufrieden. Durch Umgruppierung und Neustrukturierung des Vorgefundenen entsteht eine substanzielle Ordnung als Basis für ein selbstbestimmtes und erfülltes Leben; Ethik und Ästhetik hängen eng zusammen (vgl. Welsch 1994).

## 3. Das Konzept der Junkyard-Education der israelischen Fühpädagogik Malka Haas

Malka Haas (geb. 1920 in Berlin-Schöneberg) wanderte mit 15 Jahren in das damalige britische Mandatsgebiet Palästina ein, wo sie 1939 zu den Gründern von Sde Eliyahu gehörte, einem religiös geprägten Kibbuz im heutigen Israel. 1940 gründete sie die erste israelische Pre-school und arbeitete als Dozentin an der pädagogischen Hochschule in Haifa. In diesem Kontext entwickelte sie ein einzigartiges kunstpädagogisches Konzept frühkindlicher Entwicklungsförderung.

**Abb. 4.2:** Junkyard Education

Im Zentrum ihrer Arbeit steht die sogenannte »Junkyard-Education«. Dabei handelt es sich um ein Angebot, das in den Kindertagesstätten der Kibbuzim einen gewichtigen Teil des Tagesprogramms ausmacht. In einer vorbereiteten Umgebung (die aus einem geräumigen Hof besteht, der Stellagen mit unterschiedlichen Materialien enthält – eine Art überdimensionale Werkstatt), haben die Kinder unterschiedlichen Alters die Möglichkeit, mit ausrangierten Alltagsgegenständen frei zu agieren und diese dezidierten Forschungen zu unterziehen. Es handelt sich um technische Geräte, Baustoffe und Werkstücke – alles, was der unmittelbaren Verwendung entzogen wurde. Diese Objekte werden Teil eines ästhetisch affizierten Materialspiels – eines Spiels, in dem es um Dekonstruktion und Ko-Konstruktion einer ganzen Welt geht. Die Objekte des Alltags werden von den Kindern genutzt, dekonstruiert, transformiert, um Teil eines neuen Sinnfelds zu werden. Dadurch wird der durch Erwachsene und den Peers vermittelten Alltag symbolisch verfügbar gemacht. Wichtiges Moment, worauf Malka Haas in ihren Texten abhebt, ist das der Erinnerung. Nur was sich in Bewusstseinsprozessen ansiedelt, kann in ein Netz von Bedeutungen eingelagert werden. Erinnerung stellt sich dadurch ein, dass Objekte dekonstruktiv bearbeitet, in Handlungsvollzügen und in die eigene Erfahrungsgeschichte eingebunden werden. Dieser Prozess beinhaltet Freud- und Lustvolles, aber auch destruktive und obsessive Affektionen. Ein anderes Strukturelement besteht in der Wiederholung, denn die Junkyard-Prozesse sind zyklisch organisiert: Nach einem Zeitintervall von drei Wochen werden alle Konstruktionen rückgebaut und der Prozess beginnt von neuem. Dies ist aber keine Widerkehr des ewig Gleichen, sondern ein repetitiver Durchlauf durch das Vertraute mit der Tendenz der sukzessiven Verschiebung.

Leitbild der Junkyard-Education ist ein spezifisches Menschenbild, das sich wie folgt auszeichnet: Es geht um die Entwicklung des Kindes zu einem unabhängigen, reflexiven, an sich selbst und an die Mitmenschen glaubenden Menschen, der kreativ und respektvoll mit seiner Umwelt kooperiert (vgl. Haas/Gavish 2008).

Folgende Zielsetzungen und Lernfelder sind damit verbunden:

**Abb. 4.3:** Krankenhaus und Ambulanz

1. Orientierung/Vertrautheit und Unabhängigkeit

Der Junkyard, bestehend aus einer Überfülle an stimulierenden Objekten, bietet den Kindern ein kontinuierliches und herausforderndes Angebot mit dem Ziel der Orientierung in einer komplexen und problemhaltigen Welt. Beständig werden Schwierigkeiten erkannt und Problemlösungen entwickelt. Dabei lernen die Kinder eigenständig und initiativ zu handeln.

2. Kooperation

In der Entwicklung von baulichen Strukturen, deren Dimensionen allein nicht zu bewältigen sind, entwickeln sich Kooperationen unter den Peers. Durch Abstimmungs- und Aushandlungsprozesse entwickeln sie soziale und emotionale Kompetenzen.

3. Dreidimensionale Designs

Im Junkyard entwickeln die Kinder selbstständig dreidimensionale und vor allem funktionstüchtige Designs. Dabei spielt die Stabilität der hervorgebrachten Konstruktionen eine wichtige Rolle, denn sie ist die Voraussetzung für die Entwicklung eines kontinuierlichen und dynamischen Spiels.

## 4. Ästhetische Wahrnehmung

Die Kinder setzen sich holistisch mit den zur Verfügung stehenden Materialien auseinander, wobei alle Sinne beansprucht werden: Sehen, Berührung, Bewegung, Lagebeziehungen, Klang und Geruch beeinflussen die Auswahl und Verwendung der Gegenstände.

## 5. Wahrnehmung und Genuss

Die Freude und der Genuss des sinnlichen Vermögens ist eine energetische Quelle, aus der sich eine intensive und erfahrungsreiche Exploration der Lernumgebung speist.

## 6. Die Entwicklung der kindlich imaginativen Kräfte vollzieht sich auch in künstlerisch-gestalterischen Zusammenhängen.

Die in den Kinderzeichnungen entwickelten Bildprogramme beeinflussen auch das Design der Junkyard-Produktion.

## 7. Lateralität

Lateralität ist mit der Gesamtheit der kindlichen Produktion im Junkyard verwoben.

## 8. Freier emotionaler Ausdruck

In dem offenen Areal gehen die Kinder im Rahmen der selbstgewählten Spielzusammenhänge frei ihren Emotionen nach.

## 9. Kultur und Tradition

Kulturelle Traditionen und Narrative sind relevante gesellschaftliche Konstanten, die in Spielzusammenhänge adaptiert und transformiert werden.

Der Junkyard als vorbereitete Lernumgebung erweitert die Möglichkeit kindlichen Lernens und kindlicher Ausdrucksfähigkeit durch ästhetische Forschung. An diesem Ort ist es möglich, Identitätsbildung und Wissensakkumulation simultan miteinander zu verzahnen, so dass eine komplexe kindliche Lebenswirklichkeit entsteht.

»The junkyard playgrounds are a local cultural project of childhood in Israel. Their existence is based on an image of a highly competent child and an image of the teacher as a metaphorical detective, following the children's footprints and welcoming the unexpected« (Malka Haas 2008).

## Anfangen

Wie fängt alles an? Wie müssen frühpädagogische Lernarrangements strukturiert sein, damit ästhetisch-künstlerische Forschung möglich wird? Dass dies kein eindimensionales Eintauchen in eine vordergründige Sinnlichkeit ist, haben die drei Fallstudien gezeigt. In der ästhetischen Erfahrungsbildung der frühen Kindheit geht es um nichts weniger als die Wirklichkeit. Dieser Zusammenhang entwickelt sich durch Interaktion mit den Dingen und den Menschen. Dabei kommt das Sinnlich-Emotionale ebenso zum Tragen wie das (selbst-)reflexive Denken. Es entstehen bewohnbare Räume, Netzwerke, in denen man sich orientieren kann. Daraus entwickelt sich ein gegründetes Selbst, das sich in der Wirklichkeit zurechtfindet und einen hervorgehobenen Platz einnehmen kann. Ein derart gestärktes Selbst ist dann auch in der Lage, sich den Weg aus Krisen zu bahnen und Erschütterungen auszuhalten, nicht als egozentrischer Egomane, sondern eingebunden in ein komplexes Bezugssystem.

Kunstpädagogische Praxis im Kontext kindlicher Bildungsprozesse muss diese Zusammenhänge nicht nur zu Kenntnis nehmen, sondern pädagogische Entscheidungen daran ausrichten.

Beim Eintritt in die Bildungsinstitutionen bringen die Kinder viel mit; vor allem ein erfahrungsreiches Leben mit vielschichtigen Kompetenzen und Positionen. Damit die individuelle Entwicklungsgeschichte nicht nur Beachtung findet, sondern auch produktiv weiterentwickelt werden kann, brauchen Kinder:

- eine offene und wertschätzende Lernumgebung
- gestaltbare und flexible räumliche Situationen
- eine materialreiche Ausstattung, die jederzeit erweitert werden kann
- thematisch offene Lernsituationen
- fachliche Expertise der Erzieher_innen
- eine achtsame und moderierende Lernbegleitung
- substanzielle Partizipationsmöglichkeiten auf der organisatorischen und inhaltlichen Ebene

Künstlerisch-ästhetische Bildung beginnt ganz am Anfang.

# Literatur

Bartnitzky, Horst (2011): Grundschule aktuell Nr. 15, September.
Beck-Neckermann, Johannes/Braun, Daniela/Ebert, Sigrid/Hasemann, Klaus (Hrsg.) (2008): Die Bildungsbereiche im Kindergarten: Orientierungswissen für Erzieherinnen. Freiburg.
Berger, Eckhard (2016): Entspannungsmalen: ... fördert Wahrnehmung, Kreativität & Konzentration. Kerpen: Kohl Verlag.

Bianchi, Paolo (1999): Künstler als Gärtner. In: Kunstforum International, Bd. 145, 48–58.
Binswanger, Ludwig (1942): Grundformen und Erkenntnis menschlichen Daseins. München.
Borke, Jörn/Keller, Heidi (2014): Kultursensitive Frühpädagogik. Stuttgart.
Brenne, Andreas (2001): Zeichenwerkstatt – Die künstlerische Feldforschung als Methode einer kulturanthropologischen Standortbestimmung. In: Kirchner, Constanze/Peez, Georg (Hrsg.): Werkstatt: Kunst – Anregungen zu ästhetischen Erfahrungs- und Lernprozessen im Werkstattunterricht. Hannover: BDK-Verlag, 100–106.
Brenne, Andreas (2004): Ressource Kunst – Künstlerische Feldforschung in der Primarstufe – Qualitative Erforschung eines kunstpädagogischen Modells. Münster: Monsenstein & Vannerdat.
Brenne, Andreas (2006): Ästhetische Forschung Revisited – Gedanken über ästhetisch-künstlerische Strategien zur Erforschung von Lebenswelt. In: Blohm, Manfred/Heil, Christine/Peters, Maria/Sabisch, Andrea/Seydel, Fritz (Hrsg.): Über Ästhetische Forschung – Lektüre zu Texten von Helga Kämpf-Jansen. München: kopaed, 193–203.
Brenne, Andreas (2008): Künstlerisch-Ästhetische Forschung – über substantielle Zugänge zur Lebenswelt. In: Brenne, Andreas: Zarte Empirie – Theorie und Praxis einer künstlerisch-ästhetischen Forschung. Kassel. S. 5–22.
Brenne, Andreas (2009): Fridas Kanalrunde – Einblick in den Charakter topologischer Raumaneignung im Kontext ästhetischer Erfahrungsprozesse. In: Gaedtke-Eckardt, Dagmar-Beatrice/Kohn, Friederike/Krinninger, Dominik/Schubert, Volker/Siebner, Blanka Sophie (Hg): Raum-Bildung: Perspektiven. Beiträge zur sozialen, ästhetischen und praktischen Aneignung von Räumen. München.
Brenne, Andreas (2012): Das Fremde in mir – Imaginäre Welten schaffen. In: Grundschule Kunst: Kunst der Gegenwart. Nr. 48/2012.
Brenne, Andreas: Das Fremde in mir – Imaginäre Welten schaffen. In: Grundschule Kunst: Kunst der Gegenwart. 48/2012.
Deci, Edward L./Ryan, Richard M. (1993). Die Selbstbestimmungstheorie der Motivation und ihre Bedeutung für die Pädagogik. Zeitschrift für Pädagogik. Nr. 39/1993.
Defila, Rico/Di Giulio, Antonietta (1998): Interdisziplinarität und Disziplinarität. In: Olbertz J.-H. (Hrsg.): Zwischen den Fächern – über den Dingen? Universalisierung versus Spezialisierung akademischer Bildung. Opladen: Leske & Budrich. S. 111–137.
Fischer, Lili (1996): Primäre Ideen – Hand- und Fußarbeiten aus der Kunstakademie Münster. Regensburg: Lindinger & Schmid.
Fölling-Albers, Maria (2000): Entscholarisierung von Schule und Scholarisierung von Freizeit? In: Zeitschrift für Soziologie der Erziehung und Sozialisation, 2000/2, S. 118–131.
Foucault, Michel (1966): Die Ordnung der Dinge. Eine Archäologie der Humanwissenschaften. In: Die Hauptwerke. Frankfurt am Main.
Gabriel, Markus (2016): Sinn und Existenz. Eine realistische Ontologie. Frankfurt am Main.
Gehlen, Arnold (1940): Der Mensch. Seine Natur und seine Stellung in der Welt. Berlin: Junker und Dünnhaupt Verlag.
Haas, Malka/Gavish, Tzilla (2008): »Mommy Look, it's Real« The junkyard-playground as a model of early childhood.
Haas, Malka/Gavish, Tzilla (2008): Touching Reality: On the Co-construction of Knowledge and Identity in the Junkyard Playgrounds of Israel
Heidegger, Martin (2006): Sein und Zeit. Tübingen 2006.
Hessisches Sozialministerium, Hessisches Kultusministerium (Hrsg.) (2011). Bildung von Anfang an. Bildungs- und Erziehungsplan für Kinder von 0 bis 10 Jahren in Hessen. Wiesbaden.
Husserl, Edmund (1996): Die Krisis der europäischen Wissenschaften und die transzendentale Phänomenologie. Hrsg. v. Elisabeth Ströker. Hamburg.

Kämpf-Jansen, Helga (2000): Ästhetische Forschung – Aspekte eines innovativen Konzeptes ästhetischer Bildung. In: Blohm, Manfred (Hrsg.). Leerstellen: Perspektiven für ästhetisches Lernen in Schule und Hochschule. Köln: Salon Verlag, 83–114.

Kirchner, Constanze/Gotta-Leger, Tanya/Nockmann, Marlene (2015): Curriculare Strukturen des Kunstunterrichts in Europa. (http://envil.eu/curriculare-strukturen-des-kunstunterrichts-in-europa/ Abrufdatum: 04.04.2016).

Rumpf, Horst (2005): PISA und die Verödung ästhetisch gestimmter Sinnlichkeit, in: Buschkühle, Carl-Peter/Felke, Jutta (Hrsg.): Mensch Bilder Bildung. Oberhausen: Athena Verlag.

Schäfer, Gerd E. (2001): Bildungsprozesse im Kindesalter – Selbstbildung, Erfahrung und Lernen in der frühen Kindheit. Weinheim/München: Juventa.

Schneede, Uwe (1994): Joseph Beuys – Die Aktionen. Ostfildern-Ruit: Hatje, 273ff.

Schriftenreihe Museum Kurhaus Kleve (2001): Richard Long- Midday. Kleve: Museum Kurhaus Kleve.

Seel, Martin (2003): Ästhetik des Erscheinens. Frankfurt a. M.: Suhrkamp.

Stieve, Claus (2013): Differenzen früher Bildung in der Begegnung mit den Dingen. Am Beispiel des Wohnens und seiner Repräsentation im Kindergarten. In: Nohl, Arndt – Michael/Wulff, Christoph (Hrsg.): Mensch und Ding. Die Materialität pädagogischer Prozesse. Sonderheft der Zeitschrift für Erziehungswissenschaft, 16, 2013, S. 91–106.

Theunissen, Michael (1983): Negativität bei Adorno, in: Adorno-Konferenz 1983, hrsg. von Ludwig von Friedeburg und Jürgen Habermas, Frankfurt am Main, S. 41–65.

Waldenfels, Bernhard (2006): Grundmotive einer Phänomenologie des Fremden. Frankfurt am Main: Suhrkamp.

Welsch, Wolfgang (1994): Ethik der Ästhetik – Ethische Implikationen und Konsequenzen der Ästhetik. In: Wulf, C./Kamper, D & Gumbrecht, H.U. (Hrsg.): Ethik der Ästhetik. Berlin.

Welter, Rüdiger (1986): Der Begriff der Lebenswelt. Theorien vortheoretischer Erfahrungswelt. München: Wilhelm Fink Verlag.

Wittgenstein, Ludwig (1990): Tractatus logico-philosophicus. Leipzig S. 9, 1. Frankfurt am Main.

## Onlinequellen

Mersch, Britta: Kreative auf der Überholspur: http://www.deutschlandfunk.de/kreative-auf-der-ueberholspur.680.de.html?dram:article_id=36594 (Abrufdatum: 31.07.2018).

https://www.prod.facebook.com/AngelaMerkel/posts/10151984533212050?fref=nf (Abrufdatum: 31.07.2018).

# 5 Das Ästhetische im Sammeln – akteursspezifische Sichtweisen im Vor- und Grundschulalter

*Bianca Bloch, Lena S. Kaiser & Antje Danner*

## Einleitung

Das Sammeln ist ein weit verbreitetes Phänomen. Der (erwachsene) Sammler selbst wird oftmals belächelt für die emsige Leidenschaft, die sich in der Hingabe für meist alltägliche Dinge zeigt, von denen der normale Haushalt in der Regel nur ein Exemplar benötigt. Doch neben der Skurrilität, die sich in vielen Sammlungen zeigt, weckt der Sammler auch Neugier und Interesse und kann nicht selten anhand einer Sammlung historische und kulturelle Besonderheiten und Entwicklungen festhalten (vgl. Duncker 2012: 63ff.).

Galt das Sammeln und Anhäufen von Essbarem kulturgeschichtlich dem Drang, auch in entbehrungsreichen Phasen das Überleben zu sichern, scheint der Sinn des Sammelns in einer heutigen Gesellschaft des Überflusses fraglich. Gewiss lassen sich verschiedene Sammlertypen und Sammlungen ausfindig machen, wie »prestigeträchtige Sammlungen in Museen, Bibliotheken oder Archiven« (Wilde 2015: 13), deren Sinn und Notwendigkeit offensichtlich ist. Dem »Alltags-Sammler« hingegen ist kaum eine Grenze gesetzt, gesammelt werden können im Prinzip alle »[...] Dinge, die z. B. nicht übermäßig groß sind, nicht übermäßig schwer und übermäßig teuer« (Kämpf-Jansen 2012: 53) und dabei räumlich flexibel sind. Die Beschäftigung mit den Sammlerstücken ist heute als eine ideelle zu betrachten, bei der sich zeitgleich spezialisiertes Wissen anhäuft und es lassen sich einige weitere Motive nennen, die zum Sammeln anregen, wie beispielsweise das reine Gefallen, der Nutzen oder die erhoffte finanzielle Aufwertung von Sammelstücken in der Zukunft (vgl. Beinke 2005: 14). Abzugrenzen davon ist die in diesem Beitrag gemeinte Form des ästhetischen Sammelns, wie Manfred Sommer es benennt (vgl. Sommer 1999: 15), von der Extremform des Hortens oder des »Messietums« (vgl. Wilde 2015: 13).

Kinder, insbesondere im Vor- und Grundschulalter, scheinen fast ohne Ausnahme zu sammeln und es stellt sich die Frage, welche Motive im Vordergrund stehen und ob durch die Beschäftigung des Sammelns Bildungsprozesse in Gang gesetzt werden können.

## 5.1 Sammeln als kindliches Phänomen

Fast jedes Kind im Vor- und Grundschulalter zeigt das Bedürfnis, besondere oder außergewöhnliche Dinge aufbewahren und für einen bestimmten Zeitraum bewahren zu wollen. Das Besondere der Sammlerstücke zeigt sich dem erwachsenen Betrachter nicht immer auf den ersten Blick. Wie auch beim erwachsenen Sammler sind den Themen und den Ideen kaum Grenzen gesetzt. Besonders jüngere Kinder sammeln, was sie in ihrer alltäglichen Umwelt vorfinden, wie beispielsweise Naturgegenstände (z. B. Steine und Muscheln), Kronkorken oder Servietten, während mit zunehmendem Alter die Sammlungen auch oft eine kommerzielle Prägung erhalten, insbesondere wenn die einzelnen Objekte käuflich erworben und medial beworben werden. Die Vermutung liegt nahe, dass Sammelthemen kulturell geprägt sind – Sammlungen also das zeigen, was den kulturell geprägten Alltag der Kinder ausmacht. Je älter die Kinder werden, desto stärker zeigt sich in den Sammlungen eine eigene Kultur der Kinder bzw. der Kindheit. Sammelthemen differenzieren sich hinsichtlich typischer Mädchen- und Jungenthemen aus und die Bedeutung von Peers nimmt zu. Letzteres trifft insbesondere auf stark konsumorientierte Sammlungen, wie Sammelkarten und dergleichen, zu, da nun Sammlungen Gegenstand kommunikativer und sozialer Interaktion werden, indem diese Sammelstücke getauscht werden können oder das gemeinsame Betrachten, Vergleichen und zum Teil auch das Spielen damit in den Vordergrund treten. Sammlungen signalisieren somit auch eine bestimmte Gruppenzugehörigkeit – gesammelt wird, was zu einem bestimmten Zeitpunkt innerhalb der Peergroup »in« ist (vgl. Duncker/Hahn/Heyd 2014: 12ff.; Duncker 2017: 107; Duncker/Kremling 2010, S. 53f.).

Den Grundstein von Sammlungen setzten oft Geschenke oder spezielle Anlässe, die ein Kind auf das Sammelthema aufmerksam machen. Die Beharrlichkeit und Intensität, sich mit der Sammlung zu befassen und diese weiterzuführen, scheint im Wesen des Kindes zu liegen und wird zunächst nicht von Außenstehenden beeinflusst. In Anlehnung an Manfred Sommer (vgl. 1999: 8) sind das Zusammentragen und das Anschauen die Basiskomponenten, die die Sammeltätigkeit ausmachen. Diese Art des ästhetischen Sammelns, in der (aufgrund spezifischer Merkmale) Objekte zur mittel- oder langfristigen Bewahrung in einen überschaubaren Raum zusammengestellt werden, zieht gerade im Vor- und Grundschulalter zahlreiche weitere Tätigkeiten nach sich, die interessante Hinweise auf die Auseinandersetzung von Kindern mit ihrer – häufig von Erwachsenen geprägten – Umwelt, aufzeigen. Die Objekte oder Dinge weisen bestimmte positive Eigenschaften auf, wodurch sie für den Sammler subjektiv wertvoll werden (vgl. Segeth 1993: 188). Diese vielfältigen Möglichkeiten bilden sich in den Sammlungen der Kinder und der Beschäftigung mit ihnen ab.

### Zur Bedeutung des Sammelns im Kindesalter

Der Ursprung kindlicher Sammlungen liegt häufig in der Faszination bzw. dem Staunen über die Dinge, die die Welt zu bieten hat. Kinder erschließen sich durch ihre Sammlung Teile der komplexen Umwelt, der Erwachsenenwelt, die nur nach und nach von Kindern begriffen werden kann. Im Umgang mit der eigenen Sammlung, im Betrachten, Befühlen, Spielen oder Anordnen und Sortieren, äußert sich ästhetisches Verhalten (vgl. Kirchner 1999: 304; Schäfer 1999: 30) und zeigt darüber hinaus »die ästhetische Erkenntnis mit allen emotionalen und kognitiven Anteilen im Umgang mit der gegenständlichen und personellen Umwelt des Kindes« (vgl. Kirchner 1999: 304). In Anlehnung an Schäfer (vgl. 1999: 22) entsprechen das Hantieren mit der Sammlung sowie der Prozess des Sammelns den Selbstbildungspotenzialen des Kindes, die stark individuell geprägt sind durch das, was das Umfeld bietet, die Phantasietätigkeit des Kindes sowie verschiedene Vorerfahrungen. Durch die Sammlung erfahren Kinder einen immer wiederkehrenden Genussmoment, der sich in der subjektiven Schönheit der Dinge, positiver Erinnerungen und Emotionen begründet. Dieser Moment wird durch die Kinder selbst bestimmt (vgl. Fatke/Flitner 1983: 604), wodurch der individuelle Wert der Sammlungen enorm steigt und nachvollziehbar wird, warum Kinder ihre Sammlungen häufig als einen Schatz betrachten und diesen entsprechend verwahren.

Duncker (vgl. Duncker/Hahn/Heyd 2014: 12ff.) erkennt in der kindlichen Sammelleidenschaft sieben Dimensionen, die Aufschluss über Sinn und Bildungswert des Phänomens geben. Sie sollen hier in aller Kürze genannt werden – auf einige der Dimensionen wird im Weiteren noch näher eingegangen.

1. *Sammeln als interessengeleitete Tätigkeit:* Das Sammeln geschieht ohne Anleitung und ist geprägt von hoher Individualität. Auch wenn Sammelthemen sich immer wieder ähnlich sind, so begreift jedes Kind die eigene Sammlung anders. Sammlungen zeigen, welche Dinge der Umwelt für sie von besonderem Interesse sind und die kindliche Wahrnehmung auf sich ziehen.
2. *Der Erwerb ästhetischer Erfahrung:* Die sinnliche Wahrnehmung der Sammelstücke steht im Vordergrund. Kinder genießen Formen, Farben oder die besondere Haptik. Sammelstücke entzücken, sie faszinieren und bringen Kinder zum Staunen. Dabei kann die kindliche Ästhetik von ästhetischen Konventionen abweichen.
3. *Wissenserwerb und forschendes Lernen:* Neben fachlichem Wissen bauen Kinder Kenntnisse über Strukturen, besondere Eigenschaften etc. in Bezug auf ihr Sammelthema aus. Die Möglichkeit, innerhalb einer Sammlung verschiedene Ordnungen herzustellen, ist dabei ebenfalls ein individueller Prozess des Wissenserwerbs.
4. *Die Ausbildung von Wertvorstellungen:* Sammelstücke besitzen einen eigenen Wert, der sich in der Regel nicht über einen Materialwert benennen lässt. Der emotionale Wert, den die Kinder den Stücken zuschreiben, lässt eine hierarchische Ordnung innerhalb der Sammlung zu. Abzugrenzen sind hier kommerziell begründete Sammlungen, deren finanzieller Wert oft eindeutig ist.
5. *Rekonstruktionen der Erinnerung im Sammeln:* Die Sammelstücke zeichnen »Lebensspuren« der Kinder nach. Sie ermöglichen es den Kindern, immer wieder an die Umstände zurückzudenken, die mit einem Sammelstück ver-

knüpft sind. Insbesondere jüngere Kinder, die noch nicht schreiben können, finden in ihren Sammlungen eine alternative Möglichkeit, Vergangenes symbolisch zu dokumentieren.
6. *Sammeln als bildende und identitätsstiftende Tätigkeit:* In der Auseinandersetzung mit Sammlungen zeigt sich »ein elementarer Prozess kindlicher Weltaneignung« (Duncker 2014: 19). Der intensive Bezug zur eigenen Sammlung und das Präsentieren dieser in verschiedenen Kontexten können sich wesentlich auf die Identität des Kindes auswirken.
7. *Sammeln unter kommerziellem Einfluss:* Immer mehr Kindersammlungen stehen unter kommerziellem Einfluss, wodurch einige der vorausgegangenen Dimensionen relativiert werden müssen. Ästhetische Aspekte und die Erkenntnismöglichkeiten spielen sich hier in einem abgesteckten Rahmen ab.

Die dargestellten Dimensionen bedingen sich zum Teil gegenseitig. Besonders deutlich zeigen dies die zweite und dritte Dimension, denn durch die ästhetische Auseinandersetzung werden bei Vorschulkindern Vorläuferkompetenzen sowohl des Lesens als auch des mathematischen Denkens in Gang gesetzt. Das Sammeln und Anordnen der Gegenstände oder das Sortieren nach bestimmten Merkmalen setzt ein strukturiertes und lineares Denken voraus, dem die Kinder sich in der Beschäftigung hingeben. Kinder lernen an und mit ihren Sammlungen zum Teil auch erstaunliches Fachwissen, sie werden zu kleinen Experten aus eigenen Stücken (vgl. Duncker/Hahn/Heyd 2014: 14ff.; Brée 2013: 97ff.; Duncker/Frohberg/Zierfuss 1999: 74f.).

Abschließend betrachtet folgen Kinder durch das Sammeln ihrem Bedürfnis nach Kommunikation und sozialem Austausch, indem sie über ihre Sammlungen ins Gespräch kommen und diese mit Stolz präsentieren und erklären oder nach genauem Abwägen Tauschgeschäfte eingehen können. Auch der Wunsch nach Vertrautheit sowie Überschaubarkeit und Ordnung, in der das Kind einen Ausschnitt seiner Lebenswelt überblicken kann, gelingt im Rahmen der Sammeltätigkeit (Kämpf-Jansen 2012: 53; Baudrillard 2007: 112).

## 5.2 Erfassung akteursspezifischer Sichtweisen

Um einen Zugang zur Perspektive von Kindern auf verschiedene Thematiken zu bekommen, gibt es innerhalb der qualitativen Kindheitsforschung verschiedene Traditionen der Datenerhebung (z. B. Einzelinterviews, Gruppendiskussionen, Teilnehmende Beobachtung, non-reaktive Verfahren), die die Kinder als Experten ansprechen (vgl. Bloch/Kaiser 2016).

Das vorliegende Material, welches herangezogen wurde, um aus Sicht der Vor- und Grundschulkinder die ästhetischen Momente im kindlichen Sammeln herauszuarbeiten, ist im Rahmen eines Projektes mit Studierenden des Grundschullehramts und eines Dissertationsvorhabens an der Justus-Liebig-Universität Gießen entstanden. Beide Projekte haben sich mit dem Phänomen des kindlichen Sammelns auseinandergesetzt. Mit Hilfe von leitfadengestützten Interviews wurden mit Kindern Gespräche zu ihren Sammlungen geführt (vgl. Duncker/Hahn/Heyd 2014). Leitfadeninterviews zeichnen sich dadurch aus, dass sie durch im Vorfeld formulierte Fragen die Antworten begrenzen und dadurch das Interview strukturieren (vgl. Frieberthäuser/Langer 2010: 438). Allerdings sind die im Leitfaden enthaltenen Fragen nicht als starres Gerüst zu verstehen, welches abgearbeitet wird. Vielmehr kann der Leitfaden den Kindern, ihrem Alter und ihren Antworten entsprechend variiert und angepasst werden. Wichtig war bei diesem Forschungsanliegen auch, dass die Kinder einen Teil ihrer Sammlung zum Interview mitbringen, um so einen leichteren Gesprächseinstieg zu schaffen. Außerdem tritt so die Befragung an sich zurück und die präferierten Gegenstände rücken in den Vordergrund (vgl. Duncker/Hahn/Heyd 2014).

Das so innerhalb der beiden Projekte entstandene empirische Material (in Form von Interviewtranskripten und fotografischen Dokumentationen von Kindern mit ihren Sammelobjekten) wird im Kontext dieses Beitrags verwendet und unter einer neuen forschungsleitenden Perspektive analysiert. Insgesamt standen dafür 30 Kinder im Alter von 4,8 bis 10,9 Jahren zur Verfügung. Die Kinder besuchten zum Zeitpunkt der Erhebung entweder den Kindergarten oder die Grundschule (bis Klasse 4).

## 5.3 Beschreibung von kindlichen Sammlungen im Vor- und Grundschulalter

Schaut man sich zuerst die Anzahl der Sammlungen der Kinder an, so fällt auf, dass Kinder im Vorschulalter meistens zwei Sammlungen haben, während die Grundschulkinder mehrheitlich eine Sammlung besitzen. Nur sehr wenige Kinder haben drei oder mehr Sammlungen. Hierüber wird deutlich, dass mit dem Alter der Kinder der Entschluss für das Sammeln bestimmter Gegenstände bewusster getroffen wird. Aber auch im Vorschulalter ist dies keine beliebige und zufällige Entscheidung, sondern eine zielgerichtete dafür, dass bestimmte Gegenstände (wie z. B. Muscheln, Steine, Sticker, Karten, Filly-Pferde, Autos) gesammelt werden und andere nicht, auch wenn sich in diesem Alter das Sammelinteresse meistens auf zwei Bereiche erstreckt.

### 5.3.1 Sammelmotive

Interessant ist in diesem Zusammenhang auch der Grund, warum genau diese Gegenstände von den Kindern gesammelt werden. Im Vorschulalter kommt der Impuls überwiegend von außen: Der Start der Sammlung wurde häufig von einer erwachsenen Bezugsperson oder einem Vorbild gesetzt, z. B. dadurch, dass es dem Kind gekauft oder geschenkt wurde (Y. (6. J.): *[...] die Mama hat die*

## 5 Das Ästhetische im Sammeln

**Abb. 5.1:** Gesammelte Muscheln aus Urlauben in der Muschelsammlung (Fotograf: Franz Möller, Gießen)

*mir geschenkt.*). Im Grundschulalter geht der Impuls häufig vom Kind selber aus und das Sammeln wird eher durch den Spaß an oder die Schönheit der Gegenstände ausgelöst (*Ni. (9,11 J.): Weil die schön aussehen und weil die immer so schön glitzern.*). Ist die Sammelaktivität doch von außen beeinflusst, spielen eher die Peers eine Rolle als die erwachsenen Bezugspersonen. In beiden Altersgruppen der vorliegenden Stichprobe scheint der emotionale Bezug zu den Sammelgegenständen der ausschlaggebende Grund für das Sammeln zu sein. Dieser äußert sich darüber, dass die Kinder entweder die Gegenstände von für sie wichtigen Personen erhalten haben, gemeinsam mit ihnen nahestehenden Personen das Sammeln begonnen haben oder der Impuls für den Beginn der Sammlung in einem besonderen Erlebnis (beispielsweise im Urlaub) entstanden ist. Hier spiegelt sich der »wiederkehrende Genussmoment« den auch Fatke und Flitner (vgl. 1983: 604) beschreiben wider, der sich u. a. über positive Erinnerungen und Gefühle zeigt. Darüber hinaus nehmen die Gegenstände der Sammlungen damit auch die Funktion einer »externen Gedächtnisstütze«[1] (vgl. beispielsweise Schäfer 2014a: 129) ein, die sie an eine besondere Zeit oder einen wichtigen Menschen in ihrem Leben erinnert. Jedes einzelne Objekt ist mit einer Geschichte, Anekdote, Erinnerung verbunden, die das Kind noch genau erzählen kann. Somit spiegeln die Elemente einer Sammlung eine biografische Erfahrung der Kinder wider und sind »Zeugen einer Vergangenheit, die ohne die

---

1 Die Bedeutung von externen Gedächtnisstützen wurde unter anderem bei Schäfer (2014a) herausgearbeitet. Solche Unterstützer können sowohl Erinnerungsstücke als auch, und dies scheint für den Bereich von frühkindlicher Bildung besonders bedeutsam, Fachkräfte sein. Durch ein gewisses Maß an pädagogischer Zurückhaltung ermöglicht es die Fachkraft, dass Kinder über ihre eigenen Ideen ins Gespräch kommen und in weitere Arten der tätigen Auseinandersetzung finden. Dies ermöglicht ihnen über ihre Ideen nachzudenken, sie zu modifizieren oder sie gemeinsam weiterzuentwickeln. Aufgabe der Fachkraft ist es, gleichsam als externes Gedächtnis, die Ergebnisse der Weiterentwicklungen für Kinder festzuhalten (vgl. ebd.: 129).

Gegenwart der Dinge wohl nicht festgehalten würde« (Duncker 2014: 18). Über Sammlungen lassen sich damit auch immer für die Kinder bedeutsame Lebensspuren abbilden, nachzeichnen und rekonstruieren.

### 5.3.2 Aufbewahrung und Erweiterung der Sammlungen

Einen Platz finden die Sammlungen aufgrund des besonderen Stellenwerts für die Kinder in einem extra dafür vorgesehenen Behälter (Box, Kiste, Glas, Eimer) oder Sammelheft. Dies scheint für alle Kinder besonders wichtig zu sein: Die Sammlung wird dadurch zusammengehalten, es kann nichts verloren gehen, sie ist aufgeräumt und lässt sich leicht an einem Ort wiederfinden. Außerdem hat sie einen bestimmten Raum, in dem sie aufbewahrt wird. Auffällig ist hierbei, dass die Vorschulkinder diesen meistens nicht weiter erläutern (im Zimmer, im Bad, zu Hause), während die Grundschulkinder eher genau beschreiben, wo die Sammlung ihren Platz hat: *T. (8,5 J.): [...] und dann stelle ich sie einfach neben mein Bett. Also ich habe keinen Schrank neben meinem Bett, ein Nachttischen und daneben ist dann noch so eine Mauer und da stelle ich es dann hin.).* Bedeutend ist auch, dass kein Kind einfach nur sagt, dass es die Sammlung »irgendwo« aufbewahrt, sondern immer einen genauen Aufbewahrungsplatz (Raum/Ort/Behälter) benennt, wo die Sammlung zu finden ist. So antwortet No. (4,8 J.) beispielsweise auf die Frage nach der Aufbewahrung der Sammlung:

*No.: Die ist in meinem Geheimversteck.*
*I: Oooh. Liegt da denn noch was Anderes drin in deinem Geheimversteck?*
*No.: Nhn.*
*I: Nur die Sammlung? Hat die Sammlung, wenn die im Geheimversteck liegt, eine besondere Ordnung? Also liegt dann alles zusammen oder liegen dann die Muscheln und die Steine extra?*
*No.: Alles zusammen in einer Dose.*

Hierdurch wird deutlich, wie wichtig die Sammlungen den Kindern sind und welche Bedeutung sie für sie innehaben, sodass sie teilweise wie ein »Schatz« versteckt, behütet und aufbewahrt werden. Auch werden die Sammlungen in für die Kinder wertvollen – extra dafür vorgesehenen – Schächtelchen verwahrt. Der besondere Wert, den die Kinder ihren Sammlungen dadurch verleihen, lässt sich laut Fatke und Flitner (vgl. 1983: 604) mit der subjektiv empfundenen Schönheit der Objekte sowie den individuell damit verbundenen schönen Erinnerungen und Emotionen erklären.

Wie die Kinder ihre Sammlungen um neue Sammelstücke erweitern können, wissen sie auch. Sie:

- bekommen weitere von den Erwachsenen oder zu besonderen Anlässen geschenkt (*Le. (7,3 J.): Zum Geburtstag. [...] Von der M. [Freundin].*) bzw. wünschen sie sich dann gezielt (*P.D. (5,10 J.): Ja, den wünsche ich mir zum Geburtstag.*),
- kaufen sie sich selber (*N. (7,8 J.): Ich kaufe, also manche habe ich mir selbst gekauft [...].*),

- bekommen sie als Gegenleistung für eine unliebsame Tätigkeit (*I: Du musst also erst dein Zimmer aufräumen, um ein neues Filly zu bekommen? L. (4,8 J.): Ja und wenn wir in den Tegut fahren, da kann man auch welche kriegen.*),
- erhalten sie im Rahmen bestimmter Aktionen des Einzelhandels (*Ni. (7,4 J.): Aus verschiedenen Einkaufs-, also in Aldi, Rewe, da gab es die Karten. […] Wie viel du einkäufst, so viele Karten kriegst du.*),
- finden neue kostenlos in ihrer Lebensumwelt oder der Natur (*S. (9,8 J.): Manche aus Ungarn, manche habe ich am Straßenrand gefunden und in dem Bach, überall halt wo ich war.*),
- tauschen (doppelte) Gegenstände ihrer Sammlung mit Freunden, die diese ebenfalls sammeln (*Ni.: Mit den Karten kann man bei Freunden tauschen.*).

Die Kinder gehen also demnach sehr planvoll und zielgerichtet vor und machen sich differenzierte Gedanken darüber, damit sie in der Lage sind, ihre Sammlungen zu vergrößern.

**Abb. 5.2:** Sammlungen in Glitzerschachteln (Fotografin: Lena S. Kaiser, Emden/Leer)

### 5.3.3 Sammlungsbezogener Wissenserwerb

Kinder besitzen ein großes Fachwissen über die Gegenstände ihrer Sammlungen – unabhängig davon, ob es sich um Konsumgüter, Tiere oder Spielzeuge handelt.
  Damit Kinder die Entscheidung treffen können, ob ein neues Fundstück in die Sammlung integriert wird, benötigen sie einen Überblick über die Charakteristika und Qualitätseigenschaften, um den Objektwert für die eigene Sammlung bestimmen zu können (vgl. Duncker 2014: 14). Die für die Kinder entscheidenden Kriterien können dabei aber von den Maßstäben der Erwachsenen abweichen. Dies veranschaulicht das Beispiel von Duncker:

> »Für einen professionellen erwachsenen Briefmarkensammler kann es beispielsweise von hoher Bedeutung sein, ob an einer Briefmarke eine Zacke fehlt oder nicht, für Kinder ist dies oft irrelevant. Für die kann der Wert einer Briefmarke schon durch das abgebildete Motiv begründet sein, also die Lokomotive, das Tier oder die Blume« (ebd.).

Kinder verfügen generell über ein breites Wissen, wenn es um die Vielfalt und Erscheinungsformen ihrer Sammelobjekte geht: Unterschiede, Gemeinsamkeiten, Ähnlichkeiten, spezifische Merkmale etc. eignen sich durch die sammelnde Tätigkeit an.

P.D. (5,10 J.) sammelt Bulldogs (Kinder-Traktoren zum Draufsitzen) und kennt sich mit den speziellen Unterschieden der einzelnen Modelle sowie den Marken bereits sehr gut aus:

> I: Was gefällt dir denn an den Bulldogs?
> P.D.: Am Claas gefällt mir, da kann man hinten die Kupplung verstellen.
> I.: Und am Fendt?
> P.D.: Der hat Doppelräder.
> [...]
> I: Aber die echten Bulldog-Marken kennst du alle?
> P.D.: Ja.
> I: Wie viele kennst du denn?
> P.D.: Ich kenne alle.
> I: Alle? Kannst du mir die auch nennen? Sag mir mal welche!
> P.D.: Cormick, Deutz, Steyr, Claas, ich weiß jetzt noch andere, aber ..., Fendt, aber mehr fällt mir jetzt nicht ein.

N. (7,8 J.) besitzt eine Hot Wheel-Sammlung, die er stolz präsentiert und erklärt:

> N.: Ich will dir mal was zeigen, was hier vorne steht, das ist gut, guck das hat so eine Flagge, das heißt Hot Wheels und wenn die keine Flagge haben, dann sind das einfach normale Autos und so.
> I: Was ist denn an den Hot Wheels besonders?
> N.: Hh, also an den Hot Wheels ist es besonders, weil die bessere Tunings haben, also Tunings heißt, also hier so Auspüffe und Stoßdämpfer und ... bei normalen ist das nicht. Und der hier der hat auch einen neuen Heckspoiler und die hier neue Auspüffe und da hat der ein Gitter, weil es ein Geländeauto ist.

Dieses Wissen über die Besonderheit seiner Sammelgegenstände konnte N. sich durch das genaue Betrachten, Untersuchen und Vergleichen der einzelnen Objekte aneignen und mit relevanten Fachtermini (Auspuff, Stoßdämpfer, Heckspoiler, Gitter), die ihm bekannt sind, verknüpfen. Hierüber zeigt sich, dass Wissen

> »[...] das Ergebnis von Erfahrungen [ist], die durch Denkprozesse bewusstgemacht werden konnten. [...] Aus Erfahrung kann Wissen gewonnen werden, wenn es mit den Mitteln des Bewusstseins wahrgenommen und gedacht wird« (Schäfer 2012: 13).

Schäfer (2012) spricht in diesem Kontext von Bildung aus erster Hand (vgl. ebd.).

Ein altersbedingter Unterschied wird jedoch durch diese beiden Beispiele deutlich: Je älter die Kinder werden, desto spezifischer und komplizierter werden die Begriffe, mit denen sie agieren, und desto umfangreicher und detaillierter wird ihr Wissen. Sie entwickeln also eine Fachterminologie zur Bezeichnung und Erläuterung, die mit dem längeren Bestehen und der Erweiterung der Sammlung weiter ausdifferenziert wird.

Zusammenfassend lässt sich festhalten, dass Kinder (egal welchen Alters) über ein enormes gegenstandsbezogenes bzw. fachspezifisches Wissen mit relevanten Begrifflichkeiten bzw. Fachbegriffen zu ihren Sammlungen verfügen. Durch den Prozess des Sammelns werden Kinder somit zu Experten auf einem bestimmten Gebiet.

### 5.3.4 Interaktionsmöglichkeiten mit Sammelgegenständen

Während im Vorschulalter sich die handelnden Tätigkeiten mit den Sammlungen auf das Spielen und Tauschen beziehen, zeigen sich bei Kindern im Grundschulalter primär Tätigkeiten, die sich auf das Zeigen, Tauschen und Sammeln beziehen. Festzuhalten ist allerdings, dass alle Kinder im Zusammenhang mit ihren Sammlungen verschiedenen Tätigkeiten nachgehen, die in unterschiedlichen Modi Interaktion verlangen.

- **Angucken:** Alleine oder mit anderen. An dieser Stelle wird mehrfach auf das besonders Schöne der Sammlung hingewiesen. Ein Staunen über die Dinge findet statt.
- **Sortieren:** Eher alleine, manchmal mit anderen. Besonders die Sortierung unterliegt häufig individuellen ästhetischen Kriterien. Daher organisieren Kinder die Sortierung ihrer Sammlung eher alleine, manchmal mit einem nahestehenden Familienangehörigen.
- **Zeigen:** Dem Interaktionspartner wird die Sammlung präsentiert. Wichtige Informationen und Fachwissen über die Sammlung werden ihm dabei vorgestellt.
- **Tauschen:** Mehrheitlich mit Peers. Tauschen von Sammelobjekten impliziert ein Aushandeln über verschiedene Wertigkeiten und Gegenwerte.
- **Sammeln:** Alleine, mit Familienangehörigen oder mit Peers. Mehrheitlich alleine. Die meisten Kinder sammeln alleine oder bekommen durch Familienangehörige Unterstützung ihre Sammlung zu erweitern.
- **Spielen:** Mit Peers oder alleine, mehrheitlich in Als-ob-Spielen oder Rollenspielen.

Hauptinteraktionsorte für Vorschulkinder sind der Kindergarten oder das Zuhause. Für Grundschulkinder liegen die Interaktionsorte eher zu Hause und nur seltener in der Schule. Auch in den Interaktionspartnern unterscheiden sich Vorschul- von Grundschulkindern. Hauptinteraktionspartner für Vorschulkinder sind ihre familialen Bezugspersonen zu Hause – mit Eltern, Großeltern und Geschwistern findet am meisten Interaktion im Zusammenhang mit der Sammlung statt.

> *I: (lacht) Und wie bist du auf die Idee gekommen, die Kügelchen zu sammeln?*
> *L.: Die Oma hat, glaub ich, mal eins gefunden, da hat die mich gefragt, was das ist und ich wusste es zwar auch nicht und dann wusste die es doch, meine Oma und dann haben wir immer weiter gesammelt, bis wir irgendwann so viele hatten. (L. 6,4 J., Sammlung von Kügelchen).*

**Abb. 5.3:** Spiel mit gesammelten Kronkorken (Fotograf: Franz Möller, Gießen)

Bei Grundschulkindern weiten sich die bisherigen familialen Interaktionspartner auf Peers aus dem unmittelbaren Lebensraum (Nachbarskinder, Klassenkameraden und Urlaubsbekanntschaften) aus.

> N.: *Hh, guck', da ist halt ein anderer Hintergrund, sonst gibt es nichts Besonderes, eigentlich. Aber es macht Spaß, die Hefte so zu sammeln. Mit den Karten kann man bei Freunden tauschen. Die man einkleben muss, kann man nicht mehr mit Freunden tauschen. [..] und die in 3D halt noch, die kann man dann tauschen.*
> I: *Hast du mit deinen Freunden oft Karten getauscht?*
> N.: *Ja, in der Schule* (N. 7,8 J., Fußballkartensammlung).
>
> I: *Hast du die Sammlung schon mal jemandem gezeigt?*
> T.: *Ja, der Tr. war schon oft bei mir, der N., dem habe ich sie ab und zu gezeigt. Einmal, aber sonst habe ich sie eigentlich niemandem sonst gezeigt. Ich persönlich. Weil ich nicht will, dass sie irgendwie kaputtgeht und so. Ja, und in dem Vogelnest habe ich dann auch noch ein paar Eier gefunden. Guck hier habe ich noch, eine tote, nein eine tote Biene ist es nicht, eine tote Hornisse habe ich hier noch.*
> [...]
> T.: *Und auch, da kommen die Kinder mal zu mir und wollen die Sammlung mal sehen. Da habe die ich mal auf den Boden gelegt, da war der Tr. bei mir, da habe ich mich auf den Boden gelegt und ich habe die Schlange neben mich gelegt.*
> I: *Dann habt ihr geschaut, wer länger ist?*
> T.: *Die Schlange war ein bisschen länger und da hat der Tristan ein bisschen abgerissen und hat gesagt, ›so, das ist jetzt lang genug.‹ Also die war 10 cm größer als ich, also ich bin 1,35cm, die war dann 1,45 cm.*
> I: *Da war die aber echt ganz schön lang«* (T. 8,5 J. Sammlung von toten Tieren).

Je nachdem welche Interaktionsmöglichkeiten die Sammlungen bieten, ergeben sich auch andere Funktionen der Sammlungen. Während sich im Vorschulalter keine spezielle Funktion, die für das Alter typisch wäre, zeigt, haben Sammlungen von Grundschulkindern überwiegend eine Spielfunktion. Vorschulkinder hingegen schauen ihre Sammlungen an, zählen sie, beschäftigen sich mit ihr, sortieren sie, dekorieren mit ihr, gehen einer Arbeit mit ihr nach oder spielen mit ihr. Die Variation der Funktionen von Sammlungen ist damit bei Vorschulkindern deutlich größer als bei Grundschulkindern.

**Abb. 5.4:** Spiel mit Sammelkarten (Fotograf: Franz Möller, Gießen)

## 5.4 Ästhetik im kindlichen Sammeln

Die ästhetischen Ausdrucksweisen der Kinder im Sammeln stellen eine besondere Form des Lernens dar, denn damit bringen sie ihre inneren Bilder von der Welt zum Ausdruck (vgl. Neuß 2010: 136). Daher soll im Folgenden noch einmal detaillierter auf einige ästhetische Dimensionen im Sammeln eingegangen werden.

### 5.4.1 Sammelmotive bei Grundschulkindern – von der Ästhetik und Schönheit der Dinge

Die Gründe, warum Kinder anfangen zu sammeln, wurde bereits in Kapitel 5.3.1 beschrieben. Auffällig ist jedoch, dass bei den Kindern im Grundschulalter der ästhetische Reiz der Gegenstände einen besonderen Impuls darstellt. So führen diese häufig an, mit dem Sammeln begonnen zu haben, da sie die Objekte so schön fanden: »*Weil die [Filly-Pferde] so schön sind und die haben auch ganz schöne Kronen, Kristalle und Hörner und manche haben auch noch Flügel und so eine Krone und so was*« (Le. 7,3 J.). Auch besondere Merkmale der Sammelgegenstände spielen für Kinder eine entscheidende Rolle, um sie zu sammeln. So scheint gerade das Glitzern, Funkeln und Glänzen eine reizvolle Eigenschaft zu sein, die eine gewisse Faszination auf die Kinder ausübt: »*Weil die [Glitzersteine] schön aussehen und weil die immer so schön glitzern*« (Ni. 9,11 J.).

Es macht den Eindruck, dass es weniger um Dinge geht, die einfach irgendwo da sind und bemerkt werden. Damit geht es um Erscheinungen, die Kinder zum »inneren Verweilen« einladen, weil sie irritieren und Fragen auslösen. So wie es erscheint, ist es nicht zwangsläufig das, was es vorgibt zu sein:

»Ästhetischer Schein [...] besteht in Erscheinungen, die in einem durchschauten Widerspruch zum tatsächlichen Sosein von Gegenständen wahrgenommen und willkommen geheißen werden können« (Seel 2000: 106 zit. n. Liessmann 2009: 14).

Damit das Ästhetische wahrgenommen werden kann, darf es nicht nur schön sein, sondern muss auch in irgendeiner Weise erscheinen. Kindliche Sammlungen sind solche Erscheinungen, die sich aufgrund der Art und Weise ihres Erscheinens zu sich selbst in Widerspruch setzen. Es reicht also nicht aus, sie lediglich wahrzunehmen, zu sehen oder zu hören, man muss sie verstehen. Das Ästhetische in ihnen entfaltet sich im Zusammenhang einer interpretativen, imaginativen und teilweise reflexiven Erschließung (vgl. Liessmann 2009: 14).

### 5.4.2 Sortierung – von der Anordnung der Dinge

Kinder haben eine bestimmte Vorgehensweise, wenn es darum geht, ihre Sammlungen zu präsentieren und vorzustellen. Unabhängig vom Alter sortieren fast alle Kinder die Gegenstände ihrer Sammlungen (in Teilen oder vollständig) nach bestimmten Merkmalen und folgen dabei individuellen Ordnungsprinzipien, die jedem Objekt einen bestimmten Platz zuweisen. Wird die komplette Sammlung nach einem besonderen Arrangement angeordnet, können die Kinder sehr detailliert beschreiben, wie und nach welchen Kriterien diese Sortierung erfolgt. So erläutert No. (6,4 J.), die Muscheln, Steine und Schneckenhäuser sammelt:

*I: Beschreib mal was du da hast.*
*No.: Also eins, zwei, drei, also die Steine die legen wir mal hier hin, alle Steine kommen hier hin.*
*I: Okay.*
*No.: Damit wir jetzt auch mal wirklich wissen was eigentlich ein Stein ist und was nicht. Das ist ein Stein. Der saubere Stein, den legen wir mal alleine hin, weil, das ist ein besonderer Stein.*
*I: Okay. Leg den mal so hin wie du ihn hinlegen magst.*
*No.: Nee, der soll so. Dann die Steine oder nee die gehören alleine zu drei und der auch, weil der ja so ähnlich ist, weil die ja alle drei sauber sind, die Muscheln gehören hier hin, die großen Muscheln hier hin, die kleinen Muscheln hier hin, also das ist ja auch eine große Muschel. Schneckenhäuser kommen, guck mal ein winziges Schneckenhaus. (No. verschiebt dabei die einzelnen Stücke ihrer Sammlung auf dem Tisch.)*

Je nachdem, wo und wie die Sammlungen aufbewahrt werden, gibt es auch zu Hause eine bestimmte Sortierung der Sammlungsgegenstände. H. (6 J.) beispielsweise hat ein extra Regal für ihre Büchersammlung. Hier werden die Bücher aber nicht einfach »irgendwie« einsortiert, sondern nach einer speziellen Logik: »*Die anderen, die gleichen machen wir immer so zusammen. [...] Die eine gleiche Form haben.*«. L. (6,4 J.) antwortet auf die Frage, ob die Anordnung ihrer Kügelchen eine bestimmte Reihenfolge hat: »*Also hier kommen die orangenen, weiß, gelb, blau, irgendwelche bunten Farben, dunkel- und hellgrün und hier diese lila.*« In den Erklärungen der Kinder zeigt sich ein primäres Ordnungsprinzip, welches sich nach äußerlich erkennbaren Kennzeichen richtet (z. B. Größe, Form, Farbe, besondere Accessoires) (vgl. Duncker/Hahn/Heyd 2014: 143).

Wichtig zu erwähnen ist, dass diese Sortierung aber nicht statisch ist. Vielmehr ist es ein flexibler Prozess, der auch als spielerische Tätigkeit interpretiert werden kann. Eine neue Anordnung kann z. B. durch das Hinzukommen eines neuen Elements der Sammlung angestoßen werden oder dadurch, dass es ein neues Lieblingsstück gibt, welches entsprechend hervorgehoben und präsentiert werden muss (Le. 7,3 J.: »[...] *und dann die, die mir gut gefallen, meine Lieblingsfilly, die kommen auch noch nach vorne.*«). Durch das immer wieder neue Arrangieren und Aufbauen der Sammlungen wird folglich mit Wirkungen experimentiert,

> »die von unterschiedlichen Arrangements ausgehen und den einzelnen Objekten neue Facetten entlocken. [...] Insofern enthalten Kindersammlungen einen dynamischen Begriff des Ordnens, der das Umordnen als spielerischen Prozess begreift, in dem die Beziehungen zwischen den Elementen immer wieder neu erprobt werden« (ebd.).

Eine Ausnahme hierfür stellen Sammlungen dar, die auf kommerziell erworbenen Alben (z. B. Fußball- oder Tierbilder) beruhen. Durch das Einkleben der Bilder an dem dafür vorgesehenen Platz ist eine flexible Umordnung und Interaktion mit den Gegenständen eher nicht möglich (vgl. ebd.: 144), dennoch aber denkbar durch beispielsweise die Anfertigung eigener Sammelalben.

Das Sortieren, Anordnen und Umordnen der Sammlungen kann demnach als ein »bedeutungsstiftender Akt« und ein »bedeutungsvolles Szenario« (ebd.: 142) gesehen werden. Hierbei gehen die Kinder einer ästhetischen Tätigkeit nach, in der sich eine aistetische Denkweise (vgl. Schäfer 2014b: 240) zeigt, über die sich die Kinder u. a. die Welt aneignen.

### 5.4.3 Lieblingsstücke – von der Wahrnehmung der Dinge

So gut wie alle Kinder besitzen ein Lieblingsobjekt in ihren Sammlungen, welches sie voller Stolz präsentieren. Fragt man die Kinder nach den Gründen, warum dieses eine Element der Sammlung ihr Lieblingsstück ist, so werden unterschiedliche Begründungen von den Kindern angeführt. Beispielsweise antwortet F. (6,5 J.) auf die Frage, warum das ihre Lieblingsmuschel ist: »*Weil die so schön gestreift ist.*« No. hebt den Stein und die Muscheln in ihrer Sammlung hervor, die sich besonders von den anderen Elementen durch ihr Aussehen abheben (schwarzer, glatter Stein und sehr große Muschel). Le. bezeichnet das Filly-Pferd mit den Schlittschuhen als ihr Lieblingsfilly, weil »*wenn man das auf den zugefrorenen See stellt und dann darauf drückt, fährt es so eine Spur.*« N. wird gefragt, ob er Autos, Bulldogs oder LKW's am liebsten sammelt und erklärt daraufhin: »*Am liebsten sammle ich die Autos, da gibt's für die Autos extra Rennstrecken.*«

Die Kinder unterscheiden also zwischen den einzelnen Objekten in ihren Sammlungen und führen hier v. a. zwei Kategorien ein: »Lieblings-«Gegenstände und »normale« Gegenstände der Sammlung. Wenn es ein Lieblingsstück gibt, können die Kinder ihre Wahl begründen und erklären. Dieses Phänomen zeigt sich unabhängig vom Alter in den kindlichen Sammlungen.

Zusammenfassend sind die Schönheit, das Aussehen, die (besondere) Beschaffenheit, die individuelle Vorliebe, bestimmte Alleinstellungsmerkmale oder ein emotionaler Bezug als ausschlaggebende Merkmale festzuhalten, die einen Gegenstand bei den Kindern zum Lieblingsstück werden lassen.

## 5.5 Kindliche Weltaneignung über Sammeltätigkeit am Modell der Denkweisen

Über das ästhetische Potenzial und die allgemeine Beschreibung der kindlichen Sammlungen im Vor- und Grundschulalter wird deutlich, dass die Kinder die einzelnen Objekte ihrer Sammlungen unterschiedlich wahrnehmen und ihre Wahrnehmung der Wichtigkeit auch von der der Erwachsenen abweichen kann. Eine differenzierte Wahrnehmungs- und Beobachtungsfähigkeit wiederum bildet die Grundlage für (neue) Erkenntnisse und Erkenntniszusammenhänge. Die Wahrnehmungen, Gedanken, Empfindungen, Erlebnisse und Theorien werden von Kindern dann v. a. in Geschichten ausgesprochen und narrativ gestaltet, da sie sich in ihre (Sammel-)Gegenstände hineindenken. Darüber findet auch Identifikation statt. Über Geschichten teilen sie ihre Beziehung zu den Dingen (die sie beschäftigen) mit, um darüber mit anderen in Austausch zu kommen. Es findet folglich eine innere Verarbeitung der sinnlichen Erfahrungen und Wahrnehmungen statt, die als eine Form des Denkens (Denkformat des narrativen Denkens) angesehen werden kann (vgl. Schäfer 2014b: 234). Insgesamt beschreibt Schäfer (2014b: 239ff.) vier solcher Formen des Denkens, die kindliche Handlungs- und Denkweisen darstellen und die sich auch in der Sammeltätigkeit wiederfinden lassen:

**Konkretes Denken:**

Dieses Denkformat beschreibt Denken als Handeln und Bewegen. Dabei geht es um eine Verbindung von motorischem Handeln und sinnlichen Wahrnehmungen, emotionalen Erfahrungen sowie sozialen Beziehungen (innerhalb einer Situation). In diesem Prozess werden »Vielfältigkeit, Qualitäten und Nuancen wahrnehmend, empfindend und fühlend erschlossen« (ebd.: 240). Die so sinnlich erfahrenen Handlungszusammenhänge bilden die Ausgangsbasis für eine Strukturierung des kindlichen Wissens. Denn »Kinder denken zunächst dadurch, dass sie etwas handelnd ausprobieren. Sie erschließen sich ihr Umfeld, indem sie sich handelnd in ihm bewegen und alles testen, was ihre Neugier hervorruft« (Schäfer 2012: 17).

Das konkrete Denken lässt sich daher sehr gut im Phänomen Sammeln beobachten: Die Entscheidung für das Sammeln von Gegenständen wird aufgrund des subjektiven Interesses des Kindes – und der damit verbundenen Neugierde

– heraus getroffen. Aber auch die konkrete Handlung des (Auf-)Sammelns bestimmter Dinge, die Auswahl der einzelnen Elemente, die zielstrebige Erweiterung der Sammlung etc. sind alles Tätigkeiten, die zunächst konkret sinnlich-handelnd vom Kind vollzogen werden. Somit wird ein Ausschnitt der erfahrenen Wirklichkeit geordnet und für die Kinder ›greif‹-bar. Durch diese körperlich-sinnliche Handlung werden einzelne Gegenstände mit lebensweltlichen Ereignissen, situativen Emotionen und relevanten Personen verknüpft. Sie werden damit zum Repräsentanten für diese Situation, der wiederum mental im Gedächtnis verfügbar und somit (symbolischer) Ausdruck der inneren Welt des Kindes ist.

**Aisthetisches (gestaltendes) Denken:**

Meint ein Denken mit bildlichen Mitteln, das mit Unterstützung von Vorstellungen, Fantasien, Gestaltungsmöglichkeiten und des Spiels vollzogen wird (vgl. Schäfer 2014b: 240).

Das Sammeln allgemein und die damit verbundene Ordnung der Kinder ist eine Möglichkeit über gemachte Erfahrungen nachzudenken. Dabei entstehen individuelle Sortierungen, die aus situativen Handlungszusammenhängen heraus entstehen und daher nicht den Kriterien der Erwachsenenwelt (bzw. abstrakten, sachbezogenen, anerkannten Ordnungsmustern) entsprechen müssen. Ferner können die Kinder ihre Sammlungen unterschiedlich arrangieren, darstellen, aufstellen und inszenieren. Sie bieten teilweise verschiedene Interaktionsmöglichkeiten wie das Spielen mit den Gegenständen, den Nachvollzug erlebter Situationen oder das Umsetzen von Fantasie-Geschichten der Kinder (beispielsweise bei Sammlungen von Filly-Pferden, venezianischen Masken, Bulldogs, Feuerwehrmaterialien).

**Narratives (erzählendes) Denken:**

Durch diese Denkweise kommen die Kinder von einer bildhaft-szenischen Repräsentation von Ereigniszusammenhängen zu einer sprachlichen und damit folglich von einer performativen Logik zu einer sprachlich logischen Ordnung (vgl. ebd.: 241).

Dies zeigt sich beim Sammeln darin, dass die Kinder zu jedem ihrer Sammelobjekte eine Geschichte erzählen können, z. B. wie es in ihre Sammlung gekommen ist oder welche Erinnerungen sie damit verbinden. Aber auch über die Lieblingsstücke wird dies deutlich, denn sie können genau begründen, warum und wodurch dieser Gegenstand zu einem besonderen Element der Sammlung wird.

**Theoretisches Denken:**

Beruht auf der Versprachlichung des Wissens, welches als Fähigkeit im narrativen Denken erworben wird. Allerdings orientiert sich das theoretische Denken nicht nur (so wie das narrative Denken) an den subjektiven inneren Überzeugungen, sondern berücksichtig auch kulturell vorhandene Theorien und Wahrheitsmerkmale. Es geht um »sachlich und interpersonell nachprüfbare, objektivierbare Kriterien, an welchen sich die eigene Überzeugung messen kann« (ebd. 242). Abstrakte, logisch nachvollziehbare, kausale Schlussfolgerungen stehen im Mittelpunkt. Das theoretische Denken entwickelt sich v. a. im späteren Kindergarten- und im Schulalter (vgl. ebd.).

Diese Form des Denkens ist auch im Sammeln sehr gut auszumachen. Die Kinder erwerben ein fachspezifisches Wissen und Vokabular über die sie interessierenden Gegenstände. Sie eignen sich Fachvokabular und Detailwissen an, welches mit gegebenen (kulturellen) Theorien übereinstimmt und der Richtigkeit entspricht bzw. daraus (neu) generiert wurde. Es ist meistens objektiv überprüfbar und übersteigt manchmal das eines Erwachsenen. Neue Sammelobjekte werden von den Kindern genau betrachtet, untersucht, geprüft und ggf. in die Sammlung integriert. Dabei kann es immer wieder zur Erweiterung bzw. Veränderung kommen, wenn die eigenen (bisherigen) Überzeugungen mit den kulturell anerkannten verbunden werden.

Die unterschiedlichen Denkweisen verdeutlichen, dass Kinder sich auf vielfältige Art und Weise die sie umgebende Welt erschließen – um sich darin zurecht zu finden, Erfahrungen zu sammeln, Dinge zu lernen – und sich folglich über diese verschiedenen Denkzugänge, die sich beispielsweise in der Sammeltätigkeit äußern, Bildungsmomente eigenaktiv schaffen.

### 5.5.1 Bildungspotenziale im Sammeln

Abschließend stellt sich die Frage, welches Bildungspotenzial in Sammlungen und den Sammelobjekten stecken kann und welche Möglichkeiten der Aneignung von Welt sie Kindern eröffnen können. Einige Gedanken sollen hierzu zusammengetragen werden:

**Ästhetik und Strukturerfahrungen**

- Kinder bauen ihre Sammelobjekte in die Tätigkeit des Spielens ein und erweitern dadurch zum einen ihr Spiel und zum anderen aber auch ihre Kenntnisse zu ihren Sammelobjekten. Im Spiel findet eine vertiefte Auseinandersetzung mit den Dingen statt, nicht nur der einfache Einsatz der Sammelobjekte, sondern auch ihre Abstraktion, Modifikation und Herauslösung aus ihren ursprünglichen Kontexten ermöglicht Kindern an bereits gemachte Erfahrungen anzuknüpfen und diese zu reflektieren.
- Mit ihren Sammelobjekten stellen Kinder Ordnungen, Zugehörigkeiten und Muster fest. Die Sammelobjekte werden in bestimmten Mengen, Teilmengen und auf Grundlage bestimmter Kennzeichen klassifiziert. Kinder sammeln dadurch wichtige Erfahrungen und v. a. Zugänge im Hinblick auf eine mathematische Bildung. Das Herstellen von Mustern und Ordnungen sowie die Entwicklung eines Mengenbegriffs durch das Herstellen von Mengen und

Teilmengen sind wichtige Vorläuferfähigkeiten, die sich aus differenzierten Wahrnehmungsbereichen wie beispielsweise optische oder haptische Eindrücke der Sammelobjekte begründen.
- Tauschen, Schenken und Spielen sind Tätigkeiten, die sich aus der Sammeltätigkeit heraus entwickeln und dabei besonders Interaktionsprozesse zwischen Kindern ermöglichen. Ein gemeinsames Verhandeln über den Wert und Gegenwert der Dinge oder ein Ausleihen und Verleihen braucht viel Absprache, aufeinander Eingehen, Gefühle nachvollziehen können (Empathie) und letztendlich auch ein gutes Verhandlungsgeschick.

**Inszenierung und Präsentation**

Durch das Arrangieren, Präsentieren, Ordnen und Darstellen der Sammlungen entwickeln Kinder ganz eigene Kriterien und Ansprüche an die Ästhetik ihrer Sammlung. Nicht anders als in Kunstkammerregalen (Kleinodienschränken) werden die Dinge aufbewahrt, die von besonderem Reiz oder von besonderer Bedeutung sind. Sowohl optische oder haptische Eigenschaften, materielle Werte, aber v. a. auch der emotionale Bezug kann dabei ein wichtiges Kriterium dafür sein, welches Sammelstück an welcher Stelle präsentiert wird. Auch das Aufstellen solcher Ordnungen ermöglicht den Kindern eine vertiefte Auseinandersetzung mit der Welt.

**Ästhetische Qualität und kindliche Sammlungen als ästhetischer Gegenstand**

… und die Frage danach, welche Art und Qualität ästhetischer Erfahrungen im Bildungsprozess liegen (angelehnt an Mollenhauer 1999: 84f.).

- Zentrale Funktion des Ausdrucks »Empfindung«: Der Wahrnehmung und Empfindung kommt über die daraus entstehenden Impressionen, Gefühlseinrücke und Apperzeptionen, die die bewusste Aufnahme des jeweiligen Inhaltes eines Erlebnisses/einer Wahrnehmung ist, eine besondere Bedeutung im Moment des Sammelns zu. Eine ästhetische Qualität ist daher in einer zentralen Funktion des Ausdrucks als Empfindung sichtbar.

    »Ästhetische Erfahrung [ist] die Erfahrung einer fingierten Autonomie. Und wenn es fingierte Autonomie ist, dann betrifft es zentral vor allem das Selbst« (Mollenhauer 1999: 89f.).

- »Angedenken/Sich-Erinnern« als Nach-Denken im Sinne von Hinterher-Denken, als aktive Tätigkeit des Sich-Erinnerns: Ein zweites Qualitätskriterium liegt im Vergleichen, Gegenüberstellen und Wiedererkennen. In den Sammlungen und den daraus resultierenden vertieften Auseinandersetzungen wird gesprochene Sprache wiederholt und aufbewahrt[2]. Sie werden damit zu einer Art Echosystem,

---

2 Vgl. hierzu die narrative Denkweise nach Schäfer (2014b).

»denn das orale Gedächtnis ist kein statischer Datenspeicher, sondern ein dynamisches Angedenken. Ein Angedenken ist etwas Anderes, als etwas im Gedächtnis zu behalten, weil der Ausdruck ›Angedenken‹ eine aktive Tätigkeit des Sich-Erinnerns enthält, also ein dynamisches Element, während die Vorstellung von den gespeicherten Daten im zentralen Nervensystem eine statische ist« (ebd.: 92).

- Bestimmbarkeit des Wahrgenommenen (Mimesis und Rezeption): Als drittes Qualitätskriterium zur Bestimmbarkeit ästhetischer Bildungsprozesse in Sammeltätigkeiten wird die Nachahmung und Umformung, eine assoziative Weiterentwicklung und die Einbindung in neue Kontexte festgelegt.

  »Die ästhetische Tätigkeit ist eine Tätigkeit der aktiven Bestimmbarkeit. ›Bestimmbar‹ enthält die von außen nach innen laufende Empfindungskomponente, das Rezeptive. Das Aktive enthält die Spontanitätskomponente« (ebd.).

- Deutungsambivalenz – Interpretationsoffenheit des Ästhetischen: Sammeln als ästhetische Qualität enthält äquivoke Elemente, ergibt sich also auch aufgrund von Mehrdeutigkeit, Doppeldeutigkeit und Mehrsinnigkeit. Das Ästhetische oder Etwas als ästhetischer Gegenstand »ist keine logische Ordnung, sondern eine der Deutungsdifferenzen, der Deutungsambivalenzen oder der Oppositionen« (ebd.: 93).

Die vier aufgezeigten Punkte verdeutlichen, dass sich in der kindlichen Sammeltätigkeit viele ästhetische Dimensionen finden lassen, die eine ästhetische Qualität besitzen. Daher scheint es bedeutungsvoll zu sein, mit Kindern in den Austausch über ihre Sammlungen zu kommen, um darüber mehr über sie und ihre Bedürfnisse erfahren zu können.

## 5.5.2 Sammeln als phänomenorientierter Zugang zum Lernen

Beobachtet oder befragt man Kinder bei oder zu ihren Sammeltätigkeiten, wird deutlich, welchen Stellenwert diese Tätigkeit für Kinder einnimmt und wie viele Kinder etwas sammeln. Sammeln gehört möglicherweise – ähnlich wie Sandburgen bauen, Wasser schöpfen, Türme umkippen – zu den Dingen, die ein Großteil der Kinder tun. Nahezu jedes Kind sammelt (vgl. Heyl/Schäfer 2016: 8). Versuchen wir als Pädagogen ihre Perspektiven, Blickrichtungen und Denkweisen auf ihre Sammelobjekte zu verstehen, erkennen wir, wie gut Kinder diesen phänomenorientierten Zugang zur Welt nutzen und damit eine Aneignung von Welt durch das Sammeln geschehen kann. Sammeln kann also ein Ausgangspunkt für ästhetische Erfahrungen sein und ermöglicht diese überhaupt erst. Bezogen auf die Ordnung und Präsentation besitzt das Sammeln ein formal-ästhetisches Potenzial. Sammeln kann aber selbst auch zu einer zentralen Bedeutung im künstlerischen Prozess werden, wenn beispielsweise Sammelstücke zu neuen Dekonstruktionen[3] anregen. Durch Sammlungen mit anregenden

---

3 Hier wird Bezug genommen auf eine partizipative und handlungsorientierte Ausdeutung des Lernens, bei dem es über eine bloße Reproduktion oder Abbildung in ästheti-

Gegenständen kann bei den Kindern das Interesse unterstützt und gefördert werden, in bereits existierenden Ordnungen, Strukturen und Elementen neue Bedeutungen oder Phänomene auszumachen und hieraus Anregungen für künstlerisch-ästhetische Tätigkeiten zu generieren.

Dazu brauchen Kinder Materialien und Räume, die ihnen solche Sammelstücke und Erweiterungsstücke, die für Dekonstruktionen solcher Art notwendig sind, zur Verfügung stellen. Lernwerkstätten und Ateliers könnten möglicherweise Orte sein, in denen mit Sammlungen weitergearbeitet werden kann. Kinder können hier ihre Sammlungen zum einen inszenieren, zum anderen aber auch mit vorhandenen Materialien und Werkzeugen ihre Sammlungen modifizieren und dekonstruieren. Dazu bedarf es Räume, die ein handelndes Ausloten und Weiterdenken mit den Sammlungen ermöglichen und dazu herausfordern. Sowohl für den Elementar- als auch für den Grundschulbereich bietet sich in diesem Zusammenhang die Arbeit in Lernwerkstätten oder Ateliers an. Solche Räume werden nicht nur zu einer Forschungseinrichtung für Kinder, in der sie mit ihren Sammlungen weiterarbeiten, sondern auch zu einer Forschungseinrichtung für ihre erwachsenen Begleiter, die den Austausch sowie das gemeinsame Denken und Erkunden in den Mittelpunkt stellen (vgl. Kaiser 2016: 104).

Mit den Sammlungen kann in Lernwerkstattarbeit so ein:

»• Lernen als Werken und Wirken,
• Lernen als Produzieren und Gestalten,
• Lernen als Experimentieren und Erproben,
• Lernen als Handeln und
• Lernen mit allen Sinnen« (Kaiser/Schäfer 2016: 6)

erfahrbar gemacht werden.

Für Schäfer (2014b) ist das Sammeln interessanter Gegenstände und Vorgänge, mit denen die Kinder umgehen müssen, der Ausgangspunkt dafür, aufzuspüren, wie mit genau diesen umgegangen werden kann. Weiter beschreibt er, dass die Kinder

»[…] darüber nachdenken [müssen], mit welchen ihnen bereits bekannten Phänomenen sie diese vergleichen können. Erst wenn in dieser Weise eine Basis an lebendigem und alltäglichem Verständnis für Dinge der Natur vorhanden ist, kann man davon ausgehen, dass Kinder weitergehende, interessierte Fragen stellen« (ebd.: 228).

Zusammenfassend kann festgehalten werden, dass über die Tätigkeit des Sammelns der »Anfang eines neugierigen Erkenntnisstrebens« (Schäfer 2014b: 227) auf Seiten der Kinder (unabhängig von Alter) signalisiert und begründet wird. Sie richten ihre Aufmerksamkeit auf sie interessierende Gegenstände in ihrer alltäglichen Umgebung, betrachten, begreifen und untersuchen sie intensiv, beobachten und nehmen genau wahr, zerlegen, fügen zusammen, sortieren und

---

schen Tätigkeiten hinausgeht. Bei Dekonstruktionen geht es um die Auslassungen, die möglichen anderen Blickwinkel und Perspektiven, die sich beispielsweise im Nachentdecken der Erfindungen Anderer verstecken, einen Raum geben (vgl. Reich 2005: 5).

bewerten, sie erkunden Hintergründe und Zusammenhänge, eignen sich (Experten-)Wissen an und verknüpfen dies mit ihren (ästhetischen) Handlungen. Sie versuchen die Wirklichkeit darüber zu begreifen, indem sie ihr entdeckendes und staunendes Interesse auf die Objekte ihrer Begierde richten und dieses in ihren Sammlungen zum Ausdruck bringen.

Damit sind im Sammeln Wege der kindlichen Weltaneignung beobachtbar und das Sammeln stellt somit einen phänomenorientierten Zugang zum Lernen dar (vgl. Neuß 2010: 139).

# Literatur

Baudrillard, Jean (2007). Das System der Dinge. Über unser Verhältnis zu den alltäglichen Gegenständen. 3. Aufl., Frankfurt am Main: Campus Verlag GmbH.
Beinke, Lothar (2005). Sammeln und Sammler. Tönning u. a.: der Andere Verlag.
Bloch, Bianca; Kaiser, Lena S. (2016). Qualitative Kindheitsforschung. Kinder als Experten für ihre Lebenswirklichkeit. In: TPS Leben, Lernen und Arbeiten in der Kita, 2016 (10), S. 15–19.
Brée, Stefan (2013). Sammeln, Entdecken und Gestalten – Rekonstruktion kindlicher Perspektiven als hochschuldidaktische Herausforderung. In: Mirja Kekeritz, Bärbel Schmidt, Andreas Brenne (Hrsg.). Vom Sammeln, Ordnen und Präsentieren. Ein interdisziplinärer Blick auf eine anthropologische Konstante. München: kopaed, S. 97–109.
Duncker, Ludwig (2012). Sammeln, Staunen und Fragen. Über den Zusammenhang von Erkenntnis und ästhetischer Erfahrung. In: Ludwig Duncker, Hans-Joachim Müller, Bettina Uhlig (Hrsg.). Betrachten – Staunen – Denken. Philosophieren mit Kindern zwischen Kunst und Sprache. München: kopaed, S. 59–78.
Duncker, Ludwig (2014). Vom Reiz der Dinge. Kindersammlungen in pädagogischer Sicht. In: Ludwig Duncker; Katharina Hahn; Corinna Heyd (2014). Wenn Kinder sammeln: Begegnungen in der Welt der Dinge. Seelze: Kallmeyer, S. 12–21.
Duncker, Ludwig (2017). Die Kommerzialisierung kindlichen Sammelns. Beobachtungen zum Aufwachsen von Kindern in der Welt der Dinge. In: Sebastian Schinkel, Ina Herrmann (Hrsg.). Ästhetiken in Kindheit und Jugend. Sozialisation im Spannungsfeld von Kreativität, Konsum und Distinktion. Bielefeld: transcript Verlag, S. 95–110.
Duncker, Ludwig; Frohberg, Michaela; Zierfuss, Maren (1999). Sammeln als ästhetische Praxis des Kindes. Eine Befragung Leipziger Grundschulkinder. In: Norbert Neuß (Hrsg.). Ästhetik der Kinder. Interdisziplinäre Beiträge zur ästhetischen Erfahrung von Kindern. Frankfurt am Main. Gemeinschaftswerk der Evangelischen Publizistik e. V. (GEP), Abt. Verlag, S.63–82.
Duncker, Ludwig; Hahn, Katharina; Heyd, Corinna (2014). Wenn Kinder sammeln: Begegnungen in der Welt der Dinge. Seelze: Kallmeyer.
Duncker, Ludwig; Kremling, Corinna (2010). Sammeln als Form frühkindlicher Weltaneignung – explorative Beobachtungen und Befragungen von Vorschulkindern. In: Hans-Joachim Fischer, Peter Gansen, Kerstin Michalik (Hrsg.). Sachunterricht und frühe Bildung. Bad Heilbrunn: Klinkhardt, S. 53–65.
Fatke, Reinhard; Flitner, Andreas (1983). Was Kinder sammeln. Beobachtungen und Überlegungen aus pädagogischer Sicht. In: Neue Sammlung 23 (6), S. 600–611.
Friebertshäuser, Barbara; Langer, Antje (2010). Interviewformen und Interviewpraxis. In: Barbara Friebertshäuser, Antje Langer, Annedore Prengel (Hrsg.). Handbuch Qualitative Forschungsmethoden in der Erziehungswissenschaft. 3. vollständig überarb. Aufl., Weinheim & München: Juventa, S. 437–455.

Heyl, Thomas; Schäfer, Lutz (2016). Frühe ästhetische Bildung – mit Kindern künstlerische Wege entdecken. Springer-Verlag Berlin Heidelberg.
Kaiser, Lena S.; Schäfer, Gerd E. (2016). Gemeinsam fragen und Antworten finden. Lernwerkstätten – Was sie sind und wer dort lernt. Entdeckungskiste – Zeitschrift für die Praxis in Kitas, Heft (02/2016), Freiburg: Verlag Herder, S. 6–9.
Kaiser, Lena S. (2016). Lernwerkstattarbeit in kindheitspädagogischen Studiengängen – Empirische Studien zur Theorie-Praxis-Verknüpfung. München: Kopaed.
Kämpf-Jansen, Helga (2012). Ästhetische Forschung: Wege durch den Alltag, Kunst und Wissenschaft; zu einem innovativen Konzept ästhetischer Bildung. 3. Aufl., Marburg: Tectum.
Kirchner, Constanze (1999). Ästhetisches Verhalten von Kindern im Dialog mit Bildender Kunst. Mit einer Analyse von Kinderarbeiten. In: Norbert Neuß (Hrsg.). Ästhetik der Kinder. Interdisziplinäre Beiträge zur ästhetischen Erfahrung von Kindern. Frankfurt am Main: Gemeinschaftswerk der evangelischen Publizistik e. V., Abt. Verlag (GEP), S. 303–324.
Liessmann, Konrad Paul (2009). Ästhetische Empfindungen. Eine Einführung. Wien: Facultas Verlags- und Buchhandels AG.
Mollenhauer, Klaus (1999). Ästhetische Erfahrung von Kindern beim Textschreiben. Ein Diskussionsbeitrag. In: Norbert Neuß (Hrsg.). Ästhetik der Kinder. Interdisziplinäre Beiträge zur ästhetischen Erfahrung von Kindern. Frankfurt am Main: Gemeinschaftswerk der evangelischen Publizistik e. V. (GEP), Abt. Verlag, S. 83–102.
Neuß, Norbert (2010). Bildung und Lernen in der frühen Kindheit. In: Norbert Neuß (Hrsg.). Grundwissen Elementarpädagogik: ein Lehr- und Arbeitsbuch. Berlin: Cornelsen Scriptor, S. 129–146.
Reich, Kersten (2005). Konstruktivistische Didaktik. Beispiele für eine veränderte Unterrichtspraxis. Schulmagazin 5 bis 10. Online verfügbar unter: http://www.uni-koeln.de/hf/konstrukt/reich_works/aufsatze/reich_48.pdf (letzter Zugriff am 02.08.2018), S. 5–8.
Schäfer, Gerd. E. (1999). Ästhetische Erfahrung als Basis kindlicher Bildungsprozesse. Sinnliche Wahrnehmung – Leiberfahrung – Gefühle – Phantasie. In: Norbert Neuß (Hrsg.). Ästhetik der Kinder. Interdisziplinäre Beiträge zur ästhetischen Erfahrung von Kindern. Beiträge zur Medienpädagogik – Band 5. Frankfurt am Main: Gemeinschaftswerk der Evang. Publizistik (GEP), Abt. Verlag, S. 21–31.
Schäfer, Gerd. E. (2012). Zum Bildungsverständnis. In: Gerd E. Schäfer; Marjan Alemzadeh. Wahrnehmendes Beobachten. Beobachtung und Dokumentation am Beispiel der Lernwerkstatt Natur. Berlin & Weimar: verlag das Netz, S. 10–25.
Schäfer, Gerd E. (2014a). Partizipatorische Didaktik in der Lernwerkstatt Natur. In: Herbert Hagstedt; Marie Krauth (Hrsg.). Lernwerkstätten – Potenziale für Schulen von morgen, Bd. 137. Frankfurt am Main: Grundschulverband, S. 122–138.
Schäfer, Gerd. E. (2014b). Was ist frühkindliche Bildung? Kindlicher Anfängergeist in einer Kultur des Lernens. 2. Aufl., Weinheim & Basel: Beltz Juventa.
Segeth, Uwe-Volker (1993). Lust und Frust des Sammelns. Freiburg im Breisgau: Herder.
Sommer, Manfred (1999). Sammeln: ein philosophischer Versuch. Frankfurt am Main: Suhrkamp.
Wilde, Denise (2015). Dinge sammeln. Annäherungen an eine Kulturtechnik. Bielefeld: transcript Verlag.

# 6 »Das ist schön!«: Zum Bilden von ästhetischen (Geschmacks-)Urteilen von Kindergartenkindern

*Katharina Schneider*

## Einleitung

Wenngleich Kinder und Jugendliche im Kunstunterricht dazu befähigt werden sollen, »ästhetische Urteile zu bilden und ihre Meinungen über ästhetische Objekte zu begründen« (Peez 2003, S. 34), fällt bereits beim Beobachten von Kindergartenkindern im institutionellen Alltag auf, dass sie sowohl über selbst hergestellte ästhetische Objekte als auch über die von anderen Kindern ästhetische Urteile der Form »Das ist schön« oder »Das sieht blöd aus!« treffen. Insofern bilden bereits Kindergartenkinder ihr ästhetisches Urteilsvermögen aus (vgl. Dietrich/Krinninger/Schubert 2012, S. 85ff.). Aber welchen Einfluss haben sowohl Kindergartenkinder untereinander als auch die Institution auf das Ausbilden eines ästhetischen Urteilsvermögens und damit verbunden auf die ästhetische Praxis und das ästhetische Verhalten von Kindern der beschriebenen Altersgruppe? Diesen Fragestellungen geht der folgende Beitrag nach, indem auf der Grundlage ethnografischer Beobachtungen die institutionelle ästhetische Praxis von Kindergartenkindern aus einer praxistheoretischen Perspektive[1] beschrieben wird.

Zur besseren Einordnung des empirischen Materials wird zunächst der Forschungskontext der ethnografischen Studie der Autorin skizziert (1), dem die nachfolgenden Ergebnisse entnommen sind. Anschließend werden die Begriffe ästhetisches Verhalten, ästhetische Praxis und ästhetisches Urteil eingeführt (2).

---

1 Die Einnahme einer praxistheoretischen Perspektive auf Als-ob-Spiele von Kindergartenkindern und darin enthaltenen ästhetischen Erfahrungen (Schneider 2017) soll im Folgenden kurz skizziert werden: Unter Bezug auf Andreas Reckwitz und die »Theorie sozialer Praktiken« (2003) wurden Merkmale sozialer Praktiken auf Spiele junger Kinder übertragen. Es wurde davon ausgegangen, dass Spiele aus elementaren Handlungs- und Sprechmustern zusammengesetzt sind, die den am Spiel beteiligten Akteuren als kollektiv geteilte Spiel-Praktiken vertraut sind. Diese *Spielpraktiken* werden von Kindern in Spielen routiniert hervorgebracht und beinhalten sowohl den Einbezug der am Spiel beteiligten menschlichen Akteure als auch der Spielmaterialien (vgl. Schneider 2017, S. 22ff.; 2016, S. 66). Um den ästhetischen Erfahrungsbegriff in Sozialität einbetten und Spielpraktiken von Kindern rekonstruieren und in ihrem praktischen Vollzug beschreiben zu können, wurden – ausgehend von dieser praxistheoretischen Perspektive – ästhetische Tätigkeiten von Kindern als *ästhetische Praktiken* verstanden und Kinderspiele als kollektive Situationen und praktische Tätigkeiten begriffen. Im Fokus der Aufmerksamkeit und im Mittelpunkt der Analysen stand damit weniger der einzelne handelnde kindliche Akteur, als vielmehr die sozialen Spielpraktiken, ihre Struktur und Vollzugslogik (vgl. ebd.).

Darauf folgt die Analyse exemplarischer Auszüge aus ethnografischen Beobachtungsprotokollen zum Bilden ästhetischer Urteile von Kindergartenkindern (3) sowie eine inhaltliche Zusammenfassung der Kernergebnisse in einem Resümee (4).

## 6.1 Forschungskontext

Im Rahmen des Promotionsprojekts über »Ästhetische Erfahrung in Spielpraktiken von Kindergartenkindern – Eine ethnografische Studie im Elementarbereich« (Schneider 2017), wurde die ästhetische Praxis im Als-ob-Spiel von Kindern dieser Altersgruppe empirisch untersucht und dabei der Fokus auf die Prozesshaftigkeit dieser Spiele, auf die in ihnen enthaltenen materialbezogenen Darstellungs- und Aushandlungsprozesse sowie auf die szenischen, sprachlichen und gestischen Mitteilungen der Kinder gelegt (vgl. ebd.; Schneider 2016, S. 66; u. a. Mollenhauer 1996). Dazu wurde eine Gruppe von 25 Kindern einer Kindertagesstätte über einen Zeitraum von etwa 15 Monaten teilnehmend beobachtet. Die Kinder waren im Alter von 2 bis 6 Jahren. Die Kommunikation der Kinder während des Spiels wurde mit Hilfe eines Diktiergeräts aufgezeichnet, anschließend transkribiert und mit den ethnografischen Beobachtungsprotokollen derart ›verschnitten‹ (Breidenstein/Kelle 1998), dass die Beobachtungsprotokolle den O-Ton der Gespräche der Kinder enthalten (vgl. Schneider 2017, S. 126; 2016, S. 66). Die Analyse der ethnografischen Daten erfolgte über eine Kombination aus Kodierverfahren nach der Methodologie der Grounded Theory (Strauss/Corbin 1996) und detaillierten Sequenzanalysen in Anlehnung an die ethnomethodologische Konversationsanalyse (Bergmann 1981). Als Beobachtungssituationen im institutionellen Alltag dienten die Phasen des »Freispiels«, da sie einen hohen Grad an kindlicher Aktivität aufwiesen. Im Verlauf des Forschungsprozesses ergab sich eine zunehmende Fokussierung auf diejenigen Situationen, in denen Kinder intensiv mit Spiel- und Bastelmaterialien beschäftigt waren und sich eine *fiktive Geschichte im Spiel* – ausgehend von den benutzten Materialien und um die hergestellten Objekte herum – entwickelte, welche die am Spiel beteiligten Kinder anschließend gemeinsam ausgestalteten und aufführten (vgl. Schneider 2017, S. 103f.; 2016, S. 67). Um eine Verknüpfung zum institutionellen Rahmen der ethnografischen Studie herzustellen, wurden die pädagogische Praxis in der untersuchten Kindertagesstätte und ihr Einfluss auf die ästhetische Praxis der Kindergartenkinder untersucht.

## 6.2 Begriffliche Klärung: ästhetisches Verhalten, ästhetische Praxis und ästhetische (Geschmacks-) Urteile

Der Begriff *ästhetisches Verhalten* wurde in der Kunstpädagogik erstmals von Adelheid Staudte (1977) eingeführt. Nach Staudte zeigt sich ästhetisches Verhalten »in Auseinandersetzung mit sinnlich wahrnehmbaren Objekten und Phänomenen« (ebd., S. 208) und impliziert »sowohl die Fähigkeiten, Wahrnehmung und Gestaltung der eigenen Umwelt zu genießen, zu kritisieren und zu verändern [...] wie auch die praktische Tätigkeit« (ebd., S. 21). Ästhetisches Verhalten umfasst folglich die sinnliche Wahrnehmung und das eigene Handeln und ist daher nicht abtrennbar von alltäglichem Verhalten (vgl. Schneider 2017, S. 61). Damit sich aus einem alltäglichen Umgang mit einem Objekt oder Phänomen jedoch ein ästhetisches Verhalten entwickelt, bedarf es eines ästhetischen Bewusstseins und eines ästhetischen Vermögens (vgl. ebd.; Otto/Otto 1986). Unter ästhetischem Vermögen werden Fantasietätigkeit, Einbildungskraft sowie symbolbildende und mimetische Fähigkeiten verstanden (vgl. Kirchner 1999, S. 305). Dieser spezifische sinnliche Zugang zur Wirklichkeit kann unterschiedlich ausgedrückt werden, beispielsweise im Spielen oder Gestalten, im sprachlichen, rhythmischen oder musikalischen Tun (vgl. ebd., S. 304). Demnach umfasst ästhetisches Verhalten ästhetische Praxis, beinhaltet ästhetischen Genuss ebenso wie ästhetische Geschmacksurteile (vgl. Hoffmann-Axthelm 1976; Otto/Otto 1986) und »die ästhetische Erkenntnis mit allen emotionalen und kognitiven Anteilen im Umgang mit der gegenständlichen und personellen Umwelt des Kindes« (Kirchner 1999, S. 304).

Unter dem Begriff *ästhetische Praxis* wird das bildnerische Gestalten von Kindern und Laien gefasst und von der »künstlerischen Praxis« von Künstlerinnen und Künstlern unterschieden (vgl. Grünewald 1986). Ästhetische Praxis stellt somit einen Teil ästhetischen Verhaltens dar. Dietrich Grünewald beschreibt ästhetische Praxis als praktische Tätigkeit und stellt *den Prozess* ästhetischer Praxis heraus (vgl. ebd., S. 29), in dem sinnliche Wahrnehmungen bewusst mit anderen Wahrnehmungen und Empfindungen zueinander in Beziehung gesetzt und miteinander verglichen werden müssen, um eine innere Vorstellung des Wahrgenommenen zu entwickeln. Die inneren Vorstellungen finden ihre äußere Gestalt in Form eines ästhetischen Objekts (vgl. Staudte 1992), das den Erkenntnisgewinn des Auseinandersetzungsprozesses widerspiegelt (vgl. Schneider 2017, S. 64). Folglich geht es in ästhetischer Praxis darum, eine Vorstellung von sich und der Welt zu bilden, ein Selbstwertgefühl zu entwickeln und einen persönlichen Geschmack auszubilden (vgl. ebd.; Grünewald 1986, S. 30). Demnach kommt der Erfahrung der eigenen ästhetischen Tätigkeit in der materiellen Vergegenständlichung der eigenen Empfindungen und Wahrnehmungen eine entscheidende Rolle zu. Dies ist der Grund dafür, dass die Vergegenständlichung im Material elementarer Bestandteil von ästhetischem Verhalten und ästhetischer Praxis ist (vgl. Schneider 2017, S. 66).

Derartige praktische Auseinandersetzungen mit Wahrnehmungen und Materialien sind ohne Unterscheidungen oder wertende Urteile kaum denkbar (vgl. Dietrich/Krinninger/Schubert 2012, S. 86). Unter Bezug auf Immanuel Kant lässt sich der Begriff des *ästhetischen Urteils* bzw. *Geschmacksurteils* – ausgehend vom Subjekt und nicht vom ästhetischen Objekt oder Gegenstand – wie folgt fassen:

> »Das Geschmacksurteil ist also kein Erkenntnisurteil, mithin nicht logisch, sondern ästhetisch, worunter man dasjenige versteht, dessen Bestimmungsgrund *nicht anders als subjektiv* sein kann. Alle Beziehung der Vorstellungen, selbst die der Empfindungen, aber kann objektiv sein […]; nur nicht die auf das Gefühl der Lust und Unlust, wodurch gar nichts im Objekte bezeichnet wird, sondern in der das Subjekt, wie es durch die Vorstellung affiziert wird, sich selbst fühlt« (1790/1974, S. 39f.; § 1; Hvh. im Original).

Kant definiert Geschmack näher als »Beurteilungsvermögen eines Gegenstands oder einer Vorstellungsart durch ein Wohlgefallen oder Mißfallen ohne alles Interesse« (ebd., S. 48; § 5). »Schön« sei der Gegenstand eines derartigen Wohlgefallens (ebd.). Damit betont Kant nicht nur die Subjektivität und das interessenlose Wohlgefallen im Zusammenhang von ästhetischen Urteilen, sondern auch die Rolle der Gefühle und Empfindungen (vgl. Schneider 2017, S. 288f.).

Da das »interessenlose Wohlgefallen« (Kant 1790/1974, S. 48; § 5) Voraussetzung für die Allgemeingültigkeit eines ästhetischen Urteils ist, weist u. a. Georg Peez darauf hin, dass »in Bezug auf die Beurteilung von Kunst« (2013, S. 6) Kindern die Fähigkeit, ästhetische Urteile im Kant'schen Sinne fällen zu können, abgesprochen wird, da sie »zu dieser Einstellung des ›interessenlosen Wohlgefallens‹ kaum oder überhaupt nicht fähig seien« (ebd.). Peez umreißt daher weitere wissenschaftliche Positionen zur Ästhetik, wie beispielsweise die Wahrnehmungspsychologie und die Kultursoziologie: Ergebnisse der kognitiven *Wahrnehmungspsychologie* zur Erforschung des ästhetischen Erlebens zeigten, dass »affektiv positive, sich selbst verstärkende und belohnende Momente« (ebd., S. 7) die Voraussetzung für ästhetische Erfahrungen und Urteile seien und demnach ästhetische Urteile »immer vorhanden [seien]« (ebd.), da jeder Mensch unwillkürlich nach diesen belohnenden Momenten suche. Aus *kultursoziologischer Sicht* ließen sich ästhetische Vorlieben und damit auch ästhetische Werturteile sowohl aus materiell-ökonomischen Grundlagen als auch aus dem sozialen Status und dem »Habitus« (Bourdieu 1987) des ästhetisch Urteilenden erklären (vgl. Peez 2013, S. 7f.). Da der Habitus nach dem sozialen Status des Menschen bestimmt sei und als eine »verinnerlichte Gesellschaft« verstanden werden könne, ließen sich an ihm u. a. kulturelles Verhalten, Lebensstil und auch der persönliche Geschmack festmachen. Folglich präge der Habitus ästhetische Urteile in entscheidendem Maße und sei »kurzfristig kaum veränderbar« (ebd.). Ästhetische Urteile richteten sich somit immer auch nach anderen Menschen und ihrem Geschmack und seien auf *soziale Interaktion* angewiesen (vgl. ebd.; Dietrich/Krinninger/Schubert 2012; Kant 1790/1974).

Zusammengefasst sensibilisieren die dargelegten Bestimmungen sowohl für den Verlauf der praktischen Tätigkeiten der Kinder und die Rolle der eigenen

Wahrnehmungen im Gestaltungsprozess als auch für die Bedingungen der Bewertungen der hergestellten ästhetischen Objekte der Kinder.

## 6.3 Exemplarische Analyse ethnografischer Daten zum Bilden ästhetischer Urteile von Kindergartenkindern

Um den Einfluss der Institution und der Kindergartenkinder untereinander auf die ästhetische Praxis und das Bilden ästhetischer Urteile darlegen zu können, werden mehrere Auszüge aus Beobachtungsprotokollen exemplarisch angeführt und anschließend analysiert. Dabei wird danach gefragt, (1) wie Kinder und pädagogische Fachkräfte über selbst hergestellte Objekte von Kindern verhandeln, (2) wann Kinder und wann Erwachsene ein ästhetisches Objekt als »schön« und wann als »nicht schön« bewerten, (3) welche Folgen derartige ästhetische Urteile für den weiteren Umgang mit den bewerteten Objekten haben, oder anders ausgedrückt: wie ästhetische Urteile und institutionelle Disziplinierung miteinander verknüpft sind (vgl. Schneider 2017, S. 287f.).

Im ethnografischen Material finden sich vermehrt Szenen wie die folgende, in denen Kindergartenkinder selbst hergestellte Objekte bewerten. Der Kontext des nachfolgenden Beispiels, das sich aus drei angeführten Protokollauszügen zusammensetzt[2], ist das gemeinsame plastische Gestalten von Milena (4;3) und Lia (5;1):

> Lia erklärt mit Blick auf die Knetkugeln und Walzen vor sich: »Ich mache ein Knetgesicht! Ich brauch' die ganze Knete dafür!« Sie steht auf und geht in die Puppenecke (...) und kommt mit einem Teller an den Tisch zurück. Sie legt ihre ausgerollte Knetscheibe auf den Teller neben sich. Auf die Scheibe legt sie dann zwei kleine Knetkugeln. Sie rollt in beiden Händen eine dünne Knetwalze, die sie in gebogener Form unter die beiden Kugeln legt, sodass eine Art Gesicht entsteht. »So, jetzt fehlen die Beine noch. Jetzt brauch' ich mehr Knete«, sagt sie und betrachtet das Knetgesicht vor sich. »Die Augen sind zu klein«, stellt sie fest und nimmt beide Kugeln von der Scheibe, legt sie neben sich und sucht zwei größere Knetkugeln aus den von ihr zuvor hergestellten Knetkugeln aus. Diese legt sie auf die Scheibe und nickt zufrieden.

Lia entwickelt ausgehend aus einer Betrachtung von selbst hergestellten Knetwalzen und Kugeln die Gestaltungsidee eines »Knetgesichts« und benutzt zur Umsetzung einen Teller als Unterlage, auf den sie eine Scheibe legt. Auf ihr bringt sie zwei Knetkugeln und eine Walze als »Sichelmund« an. Nach einer Betrachtung des derart Hergestellten korrigiert Lia die Größe der »zu kleinen Augen« und evaluiert anschließend die Veränderung visuell und gestisch. Aus

---

2 Aus Platzgründen kommt es vereinzelt zu Auslassungen aus ethnografischen Protokollen. Die Auslassungen sind durch Klammern (...) kenntlich gemacht. Sofern Inhalte für das Verständnis der Interaktionen der Kinder von Nöten sind, werden die Inhalte der Auslassungen kursorisch geschildert.

dem Verhalten lässt sich schließen, dass Lia ihr Objekt nach einem inneren Bild gestaltet und eine konkrete Vorstellung davon hat, wie das »Knetgesicht« aussehen soll. Mit dem ausgesprochenen Gestaltungsziel ist ein »Vollendungsstreben« verbunden (vgl. Becker 2003). Dies führt zu einem Vergleich und In-Beziehung-Setzen des inneren Vorstellungsbilds mit dem äußeren Objekt, der solange andauert, bis das gestaltete Objekt Lias Vorstellung entspricht: Erst dann ist das Objekt ›fertig‹ und damit auch ›schön‹ (vgl. Schneider 2017, S. 289).

In der Zwischenzeit hat Milena versucht, mit Lia Kontakt aufzunehmen, indem sie über einen Ausflug berichtet hat. Da dieser Versuch ohne Erfolg gekrönt war, hat sie sich Hilfe suchend an Lia mit der Bitte gewandt, ihr einen Schmetterling zu gestalten und ihr dazu ein entsprechendes Förmchen gereicht, um selbst weiter »kochen« zu können:

> (…) Während Milena kleine Knetstücke in den Topf wirft und mit dem Knetmesser im Topf rührt, rollt Lia etwas Knete mit dem Nudelholz aus und sticht einen Schmetterling aus. Diesen reicht sie Milena. »Gut gemacht! Das ist ein echter, richtiger Schmetterling!«, freut sie sich. Zufrieden legt sie ihn auf den Teller neben den zuvor selbst hergestellten Schmetterling. Dazu fegt sie die Kugeln vom Teller herunter auf ihre Unterlage. Anschließend drapiert sie die Knetkugeln kreisförmig um beide Schmetterlinge.

Dem Hilfsgesuch von Milena kommt Lia nach, indem sie einen Schmetterling aus Knete nach dem kulturellen Vorbild des Plätzchenausstechens herstellt. Dafür erhält sie von Milena ein ausgesprochenes Lob: »Das ist ein echter, richtiger Schmetterling!« Das Objekt wird aufgrund seiner einwandfrei ausgestochenen Form bewertet, die durch den Ausstecher vorgegeben ist. Für die Gestaltung ist entscheidend, dass das hergestellte Objekt als Schmetterling erkannt werden kann. Demnach bezieht sich das Werturteil auf die Darstellung des Objekts und nicht auf das Objekt selbst. Die industriell hergestellte Form gibt einen äußeren Bewertungsmaßstab vor, der sowohl das ästhetische Verhalten des Mädchens beeinflusst als auch den zuvor selbst hergestellten Schmetterling abwertet, da er aus Sicht des Mädchens nicht die ideale Form aufweist (vgl. Schneider 2017, S. 291).

Nachdem die beiden Mädchen anschließend in einen spielerischen Wettkampf des Zählens der für die Gestaltung unbenutzten Knetkugeln übergegangen sind, gehen sie wieder zwei unterschiedlichen Tätigkeiten nach:

> (…) Jetzt sucht Lia zwei etwas dickere Knetwalzen, die sie in einem rechten Winkel an beide Seiten der Knetscheibe legt, und zwei etwas dünnere Knetwalzen, die sie an das untere Ende der Scheibe legt. Unvermittelt springt Milena auf und läuft zu Judith. Sie nimmt Judith an der Hand und führt sie an den Tisch. Stolz zeigen Milena und Lia der Erzieherin[3] die Schmetterlinge und das Gesicht. Die Erzieherin betrachtet die Objekte und lobt dann das »schöne Gesicht« von Lias Figur und die »tollen Schmetterlinge« von Milena. Lächelnd wirft Lia daraufhin ihr Objekt in den Kneteimer und bringt den Teller zurück in die Puppenecke. (…) Milena hingegen trägt die Schmetterlinge auf dem Teller zur Fensterbank und räumt nur die restlichen Knetstücke auf ihrer Unterlage weg, bevor sie und Lia zum Händewaschen in den Waschraum gehen.

---

3 An dieser Stelle wird von Erzieherin und nicht von pädagogischer Fachkraft gesprochen, da in der Einrichtung durchgängig von »den Erzieherinnen« die Rede war.

Während Lia an die vorherige Gestaltung anknüpft und das »Knetgesicht« zu einem »Scheibenmenschen« (vgl. Becker 2003) umgestaltet, holt Milena die Erzieherin an den Tisch, um ihr gemeinsam mit Lia die hergestellten Objekte als sichtbare Ergebnisse ihrer Gestaltungsprozesse zu präsentieren. Damit fordern die Mädchen implizit ein Lob der Erzieherin ein, das postwendend nach einer Betrachtung der Objekte geäußert wird: Im ausgesprochenen Lob der Erzieherin stehen die Erkennbarkeit und Identifizierbarkeit der Objekte der Kinder im Mittelpunkt. So enthält die ästhetische Wertung die Bezeichnung des Dargestellten, für welche die Form der Objekte entscheidend ist. Bertachtet man die Szene, fällt auf, dass das präsentative Verhalten der Kinder und das ausgesprochene Lob der Erzieherin mit der darin enthaltenen Wertschätzung der Objekte der Kinder zum formalen Abschluss der Gestaltung und zum Aufräumen führen. Dabei nutzt Milena das Werturteil der Erzieherin, um ihr Objekt weiterhin für sich in Anspruch zu nehmen und auf der Fensterbank ›zu konservieren‹. Daraus lässt sich schließen, dass ›schön‹ in diesem Zusammenhang ›erhaltenswert‹ bedeutet. Demgegenüber rahmt das Lob der Erzieherin Lias Gestaltungsprozess in der Gesamtheit (Realisierung und Weiterentwicklung eines ausgesprochenen Gestaltungsziels sowie regelkonformes abschließendes Verhalten) positiv wertend (vgl. Schneider 2017, S. 293).

Neben dem Einfluss von *inneren Vorstellungen* und *vorgegebenen Formen* bei der Gestaltung und Bewertung von ästhetischen Objekten finden sich im Material immer wieder Szenen, in denen es um das *interaktive Bilden von ästhetischen (Geschmacks-)Urteilen* zwischen Kindern untereinander und zwischen Erzieherin und Kindern geht. Exemplarisch soll dies mit Hilfe der nachfolgenden drei Protokollauszüge einer Beobachtung verdeutlicht werden, in denen Maximilian (5;0), Moritz (3;4), Emilia (4;3) und Clara (5;8) gemeinsam eine Sandburg bauen und darüber verhandeln, wie diese auszusehen hat:

> Als ich nach draußen auf den Spielplatz komme, rufen mich Emilia und Maximilian vom Sandkasten aus zu sich. Sie zeigen mir ihre Sandburg, die sie gemeinsam gebaut haben. Die Burg besteht aus einem kreisförmigen Bereich aus angehäuftem, glatt gestrichenen Sand. Während ich mich an den Rand des Sandkastens setze, zieht Maximilian einen Graben um die Burg und Emilia beginnt, mit beiden Händen Sand auf die noch recht flache Burg zu schaufeln. Den Sand klopft sie mit den Händen fest und häuft anschließend eine weitere Sandschicht auf die vorherige festgeklopfte Fläche. Maximilian hält kurz in seinem Graben inne, stellt sich hin und betrachtet Emilias Tun. »Kannst noch 'nen Balkon bauen!«, sagt er zu ihr (…). »Bau ich doch gerade«, entgegnet Emilia ihm. Maximilian betrachtet ihren Balkon und meint: »Ja, 'nen ziemlich großen.« Daraufhin beginnt er, erneut zu graben, und erklärt: »Dann muss ich halt noch was abschürfen.« Emilia bittet mich, ihr beim Balkonbauen zu helfen, da der Balkon noch größer werden müsse. Nachdem ich sie gefragt habe, was ich machen soll, zeigt sie mir, wie ich den Sand auf die von ihr festgeklopfte Fläche geben soll. Maximilian beobachtet uns dabei und erklärt uns schließlich: »Ja, die Burg (…)[4] die muss hier auch ganz groß *rund* werden!« Woraufhin Emilia freudig ergänzt: »Ja, damit die Leute Angst kriegen!«

---

4 Die Klammer zeigt an dieser Stelle eine Pause im Sprechen des Jungen an, die Anzahl der Punkte die Länge der Pause in Sekunden. Die spätere Hervorhebung dient dazu, ein betont gesprochenes Wort kenntlich zu machen.

Beim Bau ihrer Burg gehen die Kinder arbeitsteilig vor: Maximilian kümmert sich um das Ausheben eines Burggrabens, während Emilia einen »Balkon« baut. Dabei übt das Material Sand eine Faszination auf die beiden Kinder aus, sich mit ihm gestalterisch zu beschäftigen. Das dabei entstehende Objekt erhält sprachlich Bedeutung, als Maximilian die Anweisung zum Bau eines Balkons gibt. Den von Emilia hergestellten Balkon bewertet Maximilian und es scheint, als sei die Größe des Balkons im Zusammenhang des weiteren Bauvorhabens und der Größe der Burg passend. Es zeigt sich, dass die Sinnstiftung sowohl in der gestalterischen Interaktion zwischen Emilia und dem Material als auch in der sprachlichen und gestalterischen Interaktion zwischen den beiden Kindern und dem Material geschieht. Zur Realisierung eines weiteren Bauvorhabens, das Maximilian ebenfalls kommentiert, bezieht Emilia die Ethnografin mit ein: Wieder ist die Größe der Burg und damit ihre äußere Form das entscheidende Bewertungskriterium. Ohne Verhandlungsbedarf stimmt Emilia der Bewertung zu und entwickelt eine Assoziation einer fiktiven Kriegshandlung zur Burg (im Sinne einer Festung, die gestürmt wird), die sie verbal mitteilt: »Ja, damit die Leute Angst kriegen!« (vgl. Schneider 2017, S. 295).

Nachdem Moritz zum Sandkasten gelaufen ist, Emilia und Maximilian kurz beobachtet hat und sich über eine Frage zum Objekt ins bisherige Spiel einbringen und das Objekt als »Burg« ausweisen konnte, wird er von Emilia zur Vergrößerung der Burg einbezogen. Maximilian hat in der Zwischenzeit weiter den Graben der Burg ausgehoben, als er von einer Erzieherin aufgefordert wird, zum Bus zu gehen. Dadurch erfährt nicht nur die Gestaltung der Burg einen Bruch, sondern auch die Deutung und Bedeutung des Hergestellten:

> Nachdem die Erzieherin die Buskinder zum Bus gebracht hat, kommt sie erneut zu den Kindern an den Sandkasten. Sie betrachtet ihre Burg und meint: »Wisst ihr, wie das aussieht? Wie ein Tier, wie eine Schildkröte, das hier ist der Körper und das hier ist der Kopf.« Dabei zeigt sie auf die Sandburg der Kinder. Freudig erwidert Emilia diese Idee: »Stimmt, dann brauchen wir nur noch einen Mund und zwei Augen zu machen!« Sie zieht mit dem ausgestreckten Zeigefinger eine gebogene Linie und zwei Kreise in die Sandfläche im Inneren der Burg. Lächelnd benennt die Erzieherin die Schildkröte nun als eine »lachende« Schildkröte. Mit großen Augen steht Moritz auf und betrachtet die Schildkröte. Dazu geht er ein Stück zur Seite. »So 'ne große Schildkröte! Und wo bleiben die **Füße**[5]?«, fragt er. »Hier«, antwortet Emilia, »aber ich muss die noch mal glatt bekommen! Da geh ich hier ganz vorsichtig mit der Hand drüber, guck!« Sie beginnt, zwei weitere Sandflächen glatt zu streichen, als plötzlich Clara neben ihr steht und sich über die Schildkröte beugt. »So 'ne große Schildkröte?«, fragt sie etwas ungläubig.

Nachdem die Erzieherin das hergestellte Objekt der Kinder betrachtet hat, benennt sie es – anders als die Kinder – als »Schildkröte« und weist die Burg als »Körper« und die Balkone als »Kopf« aus. Da die Erzieherin zur Situation hinzukommt und nicht beim Gestaltungsprozess der Kinder anwesend war, kennt sie die Bedeutungszuschreibungen der Kinder nicht und macht ihre eigenen Bedeutungszuschreibungen am Aussehen des Objekts fest. Im Gegensatz dazu war es dem dazu stoßenden Moritz über eine direkte Verknüpfung von Mate-

---

5 Die fett gedruckte Schreibweise verdeutlicht, dass das Wort laut gesprochen wurde.

rial und Tätigkeiten der beiden beobachteten Kinder möglich, das hergestellte Objekt als »Burg« zu deuten (vgl. Schneider 2017, S. 297).

Das Interessante am anschließenden Verlauf der Szene ist der reibungslose Wechsel der Deutungen: Emilia greift die Deutung der Erzieherin auf und baut sie in das Bauvorhaben ein. Es zeigt sich, dass die Deutungshoheit bei der Erzieherin liegt und folglich kein Streit über die unterschiedlichen Deutungen entsteht. Zusätzlich unterstreicht Emilia mit ihrer Zustimmung bzw. Einbeziehung der Deutung der Erzieherin ihren Statuts in der Gruppe der Kinder: Sie ist weiterhin das regieführende Kind. Das unkomplizierte Einbeziehen der Deutung der Erzieherin in das Bauvorhaben ist Emilia durch einfache Umbaumaßnahmen bzw. Veränderungen am Objekt möglich: Augen und Sichelmund werden in den Sand geritzt. Diese Umdeutungen und Veränderungen des Objekts finden zunächst nur zwischen Emilia und Erzieherin statt. Moritz muss das neu gedeutete Objekt zuerst betrachten und mit einer inneren Repräsentation einer Schildkröte vergleichen, bevor er auf die Deutung eingehen und die Größe der Schildkröte und ihre (aus seiner Sicht) fehlenden Füße kommentieren kann. Durch kleinere Korrekturmaßnahmen (glatt streichen) kann Emilia die fehlenden Füße schnell ausweisen. An dieser Stelle wird deutlich, dass der schnelle Wechsel der Deutungen des Objekts, der Annahme der Deutung und der damit verbundenen Veränderung und Anpassung des Objekts an die neue Deutung durch zwei Faktoren bestimmt ist: Erstens durch die Flexibilität des Materials aufgrund seiner Formbarkeit und zweitens aufgrund der Flexibilität und Anpassungsfähigkeit der Kinder und ihrer eigenen Vorstellungen und Gestaltungen an von außen in die Situation gebrachte Deutungen. Sowohl bei dem gemeinsamen Burgbau als auch bei der Umgestaltung der Burg in eine Schildkröte geht es um den Abgleich einer inneren mit einer äußeren Repräsentation: Sie wird beim Burgbau von den Kindern selbst im Herstellungsprozess ausgehandelt, bei der Umgestaltung von der Erzieherin in die Situation eingebracht und von den Kindern aufgegriffen (vgl. Schneider 2017, S. 297).

Darüber hinaus wird deutlich, dass es unterschiedliche *Gelungenheitskriterien* von Objekten unter Kindern und Erzieherin gibt: Ein Objekt ist aus Sicht der Kinder dann gelungen, wenn es der inneren Vorstellung entspricht und sich flexibel anderen möglichen Deutungen anpassen lässt. Hingegen sind Objekte aus Sicht der Erzieherin gelungen, wenn sie von Kindern selbständig hergestellt wurden und der Form bzw. des Aussehens nach von außen deutbar sind – auch wenn die Deutung der Erzieherin von der Deutung der Kinder abweicht (vgl. ebd., S. 298).

In der Folge verliert Moritz das Interesse am Bau der Burg und wendet sich einer Gruppe Jungen zu, die in der Nähe des Sandkastens Fangen spielen, sodass die Situation von der Interaktion zwischen Emilia und Clara bestimmt wird:

> Neugierig kniet sich Clara neben Emilia in den Sand und betrachtet das Objekt im Sand. Im Aufstehen erklärt sie: »He, das wär' ein Haufen aus Schildkröten, und, und da, da wär' ein Gang reingeschaufelt.« (...) Weiteren Sand auf die Sandfläche schaufelnd, füllt Clara jetzt den Graben an einer Stelle wieder auf. Emilia ermahnt sie und zeigt auf die Sandfläche, auf die Clara gerade Sand geschaufelt hat. Emilia: »Äh, Clara,

das war eigentlich mein Fuß!« Clara entschuldigt sich und widmet sich der Fläche mit Sand, die rund um die Burg liegt. Erneut häuft sie Sand an, drückt ihn mit den Händen fest und versucht, eine Art Brücke über den von Maximilian angelegten Burggraben zu bauen. Dazu drückt sie zunächst Sand mit beiden Händen in den Handflächen zusammen, um den gepressten Sand anschließend an beiden Grabenrändern anzudrücken. Emilia sieht ihr dabei zu. »Ach, *Clara*, das hält doch gar nicht!«, schimpft sie. »Aber wir können es so machen, guck es hält!«, meint Clara und Emilia entgegnet: »Ja, sieht aber blöd aus irgendwie! Der Maximilian hatte die Burg anders gebaut.«

Clara versucht sich geschickt mehrschrittig in den Gestaltungsprozess einzubringen: über die Äußerung einer Idee, mit der sie an die vorherige Deutung des Objekts und den hergestellten Burggraben zugleich inhaltlich anzuknüpfen versucht sowie über eine direkte gestalterische Veränderung am Objekt. Diese Veränderung unterbricht Emilia zwar durch das Ausgeben einer von Clara mit Sand aufgefüllten Fläche als »ihren Fuß« (im Sinne des von »ihr« plastizierten Fußes der Schildkröte), jedoch lässt sich Clara nicht so leicht abweisen und wendet sich einem anderen Bereich des Objekts zu, den sie umgestaltet. Obwohl sich Clara bei dieser Gestaltung und den baulichen Veränderungen an der Vorstellung einer Burg orientiert, kritisiert Emilia erneut die Gestaltung, kommentiert die mangelnde Stabilität der Brücke. Die Kritik weist Clara argumentativ ab, woraufhin Emilia die Brücke durch ein ästhetisches Urteil abwertet und zugleich auf die vorherige Bauweise von Maximilian verweist, die Clara durch das spätere Hinzukommen nicht kennen kann. Vordergründig bezieht sich das ästhetische Urteil zwar auf die Optik der Burg und ihre Bauweise, hintergründig nutzt es Emilia sehr geschickt zur Ablehnung der baulichen Veränderung des vorherigen Objekts und damit auch zur Ablehnung von Claras Eintritt in die Situation. Mit anderen Worten löst das Aufmerksamwerden auf die von Clara gebaute Brücke bei Emilia ein Gefühl der Ablehnung aus, die sie verbal durch das abwertende ästhetische Urteil ausdrückt (vgl. ebd., S. 299). In ähnlicher Weise nutzten auch andere Kinder der untersuchten Kindertagesstättengruppe ästhetische Wertungen über Gezeichnetes oder Gebasteltes zum Ausschluss von Kindern aus einer bestehenden Gruppe.

Betrachtet man die angeführten Beispiele in der Gesamtheit, wird deutlich, dass die ästhetischen Urteile der Kinder auf dem eigenen Empfinden beruhen und subjektiv sind. Allerdings sind sie nicht auf ein einzelnes Objekt als solches gerichtet, sondern vielmehr auf das, was dieses Objekt im Kind auslöst (vgl. ebd., S. 300). Auf diesen Zusammenhang verwies bereits Immanuel Kant:

> »Um zu unterscheiden, ob etwas schön sei oder nicht, beziehen wir die Vorstellung nicht durch den Verstand auf das Objekte zum Erkenntnisse, sondern durch die Einbildungskraft (vielleicht mit dem Verstande verbunden) auf das Subjekt und das Gefühl der Lust oder Unlust desselben« (1790/1974, S. 39; § 1).

Darüber hinaus verdeutlichen die Beispiele den weiter oben angesprochenen Zusammenhang zwischen der Subjektivität und dem sozialen Kontext beim Bilden von ästhetischen Urteilen. Diesen Zusammenhang beschreibt Kant als Bedingung eines ästhetischen Geschmacksurteils: Der *intersubjektive Geltungsanspruch* sei für ästhetische Geschmacksurteile konstitutiv. Diese unterscheidet Kant von einfachen persönlichen Bekundungen von Vorlieben über Zustände oder Dinge, die er als »Sinnenurteile« (ebd., S. 53; § 8) bezeichnet, und führt diese Unterscheidung wie folgt aus:

> »Es [das Sinnenurteil; Erg. KS] unterscheidet sich vom ersteren [Geschmacksurteil; Erg. KS] darin, daß das Geschmacksurteil eine *ästhetische Quantität* der Allgemeinheit, d.i. der Gültigkeit für jedermann bei sich führt, welche im Urteile über das Angenehme nicht getroffen werden kann. [...] Das Geschmacksurteil selber *postuliert* nicht jedermanns Einstimmung (denn das kann nur ein logisch allgemeines, weil es Gründe anführen kann, tun), es *sinnt* nur jedermann diese Einstellung an [...]« (ebd.; Hvh. im Original).

Zieht man diese Beschreibung zur Interpretation der dargelegten Beispiele heran, wird deutlich, dass ästhetische Geschmacksurteile individuell und subjektiv sind und zugleich auf Gemeinsamkeit, Kommunikation und Übereinstimmung mit anderen Kindern und Erzieherin(nen) zielen (vgl. Schneider 2017, S. 300; Dietrich/Krinninger/Schubert 2012, S. 85ff.).

Die Rolle des *institutionellen Kontexts* beim Bilden von ästhetischen Urteilen von Kindergartenkindern soll mit Hilfe der beiden nachfolgenden Auszüge eines Protokolls verdeutlicht werden, in dem die Erzieherin Judith Elias (5;4) und Richard (4;5) auffordert, ein Herz aus Karton für ein Muttertagsgeschenk zu prickeln:

> Elias und Richard sitzen am Bastelstisch. Vor ihnen liegen verschiedenfarbige Papier- und Kartonstücke sowie ein Bogen roter Pappe, auf den verschiedene Herzen aufgezeichnet sind. Judith sitzt neben den Jungen und zeichnet mit Wachsmalkreide jeweils drei verschiedenfarbige kleine Blumen in jedes Herz. »Die Herzen prickelt ihr bitte aus, damit wir ein schönes Geschenk für eure Mamas zum Muttertag haben«, weist sie die Jungen an, »wenn ihr fertig seid, ruft ihr mich, ok?« Beide nicken und beginnen dann mit einer Prickelnadel kleine Löcher nebeneinander in die Pappe zu stechen und orientieren sich dabei an den Linien der vorgezeichneten Herzen. Das sieht sehr mühselig aus und die Jungen wirken genervt. »Hm, sieht komisch aus, oder?«, fragt Elias Richard. »Was denn?«, fragt der zurück. »Na, die Herzen hier«, erklärt Elias, »und prickeln? Naja!« »Na, geht doch, eigentlich sehen die ganz schön aus mit den Blumen«, meint Richard während er angestrengt kleine Löcher mit der Nadel in die Pappe sticht. »Bin ja auch gleich fertig und dann kann ich wieder an der Burg weiter bauen. Haste die schon gesehen, unsere Burg? (..) In der Bauecke?«, fragt Elias. »Ne, noch nicht«, antwortet Richard. »Dann mach mal hin und ich zeig sie dir!«, fordert Elias jetzt Richard auf, der sich sichtlich bemüht, schneller Löcher zu stechen. Elias beobachtet Richard, grinst und sticht dann sehr schnell das Herz aus. Er löst es aus der Pappe und ruft Judith.

Sowohl der äußere Rahmen der Situation als auch die Motivwahl, Technik, Größe und Art der Gestaltung der Herzen werden von der Erzieherin vorgegeben. Nur das Ausprickeln der Herzen überlässt sie den beiden Jungen im Sinne einer individuellen Leistung. Als Begründung der Vorgaben und Rahmung der Situation gibt sie das Herstellen eines »schönen Muttertagsgeschenks« an und macht durch die Gestaltung des pädagogischen Angebots und durch ihr ästhetisches Urteil klare Vorgaben zum Ablauf der Situation und zur Gestaltung des Objekts an die Kinder. In diese Vorgaben fügen sich die Jungen ein, prickeln die Herzen gewissenhaft und sorgsam aus und treffen dabei eigene ästhetische Urteile, die sich voneinander unterscheiden: Elias wertet Motivwahl und Verfahren ab und hinterfragt den Sinn des Angebots, wohingegen Richard die Urteile von Elias relativiert und die Blumen auf den Herzen als »ganz schön« bewertet. Folgt man dieser Leseweise, dann macht die Szene deutlich, dass ästhetische Urteile verhandelt werden wollen und ausgelöst von der individuellen Wahrnehmung und Empfindung des Gegenstands im Zusammenhang mit dem Kontext der Situation und dem Austausch mit anderen darüber entstehen. Dabei nutzen die Kinder ihre Urteile nicht nur zur Bewertung der Objekte, sondern auch zur Beurteilung des pädagogischen Settings, das Elias implizit hinterfragt (vgl. Schneider 2017, S. 301f.).

Im weiteren Verlauf der Szene verhandeln die Jungen ihre weiteren Tätigkeiten: Elias nimmt mit seiner Aussage »gleich fertig zu sein« Bezug auf die pädagogische Rahmung, welche zu Beginn von der Erzieherin klar umrissen wurde. So ist es Elias möglich, Richard zur Schnelligkeit aufzufordern, um ihm anschließend seine Burg in der Bauecke zeigen zu können, da er seine Aufgabe erfüllt hat und der Erzieherin sein ausgeprickeltes Herz zeigen kann. Er rahmt damit das pädagogische Angebot als »Übergangsbeschäftigung« zwischen vorherigem Burgbau und Wiedereinstieg in das vorherige Bauspiel (vgl. ebd., S. 302).

Allerdings gilt es, die Muttertagsgeschenke fertig zu stellen, bevor die Jungen wieder spielen dürfen, wie der abschließende Protokollausschnitt zeigt:

> Judith kommt mit einem kleinen Ordner an den Tisch, holt ein kleines Passfoto von Elias heraus und klebt es in die Mitte des Herzens in eine Blume. »So, fast fertig«, erklärt sie ihm. »Jetzt brauchst du nur noch deine Wäscheklammer. Holst du die bitte? Liegt auf der Fensterbank.« Elias nickt, steht auf und holt eine rot angemalte Holzwäscheklammer von der Fensterbank, die er Judith gibt. »Schön, danke«, meint sie. »Wie weit bist du, Richard?«, fragt sie, während sie aufsteht und zwei Stiefmütterchen von der Fensterbank holt. »Fast fertig«, ruft Richard. Sichtlich bemüht, sticht er sein Herz aus und legt es vor Judith, die mit beiden Blumen zum Tisch kommt. Sie klebt nun auch ein Passbild von Richard auf sein Herz und fordert ihn auf, seine Wäscheklammer zu holen. In der Zwischenzeit befestigt sie Elias' Herz mit seiner Wäscheklammer am Übertopf des Stiefmütterchens, lehnt sich dann zufrieden zurück und meint: »Das sieht doch schön aus, oder?« »Ja«, antwortet Elias und fragt, ob er jetzt wieder spielen gehen dürfe. Judith bejaht die Frage und nimmt Richard im gleichen Moment die Wäscheklammer ab, die er gerade von der Fensterbank geholt hat. »Warte mal«, meint Richard und hält Elias am Arm fest, der gerade Richtung Bauecke gehen will. »Ihr könnt schon gehen«, meint Judith, »ich mach das hier fertig.« Schnell drehen sich beide Jungen um und gehen in die Bauecke. Beide Stiefmütterchen stellt Judith auf die Fensterbank und reiht sie damit in eine Reihe weiterer, identisch ›geschmückter‹ Blumen ein.

Das Aufkleben des Passfotos des Jungen ermöglicht es der Erzieherin, das ausgeprickelte Herz ›zu individualisieren‹ und es in einer nach außen erkenntlichen Art und Weise als von Elias gefertigt ausweisen zu können. Das Passfoto fungiert derart betrachtet stellvertretend für eine handschriftliche Signatur des Jungen. Die Fertigstellung des Geschenks gestaltet die Erzieherin weiterhin mehrschrittig und arbeitsteilig zwischen sich und den beiden Jungen: Sie selbst hat die nötigen Arbeitsschritte zur Fertigstellung des Geschenks im Auge, erteilt dazu den Jungen kleinere Aufgaben (Holen einer Wäscheklammer), kontrolliert die Abläufe und behält bei der finalen Fertigstellung die Oberhand, indem sie die Wäscheklammer an den Übertopf des Stiefmütterchens steckt und damit die

Blume als zu Elias gehörig ausweist.[6] Ihre Zufriedenheit über die derartige Herstellung des Geschenks drückt die Erzieherin anschließend gestisch und sprachlich aus: »Das sieht doch schön aus, oder?« Mit Hilfe ihres Werturteils tut sie nicht nur den Kindern kund, dass es sich gelohnt hat, ›durchgehalten‹ zu haben und der Aufgabenstellung nachgekommen zu sein. Sie bewertet zugleich sowohl das Arrangement der Gegenstände als auch das Befolgen der Aufgabe bis zu ihrer Fertigstellung nach dem von ihr vorgegebenen Ablauf und einer klaren ästhetischen Vorlage. Derart betrachtet bedeutet ›schön‹ zu sein in diesem Zusammenhang nicht nur ›schön anzugucken‹, sondern vor allem auch ›brav‹ der Aufgabenstellung nachgekommen zu sein (vgl. Schneider 2017, S. 303).

Während sich Richard sichtlich mit der vorgegebenen Technik ›abmüht‹, gelingt es Elias sehr geschickt, aus der Situation ›entlassen‹ zu werden: Er bejaht die rhetorische Frage der Erzieherin, die durch das Fragewort »oder« als Anhang an ihr ästhetisches Urteil ausgewiesen ist, und bittet im gleichen Atemzug um Erlaubnis, weiter spielen zu dürfen. Richard hingegen befindet sich in einer Art »Warteschleife«, muss noch die Bewertung der Erzieherin für sein Objekt abwarten. Er fordert Elias verbal und nonverbal zum Warten auf und interpretiert damit seine derartige Lage selbst als »Warteposition« zwischen vorgegebenem institutionellen Angebot und eigener Wahl einer Tätigkeit. Diese Wartezeit kürzt die Erzieherin durch die Erklärung an die Kinder ab, das Geschenk »fertig zu machen« und entlässt die beiden Kindern aus dem Angebot.

An dieser Stelle wird erneut deutlich, dass ihr die Fertigstellung des Geschenks obliegt. Damit »entindividualisiert« sie das Objekt des Jungen und reiht es zusammen mit dem Geschenk von Elias in eine Reihe identisch angefertigter Geschenke auf der Fensterbank ein. Ein Ausfindigmachen des zum einzelnen Kind gehörenden Objekts aus dieser Menge ist nur noch über die aufgeklebten Fotos und über die ausgeprickelten Herzen möglich, welche die persönliche Fähigkeit und handwerkliche Kompetenz der Kinder – in einer sehr abgeschwächten Form – ausweisen. Derart betrachtet lassen sich die Objekte sowohl als »Repräsentationen von etwas« als auch als »Repräsentationen als etwas« (Bollig 2004, S. 207) beschreiben. Betrachtet man die Objekte in ihrer Anhäufung auf der Fensterbank, die durch die Aufreihung der Objekte auf ihr aus der vorherigen »Aufbewahrungsstätte« der einzelnen Elemente zur Gestaltung der Geschenke in eine »Ausstellungsfläche«[7] der Objekte transformiert wird, dann werden über die »Anhäufung des je Gleichen« (ebd., S. 212) die Kinder in gewisser Weise synchronisiert: Während die Kinder hinter die Objekte treten, rückt der Kindergarten in den Vordergrund (vgl. ebd.). Damit ist gemeint, dass die Gleichheit des Herstellungsprozesses dabei über die Einheitlichkeit der Objekte nach außen vermittelt wird, während die Differenz der Kinder

---

6 Da der Name der Blume das Diminutiv von Mutter enthält, referiert er in recht trivialer Weise auf die Intention des Muttertagsgeschenks.
7 Selbst hergestellte ästhetische Objekte der Kinder wurden in der Einrichtung nicht nur auf der Fensterbank ausgestellt, sondern beispielsweise auch im Gruppenraum oder im Flur der Einrichtung aufgehängt und somit den Kindern und Erzieherinnen der anderen Gruppen, aber in besonderem Maße auch den Eltern der Kinder zugänglich gemacht (vgl. Schneider 2017, S. 310ff.).

als individuelle Produzenten in dieser Praxis nicht direkt über das Objekt, sondern nur stellvertretend über die Fotos der Kinder ausgewiesen werden kann (vgl. Schneider 2017, S. 304)[8].

Die beschriebene Praxis verdeutlicht, dass die *Art und Weise* des Aus- und Einführens sowie des Rahmens von Angeboten inklusive der Vorgaben an Material, Verfahrensweisen und Techniken, Maßstäbe zur Gestaltung und zur Vermittlung ästhetischer Praxis und ästhetischer Wertungen vermittelt (vgl. Dietrich/Krinninger/Schubert 2012, S. 86). Auf derartige Gefahren von außen weist Gerd Schäfer im Zusammenhang des Bastelns hin und nennt »die perfekte Form«, das »Vormachen« und die »Produktion« (1990, S. 146ff.) als derartige äußere Gefahren. Betrachtet man im obigen Beispiel den Umgang der Kinder mit der vorgegebenen Technik des Prickelns, fällt auf, dass durch diese »einfache Technik« (ebd., S. 146) die Geschicklichkeit bzw. Ungeschicklichkeit der Kinder ersetzt wird. Die direkte Vorgabe der Erwachsenen verkürzt die Auseinandersetzung der Kinder mit Material, seinen Eigenschaften und Widerständen und übersetzt sie in eine Adaption einer vorgegebenen Technik (vgl. ebd., S. 147). Anstatt sich intensiv handelnd mit Material auseinander zu setzen und eigenständig Sinn und Bedeutung zu stiften, »produzieren« die Kinder etwas für sie weniger Bedeutsames (vgl. ebd., S. 148; Staudte 1988; 1986; Schneider 2017, S. 304).

Allerdings soll das dargelegte Beispiel nicht als (generelle) Kritik an der Praxis der Einrichtung missverstanden werden. Es stellt im pädagogischen Alltag der untersuchten Einrichtung und Gruppe eher eine Ausnahme als eine gängige Praxis dar. Vielmehr verdeutlicht es die mit den Erwartungen der Eltern verbundene Notwendigkeit und den Druck an die pädagogische Institution Kindergarten zur Herstellung von etwas leicht Verständlichen (im Sinne von etwas einfach Deutbaren) und von den Kindern selbst Hergestellten. Damit verbunden ist auch die Verknüpfung der ästhetischen Urteile mit der Disziplinierung, aus der sich auch eine unterschiedliche Wertigkeit der kindlichen Geschmacksurteile und der Urteile der Erzieherinnen ergibt (vgl. Schneider 2017, S. 305; Bourdieu 1987; Kant 1970/1974).

## 6.4 Resümee

Zieht man die dargelegten Beschreibungen der Herstellung von ästhetischen (Geschmacks-)Urteilen in den Interaktionen zwischen Kindergartenkindern untereinander und zwischen Kindern dieser Altersgruppe und Erzieherinnen zu-

---

8 Im Unterschied dazu kann eine Differenz kindlicher Produzenten beispielsweise bei ausgestellten Kinderzeichnungen über einen unterschiedlichen Duktus oder eine individuelle Farb- oder Motivwahl ausgewiesen werden (vgl. Bollig 2004; Schneider 2017, S. 304).

sammen, dann wird deutlich, dass Geschmacksurteile nicht nur zur *Bewertung von ästhetischen Objekten* benutzt werden, bei denen sich die Bewertung »schön« auf das Objekt und die bestimmten ästhetischen Merkmale dieses Objekts beziehen, die wahrgenommen werden. Geschmacksurteile werden auch bei der *Verhandlung von Beziehungen* unter den Kindern und zwischen Kindern und Erzieherinnen genutzt, wonach ›schön‹ Ausdruck der eigenen Empfindung der Beziehung ist. Geschmack ist demnach sowohl eine Genusskategorie zur Bewertung von Objekten als auch eine Genusskategorie zur Beschreibung der kindlichen Teilhabe an gemeinschaftlichen Interaktionen und ihrer Bedingungen innerhalb der Peer Group und der institutionellen Kita-Gruppe. Geschmacksurteile werden zur Bewertung von Objekten, zum Bestimmen von Gruppenzusammensetzungen und zum Herstellen von Gemeinsamkeit oder Distanz untereinander sowie zur Positionierung der eigenen Rolle bzw. des Status' innerhalb der Peer Group genutzt (vgl. Dietrich/Krinninger/Schubert 2012, S. 90; Schneider 2017, S. 322).

Unabdingbar ist dafür der gemeinsame Austausch unter Kindern und zwischen Kindern und Erzieherinnen über individuelle Wahrnehmungen und Empfindungen zur Bildung eines gemeinschaftlichen Sinns als Basis eines jeden ästhetischen Urteils (vgl. Kant 1790/1974). Diesen gemeinsamen und verbindenden Sinn hat Kant als »sensus communis« wie folgt beschrieben:

> »Unter dem *senus communis* [...] muß man die Idee eines *gemeinschaftlichen* Sinns, d. i. eines Beurteilungsvermögens verstehen, welches in seiner Reflexion auf die Vorstellungsart jedes anderen in Gedanken (a priori) Rücksicht nimmt, um gleichsam an die gesamte Menschenvernunft sein Urteil zu halten und dadurch der Illusion zu entgehen, die aus subjektiven Privatbedingungen, welche leicht für objektiv gehalten werden könnten, auf das Urteil nachhaltigen Einfluß haben würde. Dieses geschieht nun dadurch, daß man sein Urteil an anderen nicht sowohl wirkliche, als vielmehr mögliche Urteile hält und sich in die Stelle jedes anderen versetzt, indem man bloß von den Beschränkungen, die unserer eigenen Beurteilung zufälligerweise anhängen, abstrahiert; welches wiederum dadurch bewirkt wird, daß man das, was in dem Vorstellungszustande Materie, d. i. Empfindung ist, soviel möglich wegläßt und lediglich auf die formalen Eigentümlichkeiten seiner Vorstellung oder seines Vorstellungszustandes achtat« (ebd., S. 144f.; § 40; Hvh. im Original).

Dem Zitat entsprechend ist dieser gemeinschaftliche Sinn die Basis für die Entwicklung und Bildung von ästhetischen Urteilen. Das bedeutet, dass ästhetische Urteile und Wertungen nie losgelöst von den gesellschaftlichen und/oder sozialen Kontexten betrachtet werden können, in denen sie stattfinden bzw. aus denen heraus sie getroffen werden (vgl. Dietrich/Krinninger/Schubert 2012, S. 88; Schneider 2017, S. 322).

Der Verweis auf den sozialen Kontext hebt nochmals die Rolle des institutionellen Rahmens und den mit ihm verbundenen pädagogischen Angeboten, Projekten und Praktiken des Ausstellens bei der Bildung von ästhetischen Urteilen und dem Ausbilden eines Urteilsvermögens hervor. Da ästhetische Urteile auf der Grundlage von körperlichen Empfindungen beruhen, müssen sie »als Ergebnis von Inkorporation, Einverleibung spezifischer sozialer und kultureller Wahrnehmungs- und Klassifikationsschemata verstanden werden« (Dietrich/Krinninger/Schubert 2012, S. 89). Dazu ist der Austausch mit anderen unabdingbar. Insofern ist es Aufgabe von Elementardidaktik, Kindern bei der Ausbildung gestalterischer Ausdrucksmöglichkeiten, einer Bildsprache und eines ästhetischen Urteilsvermögens zu unterstützen und sich bei der Gestaltung von Angeboten oder Projekten an den individuellen Interessen und Bedürfnissen der Kinder zu orientieren. Anstatt Materialien, Verfahren und Techniken vorzugeben, können Kinder in derartige Entscheidungen eingebunden und Verfahren und Materialien entsprechend der Themen und gestalterischen Problemstellungen der Kinder eingeführt und bereitgestellt werden. Damit können Kinder nicht nur bei individuellen und gemeinschaftlichen Gestaltungs- und Sinnstiftungsprozessen unterstützt werden, sondern auch ein Grundstein eines Ausdrucks- und Deutungsrepertoires sowie eines ästhetischen Urteilsvermögens gelegt werden, auf den im Primarbereich angeknüpft werden kann, wenn es um die Entwicklung und Erweiterung eines Ausdrucks- und Deutungsrepertoires sowie eines differenzierten ästhetischen Urteilsvermögens geht, bei dem (selbst-)reflexive Anteile im Mittelpunkt von Produktions- und Reflexionsphasen stehen (vgl. u. a. Kirchner 2009; Peez 2013; K+U 373/2013).

# Literatur

Becker, S. (2003): Plastisches Gestalten von Kindern und Jugendlichen. Entwicklungsprozesse im Formen und Modellieren. Donauwörth: Auer.

Bergmann, J. R. (1981): Ethnomethodologische Konversationsanalyse. In: Schröder, P./Steger, H. (Hrsg.): Dialogforschung. Düsseldorf: Cornelsen, S. 9–52.

Bollig, S. (2004): Zeigepraktiken: How to Do Quality with Things. In: Honig, M.-S./Joos, M./Schreiber, N. (Hrsg.): Was ist ein guter Kindergarten? Theoretische und empirische Analysen zum Qualitätsbegriff in der Pädagogik. Weinheim und München: Juventa, S. 193–225.

Bourdieu, P. (1987): Die feinen Unterschiede. Kritik der gesellschaftlichen Urteilskraft. Frankfurt am Main: Suhrkamp.

Breidenstein, G./Kelle, H. (1998): Geschlechteralltag in der Schulklasse. Ethnographische Studien zur Gleichaltrigenkultur. Weinheim: Beltz Juventa.

Dietrich, C./Krinninger, D./Schubert, V. (2012): Einführung in die Ästhetische Bildung. Weinheim und Basel: Beltz Juventa.

Grünewald, D. (1986): Malen, Zeichnen, Formen, Bauen ... Über die Formen und Funktionen ästhetischer Praxis. In: Kunst+Unterricht, H. 107, S. 29–31.

Hoffmann-Axthelm, D. (1976): Lernformen ästhetischen Verhaltens. In: Hartwig, H. (Hrsg.): Sehen lernen. Köln: DuMont Schauber, S. 240–272.

Kant, I. (1790/1974): Kritik der Urteilskraft. Werkausgabe Band 10. Frankfurt am Main: Suhrkamp.

Kirchner, C. (2009): Kunstpädagogik für die Grundschule. Bad Heilbrunn: Klinkhardt.

Kirchner, C. (1999): Ästhetisches Verhalten von Kindern im Dialog mit Bildender Kunst. In: Neuß, N. (Hrsg.): Ästhetik der Kinder. Interdisziplinäre Beiträge zur ästhetischen Erfahrung von Kindern. Frankfurt am Main: Gemeinschaftswerk der Evangelischen Publizistik, S. 303–324.

Kunst + Unterricht (2013): Ästhetische Urteile bilden. Heft 373.

Mollenhauer, K. (1996): Grundfragen ästhetischer Bildung. Theoretische und empirische Befunde zur ästhetischen Erfahrung von Kindern. Weinheim: Juventa.

Otto, G./Otto, M. (1986): Ästhetisches Verhalten. Ein Plädoyer für eine vernachlässigte Erkenntnisweise. In: Kunst+Unterricht, H. 107, S. 13–19.
Peez, G. (2013): Ästhetische Urteile bilden. Subjektiv, gegenstandsbezogen und diskursiv. In: Kunst+Unterricht, Heft 373, S. 4–9.
Peez, G. (2003): Über ästhetische Prozesse reflektieren, ein ästhetisches Urteil bilden. Empirische Wirkungsforschung anhand Aussagen eines 12-jährigen Schülers. In: BDK-Mitteilungen, Heft 3, S. 34–36.
Reckwitz, A. (2003): Grundelemente einer Theorie sozialer Praktiken. Eine sozialtheoretische Perspektive. In: Zeitschrift für Soziologie 32, H. 4, S. 282–301.
Schäfer, G. E. (1990): Universen des Bastelns – Gebastelte Universen. In: Duncker, L./Maurer, F./Schäfer, G. E. (Hrsg.): Kindliche Phantasie und ästhetische Erfahrung. Wirklichkeiten zwischen Ich und Welt. Langenau-Ulm: Vaas, S. 135–161.
Schneider, K. (2017): Ästhetische Erfahrung in Spielpraktiken von Kindergartenkindern. Eine ethnografische Studie im Elementarbereich. Weinheim und Basel: Beltz Juventa.
Schneider, K. (2016): Ästhetische Erfahrung in Als-ob-Spielen von Kindergartenkindern. In: Staege, R. (Hrsg.): Ästhetische Bildung in der frühen Kindheit. Weinheim und Basel: Beltz Juventa, S. 63–78.
Staudte, A. (1992): Ästhetische Erziehung und Kunst. Lernen zwischen Sinnlichkeit, Kreativität und Vernunft. In: Haarmann, D. (Hrsg.): Handbuch Grundschule. Bd. 2, Fachdidaktik: Inhalt und Bereiche grundlegender Bildung. Weinheim und Basel: Beltz, S. 292–303.
Staudte, A. (1988): Finden und Erfinden – didaktisches Plädoyer für das Basteln. In: Die Grundschulzeitschrift, H. 19, S. 10–13.
Staudte, A. (1986): Zeichnen und Malen nach Vorbildern. In: Grundschule, H. 11, S. 34–38.
Staudte, A. (1977): Ästhetisches Verhalten von Vorschulkindern. Eine empirische Untersuchung zur Ausgangslage für ästhetische Erziehung. Weinheim und Basel: Beltz.
Strauss, A./Corbin, J. (1996): Grounded Theory: Grundlagen qualitativer Sozialforschung. Weinheim: Beltz.

# 7 Prozessualität, Medialität und Interaktion. Fallstudie zu Erfahrungen eines dreieinhalbjährigen Kindes beim Fingermalen auf dem Touchscreen eines Tablet-Computers

*Isabell Meyer & Georg Peez*

Wie gehen Kinder im Vorschulalter mit Mal- und Zeichen-Software auf dem Touchscreen um? Dieser Frage wird in einer explorativen Fallstudie am Beispiel eines dreieinhalbjährigen Mädchens nachgegangen. Aufgrund einer videobasierten Segment- und Sequenzanalyse zeigen sich Verhaltensweisen, die sowohl am bildnerischen Prozess orientiert wie auch vom Interesse an der digitalen Medialität selbst geprägt sind. Zudem werden Korrespondenzen zum (früh-)kindlichen Schmieren sowie Kritzeln deutlich.

## 7.1 Forschungsanlass und Fragestellungen

Mobile Endgeräte wie Smartphones und Tablets haben innerhalb von wenigen Jahren Eingang in das Leben von Kindern gefunden. Meist nutzen Kinder im Vor- und Grundschulalter die Geräte ihrer Eltern mit. Einen Einstieg in die »neuartige umfassende Mediatisierung von Alltag und Wirklichkeit durch Smartphones und Apps« (Krotz 2015, S. 16) bildet – neben den Spielen – häufig Software zum digitalen Fingermalen und -zeichnen.

- Wie nutzen Kinder den Multi-Touchscreen zum digital basierten Zeichnen und Malen?
- Wie eignen sie sich eine solche Software an?
- Forschungsmethodisch: Mit welchen wissenschaftlichen Verfahren lassen sich diese bildnerischen Prozesse dokumentieren und interpretieren?

## 7.2 Erhebung und Aufbereitung der Fallstudie

Am Beispiel von Elif (3 Jahre; 5 Monate) soll den bewusst offen formulierten Forschungsfragen nachgegangen werden. Im Folgenden handelt es sich um einen Einzelfall aus einer umfassender angelegten explorativen Feldforschung mit insgesamt zehn erhobenen Mal- bzw. Zeichenprozessen von zwei- bis sechsjährigen Kindern (vgl. Meyer/Peez 2015). Zur Anwendung kam hierfür im Juni 2014 die Software »Doodle Buddy« auf dem »iPad mini 2« von Apple (7,9-Zoll-Display mit 1024 × 768 Pixel; Bildschirm: circa 20 cm diagonal). Die Erhebungen fanden für die Kinder in vertrauter Umgebung durch die Autorin, die zugleich studentische Betreuungskraft war, statt – nämlich im Malzimmer einer Kindertagesstätte. Elif verfügte bis dahin über wenige Erfahrungen im Umgang mit solchen Programmen auf einem Tablet.

Im nicht ethnographischen, sondern quasi experimentellen Setting steht und sitzt Elif an einem Tisch und hat das iPad vor sich liegen. Zeitweise sind die 3 Jahre und 9 Monate alte Soraya sowie weitere Kinder beteiligt. Der insgesamt rund siebenminütige Zeichenprozess wurde mit einer Videokamera per Stativ aufgenommen und anschließend mit dem Verfahren der »Erziehungswissenschaftlichen Videographie« (Dinkelaker/Herrle 2009) aufbereitet und interpretiert. Neben der Videoaufnahme entstanden einige Fotos der Einrichtung und eine Skizze des Raums. Ferner liegt ein direkt mit dem Tablet, am Ende der Videoaufnahme erstellter Screenshot des Bildes von Elif vor.

## 7.3    Forschungsmethodisches Vorgehen

Die Interpretation des Zeichenprozesses von Elif auf dem iPad erfolgt in zwei Stufen. Zunächst gibt die Segmentierungsanalyse (vgl. Dinkelaker/Herrle 2009, S. 54ff.) einen strukturierten Überblick über das Geschehen, indem der Gesamtprozess etwa nach den Kriterien »Aufrufen des Farbmenüs in der Applikation und Farbwechsel«, »Wechsel der Zeichenstrategie« sowie »Interaktion mit einem anderen Kind« in einzelne Segmente gegliedert wird. Nach dieser Segmentierung erfolgen die ausführliche Beschreibung sowie daraufhin die Interpretation einzelner Segmente mittels Sequenzanalyse (ebd., S. 75ff.). Hier geht es »in mikroskopischer Einstellung« (ebd., S. 75) um die Frage, wie sich sinnstrukturiert die Abfolge der einzelnen bildnerischen Handlungen und die dahinterstehenden intuitiven oder bewussten Entscheidungen aufeinander beziehen.

## 7.4    Überblick

An einem Tisch stehend und teilweise sitzend beginnt die ca. dreieinhalbjährige Elif ohne Vorgaben oder Impulse seitens der pädagogischen Fachkräfte oder der wissenschaftlichen Beobachterin mit der Nutzung der Applikation »Doodle Buddy« auf dem iPad. Schwingende und rotierende Gesten mit je einem der beiden Zeigefinger – meist dem rechten – sind von Beginn der Videodokumentation an bildnerisch vorherrschend.

**Abb. 7.1:** Videostill aus dem 13. Segment im Zeichenprozess der dreieinhalbjährigen Elif auf dem »iPad mini« (1:20 min). Elif zeichnet mit großem körperlichem Einsatz und teils singend in schwingenden und rotierenden Gesten mit einem Zeigefinger.

Den Wechsel des Farbtons lässt Elif zunächst auf Zuruf durch die Betreuerin und Forscherin ausführen. Später vollzieht sie diesen selber durch Antippen einer bestimmten Stelle im Programmmenü, wodurch sich eine Farbpalette zur Auswahl öffnet. Wenn darauf ein Farbton angetippt wird (▶ Abb. 7.2), schließt sich die Farbpalette automatisch und mit dem neuen Ton kann weitergezeichnet werden. Selten zieht Elif gerade Linien oder setzt gezielt einen Punkt. Mal zufällig, mal intentional bewegt sie ab und zu mehrere auf dem Multi-Touchscreen liegende Finger. Dies führt dann meist ansatzweise zur Erkundung von Programmfunktionen jenseits des Zeichnens, z. B. zum Hin-und-her-Schaukeln oder Verkleinern des Bildes oder – hiermit zusammenhängend – zu möglichen Wechseln zu anderen Bildern oder Applikationen auf dem iPad.

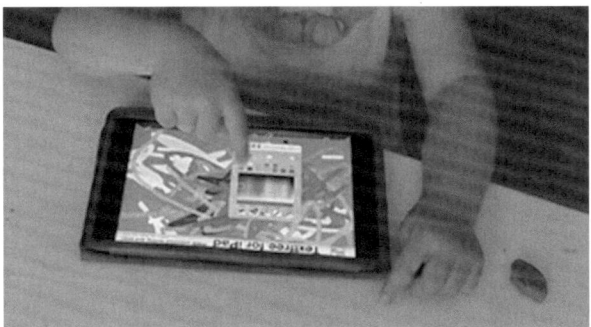

**Abb. 7.2:** Videostill aus dem 16. Segment im Zeichenprozess der dreieinhalbjährigen Elif auf dem »iPad mini« (5:52 min). Auswahl eines Farbtons aus der Farbpalette in der App »Doodle Buddy«

## 7.5 Interpretationsergebnisse

### 7.5.1 Parallelen zu Erkenntnissen der Kinderzeichnungsforschung

Der insgesamt in 42 Segmente unterteilte Zeichenprozess der dreieinhalbjährigen Elif gliedert sich grob in zwei Phasen:

- *Erste Phase* (3. bis 25. Segment): Das digitale Zeichenmedium motorisch-gestisch meist mit dem Zeigefinger ihrer rechten Hand nutzend, hinterlässt Elif durch ihre Hin-und-her-Bewegungen Spuren in unterschiedlichen Farbtönen auf dem berührungssensitiven Monitor. In der Terminologie der Kinderzeichnungsforschung handelt es sich vorwiegend um »Schwingkritzel« (vgl. Richter 1997, S. 26; Seidel 2007, S. 133) und oval geformte »Kreiskritzel« (vgl. Richter 1997, S. 26; Seidel 2007, S. 133) bzw. »Kritzelknäuel« (vgl. Egger 2001, S. 14f.). Hierbei ist das Mädchen einerseits konzentriert und intrinsisch motiviert: Es beobachtet den Bildschirm und die Folgen seiner Handlungen genau. Andererseits lässt es sich auch von anderen Kindern im Kita-Raum, vor allem von Soraya – die zeitweise mitzeichnet, die das, was Elif macht, aber auch negativ kommentiert – vom Zeichenprozess ablenken. Eine Darstellungsabsicht in Form eines gegenständlichen Motivs ist in Elifs Zeichnung nicht erkennbar und wird von ihr auch nicht geäußert. Bis zum 25. Segment gewinnt Elif in diesem sensomotorischen Tun immer mehr Routine, Sicherheit und Dynamik.
- *Zweite Phase* (26. bis 41. Segment): Die gestischen Spuren erzeugenden Bewegungen werden von gezielteren, motorisch kontrollierteren Bewegungen des rechten Zeigefingers abgelöst, und zwar durch (weitgehend) gerade und diagonale Linien, einem kleinen rechten Winkel, wenigen Punkten sowie durch eine geschlossene Form, die teilweise – nun wieder gestisch, schwingend – mit Kritzeln ausgefüllt wird. Auch in dieser Phase zeigt sich keine Darstellungsabsicht, sondern lediglich ein einziges Mal eine wohl spontane symbolische Assoziation im Nachhinein.

Diesem Zeichenphänomen gilt die folgende Sequenzanalyse eines zunächst deskriptiv erschlossenen Segments:

> »36. Segment (05:21 bis 05:31) Nach erneuter Farbwahl setzt sie nun, diesmal nicht gestisch, sondern sehr langsam und auf engem Raum mit Hellrot einen kleinen rechten Winkel, fast in die Mitte des Bildschirms. Sie hebt den rechten Zeigefinger und betrachtet sich ihr Bild insgesamt, indem sie auch mit dem Oberkörper etwas vom Tisch zurückweicht und laut ruft: ›En E, wie mein Papa‹«.

Der kleine rechte Winkel bereitet Elif sichtlich Freude, denn nach einer konzentrierten Betrachtung, für die sie Abstand und sich etwas Zeit nimmt, äußert sie laut offenbar eine – vornehmlich für sie selber nachvollziehbare – Assoziation. In der Kinderzeichnungsforschung entspricht dieses Phänomen dem »sinnunterlegten Kritzeln« (Richter 1997, S. 26f.; Seidel 2007, S. 137). Bald darauf folgt diese Sequenz:

»38. Segment (05:51 bis 06:03) Nach erneuter Farbwahl setzt Elif erstmals gezielt einen Punkt auf den Touchscreen, und zwar in Dunkelrot an einer Stelle, die Grün ist. Sie schaut in den Raum und setzt zugleich zu einer Rundung an, die sich in der Nähe des Ausgangspunktes überschneidet und somit eine geschlossene Form ergibt. Ohne abzusetzen zieht sie ihren Finger in die Form hinein«.

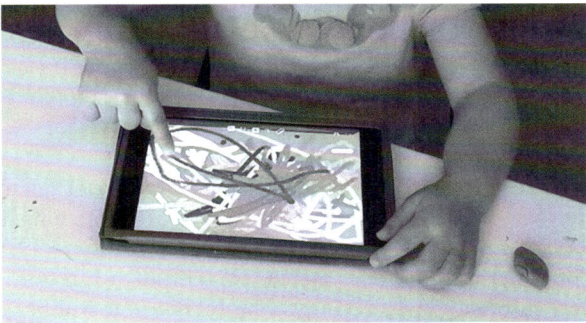

**Abb. 7.3:** Videostill aus dem 38. Segment im Zeichenprozess der dreieinhalbjährigen Elif auf dem »iPad mini« (6:01 min). Elif zeichnet eine geschlossene Form.

Nach dem oben beschriebenen Setzen des kleinen rechten Winkels zeichnet Elif weitere motorisch kontrollierte Formen: Der Punkt mag deshalb wenig überraschen, weil die gleiche Geste, also das gezielte Auftippen mit der Zeigefingerkuppe auf den Touchscreen, für die Nutzung der Funktionen der App unverzichtbar ist und von Elif auch angewandt wird. Ein aus der Kinderzeichnung interessanteres Phänomen ist die geschlossene Form, die daraufhin entsteht. Ist das Kind motorisch und kognitiv dazu fähig, einen geschlossenen Kreis zu ziehen – d. h. mit dem Stift an einem Ausgangspunkt anzusetzen, dann ein Rund zu zeichnen mit dem Ziel, zum Ausgangspunkt zurückzukehren –, dann hat es hiermit ein frühes, sehr wichtiges Ordnungsprinzip auf der Fläche – dem Zeichenblatt oder dem Touchscreen – geschaffen: nämlich ein »Innen« innerhalb der geschlossenen Kreisform und ein »Außen« außerhalb des Kreises. Der ab dem Alter von ca. 2;6 bis 3;0 Jahren gezeichnete Kreis ist die erste bewusst geschlossene Form (vgl. Seidel 2007, S. 149).

»39. Segment (06:04 bis 06:12) Nach einem immer routinierter ausgeführten Farbwechsel in der App, beginnt Elif nun mit Schwinggesten und leuchtendem Rot das obere Viertel der geschlossenen Form auszufüllen. Im Raum unterhalten sich weiter andere Kinder«.

**Abb. 7.4:** Videostill aus dem 39. Segment im Zeichenprozess der dreieinhalbjährigen Elif auf dem »iPad mini« (6:11 min). Elif füllt mit Schwinggesten und leuchtendem Rot das obere Viertel der geschlossenen Form aus.

Eine zeichnerisch selbst geschlossene Form fordert geradezu dazu auf, dass ihr »Inneres« gefüllt wird. Dies geschieht meist mit den bereits eingeübten Kritzelgesten, also etwa mit Punkten (sog. »Hiebkritzeln«, Richter 1997, S. 26; Seidel 2007, S. 133) oder Schwingkritzeln. Genau so geht auch Elif vor, indem sie beginnt, das Innere mit Schwingkritzeln grobmotorisch – d. h. über den Rand der Begrenzungslinie hinausfahrend – zu füllen, und zwar in dem wichtigen Bereich beginnend, wo die Begrenzungslinien der geschlossenen Form sich kreuzen.

Es kann somit festgehalten werden, dass das Fingerzeichnen von Elif deutliche Parallelen zu Ergebnissen der Kritzelphase in der Kinderzeichnungsforschung enthält.

### 7.5.2 Erwerb von Autonomie in der Programmnutzung

Eine zweigeteilte Phasierung zeigt sich auch in der Handhabung der Applikation durch das Mädchen.

- *Erste Phase* (3. bis 28. Segment): Zunächst wird der Wechsel des Farbtons in der Applikation mit Hilfe der Betreuerin vorgenommen, und zwar jeweils auf den geäußerten Wunsch des Mädchens hin (z. B.: »Ich will eine andere App-Farbe!«, 22. Segment). Nur die Betreuerin tippt diesen Menüpunkt im Programm an, woraufhin sich eine Farbpalette öffnet, auf diese tippt dann das Mädchen mit dem Zeigefinger, um die tatsächliche Wahl des Farbtons – teils zufällig, teils gezielt – vorzunehmen.
- *Zweite Phase* (29. bis 41. Segment): Die Betreuerin erklärt dem Mädchen, wie es selbst den Wechsel des Farbtons vornehmen kann. Elif, die das zuvor

lediglich beobachtet hatte, bestimmt dieses Element der Software-Nutzung ab diesem Zeitpunkt bewusst und selbstständig.

Die Hinwendung zum Kind und die Erklärungen sowie die Ermutigungen der Erwachsenen sind in diesem Falle entscheidend, um die Autonomie zur Nutzung der Programmfunktionen zu stärken. Ziel ist weniger ein bildnerisches Ergebnis oder gar ein ›schönes Bild‹, sondern die angeregte Kompetenzsteigerung im Umgang mit digitaler Mal- und Zeichen-Software. Das Mädchen ist zugleich offen und bereit, dieses Angebot anzunehmen und umzusetzen. Ganz am Ende des videografierten Zeichenprozesses führt dies zu Ansätzen eines experimentellen Umgangs mit dem Programm.

### 7.5.3 Medialität der digitalen Farbe

Auffällig ist, dass die vielen Schwingkritzel auf dem berührungssensitiven Bildschirm von Elif alle weitgehend in der Mitte des Monitors übereinandergesetzt werden. Beim analogen Kritzeln würden während eines ca. siebenminütigen Zeichenprozesses die einzelnen Kritzel in der Regel nebeneinander auf noch freie Stellen des Papiers gesetzt werden, damit jeweils der Kritzel möglichst eindeutig zu erkennen ist (vgl. Richter 1997, S. 28ff.). Durch die Eigenschaft des Touchscreens, dass völlig materialungebunden rückstandsloses Übermalen bzw. Übereinanderlegen unzähliger Farbschichten möglich ist, ist der jeweils oberste, zuletzt ausgeführte Kritzel immer in großer Klarheit eindeutig zu identifizieren. Dies gilt insbesondere nach Wechseln mit kontrastiven Farben. Analoge Zeichen- und Malmaterialien ließen ein solches Vorgehen nicht zu, ohne dass etwa mit Farbmaterial ein großer, verschmierter, uneindeutiger Fleck in der Mitte des Zeichen- oder Malgrunds entstehen würde. Beim analogen Zeichnen wäre es ferner keinesfalls möglich, dass eine Farbspur mit einer hellen Farbe, etwa Gelb, so klar und völlig deckend auf einer dunklen Farbe sichtbar wäre. Durch eine gelbe analoge Zeichenspur würde immer ein dunkler Grund hindurchscheinen und die gelbe lasierende Farbe verunklären.

In diesem Kontext ist auffällig, dass Elif in der ersten Hälfte der Videosequenz einen selbst erfundenen Begriff beim Farbwechsel benutzt. Hier zwei Beispiele:

> »›Eine andere App-Farbe!‹, sagt Elif laut. (...) Die Erwachsene: ›Ne andere Farbe?‹ Soraya wiederholt bestätigend und etwas langsam sowie belustigt: ›Eine App-Farbe‹« (Ausschnitt aus dem 11. Segment).
> Elif: »Eine App, eine App-Farbe will ich! Wieder noch eine.« (...) Die Betreuerin fragt daraufhin: »Eine andere Farbe?« Elif nickt. Die Erwachsene erklärt schnell: »Andere App bedeutet einfach nur neues Programm‹« (Ausschnitt aus dem 15. Segment).

Die Deutung liegt nahe, dass Elif einen eigenen Begriff für die digital zur Verfügung stehende Farbe deshalb erfindet und benutzt, um die von ihr aufgrund ihrer eigenen Erfahrung empfundene Differenz zwischen analogem Farbmaterial und digitaler Farbe unbewusst deutlich zu machen. Dies gilt auch für den Fall, dass es sich vielleicht zunächst um ein zufälliges sprachliches Missverständnis handelt. (Aufgrund des Videos lässt sich dies nicht klären.) Elif nutzt die Bezeichnung »App-Farbe«, obwohl sie mehrmals korrigiert wird. Das stützt die Annahme, dass Kindern in diesem frühen Alter die Differenz zwischen analoger und digitaler Gestaltung durchaus bewusst sein kann, sie also nicht die Digitalität und die analoge Welt leichtfertig miteinander verwechseln, selbst wenn Erwachsene dies sprachlich vorgeben.

### 7.5.4 Interaktion mit anderen Kindern

In der Kita ist ein Kind immer mit anderen Kindern zusammen. Insbesondere die bildnerischen Tätigkeiten werden geprägt von Phasen individueller Gestaltung gefolgt von Phasen, in denen die bildnerischen Tätigkeiten zu zweit oder mit mehreren Kindern ausgeführt werden. Gemeinsame bildnerische Praxis ist immer zugleich auch soziale Interaktion. Beispielhaft hierfür ist die Interaktion zwischen Elif, Soraya und einem weiteren Kind zu Beginn des Beobachtungszeitraums.

> 7. Segment (00:33 bis 00:47) Die Erwachsene beugt sich nach vorne: »Warte, hier geht das auf.« Soraya will dies zugleich mit ihrem rechten Zeigefinger ebenfalls machen. Elif schaut zu. »Guck da. Und da könnt ihr jetzt eine aussuchen. Welche Farbe möchtet ihr?«, fragt die Betreuerin. Soraya berührt konzentriert ohne zu sprechen ein Farbauswahlfeld. Das Feld schließt sich. Die Erwachsene öffnet das Farbauswahlfeld nochmals und fragt: »Möchtest du Pink?« Soraya mit dem Finger auf dem Feld, nickt und murmelt zustimmend: »Hmm«. Die Erwachsene geht mit dem Oberkörper und der Hand aus dem Bild und sagt: »Gut. Jetzt hast du Pink ausgewählt.«
> 8. Segment (00:48 bis 00:51) Soraya vollführt mit den gleichen Bewegungen auf den weißen Bereich in der Bildschirmmitte nun gut sichtbar Linien in Pink. Diese Farbe ähnelt dem T-Shirt, das Elif trägt.
>
>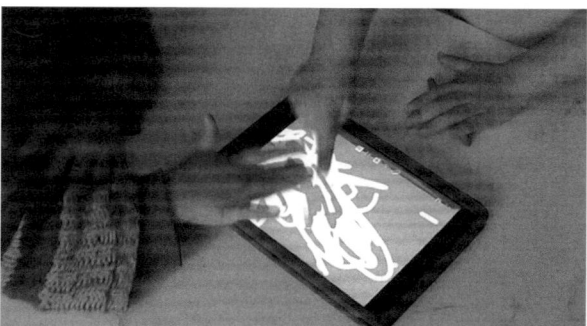
>
> **Abb. 7.5:** Videostill aus dem 8. Segment im Zeichenprozess der dreieinhalbjährigen Elif auf dem »iPad mini« (0:50 min). Elif und die 3 Jahre und 9 Monate alte Soraya zeichnen mit den gleichen Bewegungen in Pink, während ein weiteres Kind zuschaut.

9. Segment (00:52 bis 00:53) Elif tut es ihr gleich, indem sie ihre Linien mit derselben Farbe überkreuz zu Sorayas Spuren legt. So sind sie gut zu erkennen. Beobachtend zieht Soraya ihren Zeigefinger zurück, sagt etwas erstaunt: »Dea« und steckt ihn sich in den Mund.
10. Segment (00:54 bis 01:03) Von links kommt ein noch älteres Mädchen ins Bild, sagt: »Mal doch einfach ... Egal.« Sie tippt mit ihrem rechten Zeigefinger fast auf den Touchscreen – ohne eine sichtbare Spur zu hinterlassen. »Ich hätte so gemalt, die ganzen, alles was weiß ist«. Soraya zeichnet nochmal kurz in Pink.
11. Segment (01:04 bis 01:11) »Eine andere App-Farbe!«, sagt Elif laut. (...)

Eine Vertiefung in die individuelle bildnerische Praxis ist durchaus möglich, solche Phasen werden jedoch häufig durch Interventionen anderer Kinder unterbrochen oder abgebrochen. Elif wird zwar einerseits leicht abgelenkt, andererseits findet sie durch die Beobachtung der anderen Kinder vielfältige Anregungen im gemeinsamen Austausch – gerade für ihr eigenes bildnerisches Tun. Auf diese Weise werden soziales und bildnerisches Verhalten in der Gruppe eingeübt (vgl. Reith 2010).

## 7.5.5 Umgang mit Erfahrungsdefiziten durch die Digitalität

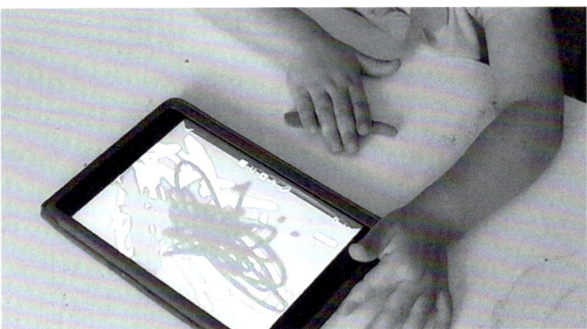

**Abb. 7.6:** Videostill aus dem 4. Segment im Zeichenprozess der dreieinhalbjährigen Elif auf dem »iPad mini« (1:36 min). Während des videografierten Zeichenprozesses spielt Elif meist mit einem Stück Knete.

Der Zeichenprozess von Elif ist mit vielfältigen Äußerungen verbunden, die meist unmittelbar die emotionale Beteiligung auch ihrer Sinne deutlich werden lassen. Dies sind beispielsweise unterschiedliche Formen des Jauchzens und Singens sowie Körperbewegungen (▶ Abb. 7.1). Gemeinsam mit Soraya singt sie gleich zu Beginn im 3. und 4. Segment: »Guu, guu guu ...« »Gummi, Gummi, Gummi, Gummi ...« (▶ Abb. 7.5). Während des videografierten Zeichenprozesses hält Elif meist – eher beiläufig und doch fast durchgängig – ein Stück Knete in der Hand (▶ Abb. 7.6), welches von ihr auf ganz unterschiedliche Art und Weise bearbeitet wird: Es wird gerollt, zu einem Klumpen zusammengedrückt oder auch in mehrere Teile zerrissen. Außerdem ist Elif mit ihrem ganzen Körper am Gestaltungsprozess stark beteiligt, sie stellt sich auf (▶ Abb. 7.1 und 7.5), beugt sich nach vorne (▶ Abb. 7.1 und 7.3), drückt das iPad an ihren Oberkörper, nimmt Abstand vom Bildschirm (▶ Abb. 7.6) oder setzt sich auf den Stuhl hinter sich (▶ Abb. 7.2 bis 7.4). Möglichen sinnlichen und synästhetischen Erfahrungsdefiziten durch die Digitalität – etwa durch die Immaterialität der Farbe bedingt – wird von Elif mit vielfältigen, zeitlich parallelen Handlungen und Äußerungen entgegengewirkt.

**Abb. 7.7:** Screenshot von Elifs digitaler Zeichnung am Ende des ca. siebenminütigen Zeichenprozesses

### 7.5.6 Erfahrung von Prozessualität

Aus den Interpretationen wird deutlich, dass Elif ohne an der Gegenständlichkeit orientierte Darstellungsabsicht vorgeht. Ihr geht es um die Erkundung der von ihr motorisch und übereinander gesetzten erzeugten Spuren mit unterschiedlichen Farbtönen auf dem Touchscreen. Diese Erfahrung der Prozessualität des bildnerischen Aktes wird durch dessen Immaterialität unterstützt, da jede Farbspur immer wieder von neuen Farbspuren komplett deckend und mühelos überlagerbar ist.

Bereits vor 20 Jahren wurden das Zeichnen von Kindern im Vorschulalter mit drucksensitiven Stiften auf einem Grafiktablett am Computer untersucht (vgl. Steinmüller/Mohr 1998; Mohr 2005). In den damaligen Studien zeigte sich empirisch nachvollziehbar, dass beim digitalen Zeichnen ganz »andere, eigene Merkmale und Gesetzmäßigkeiten zum Tragen kommen, als mit herkömmlichen Medien und Materialien« (Steinmüller/Mohr 1998, S. 116). Ein Ergebnis war, dass die Kinder viel stärker auf den Zeichenprozess hin ihr bildnerisches Verhalten ausrichteten als auf ein fertiges Produkt. Man sprach davon, dass ein »ergebnisloses Verfahren« zu erkennen sei, »das keinerlei finales, im weitesten Sinne als Bild zu bezeichnendes Resultat mehr anstrebt« (ebd., S. 119). Vermutet wurde, dass hierzu eine spezifische Eigenschaft des Mediums maßgeblich beiträgt, nämlich die Tatsache, dass durch die Digitalität ständig ›spurlose Veränderungen‹ – beispielsweise durch ›Übermalen‹, Radieren oder Löschen – vorgenommen werden können.

Durch die Eingabe der Zeichnung direkt mit den Fingern auf dem Multi-Touchscreen des Tablets rücken Handlungs- und Darstellungsebene, also Eingabeinstrument und Bildschirmanzeige, heutzutage lokal sehr nahe zusammen bzw. werden eins. Die Nutzung des Tablets ist durch den Gebrauch der Finger direkt und intuitiv; Selbstwirksamkeitserfahrungen sind möglich: Die Kontrolle über die gesetzten Striche erfolgt unmittelbar und nicht über das Werkzeug einer Maus oder eines Stiftes. Durch die Schnittstelle des Touchscreens ergeben sich beim Zeichnen auf dem Tablet somit Korrespondenzen zum frühkindlichen Schmieren (vgl. Peez 2013; 2014): Bestimmte Gesten des Spur-Schmierens und Kritzelns von Kleinkindern – wie Auftippen, schwingendes Hin-und-Her-Wischen oder Linienziehen (vgl. Stritzker et al. 2008) – ähneln denen der Fingergesten zur Nutzung des Touchscreens. Dies kann als Grund angesehen werden, dass Kleinkinder wie Elif sich schnell die motorischen Fertigkeiten aneignen, mit dem Touchscreen umzugehen.

## 7.6 Fazit und weiterführende Überlegungen

Für die hier vorgelegte Fallstudie leitend war die eingangs formulierte Frage, wie Kleinkinder Mal- und Zeichen-Software auf dem Touchscreen eines Tablet-Computers nutzen. Aufgrund des behutsamen, methodisch kontrollierten Umgangs mit Verallgemeinerungen im Rahmen qualitativ-empirischer Forschung, die über das argumentative Herausarbeiten von Exemplarik zu leisten sind, werden nun abschließend einige Schlussfolgerungen und weiterführende Gedanken erörtert – nicht zuletzt mit Blick auf die pädagogische Praxis und den Umgang mit (Klein-)Kindern.

Zentral sind die Erfahrungen des beobachteten Kindes in den unmittelbar zusammenhängenden Bereichen von Prozessualität und Medialität. Die Tatsache, dass sich die einzelnen Farbschichten quasi unendlich häufig rückstandslos übermalen lassen, fördert eine Konzentration auf den Mal- bzw. Gestaltungsprozess, auf die Nachverfolgung, die Beobachtung und das Verständnis der Spuren der eigenen Fingergesten. Ein womöglich »schönes« Ergebnis als Bild, das evtl. aufgehoben, aufgehängt oder verschenkt werden könnte, steht hier nicht im Fokus, auch deshalb, weil es umständlicher und nur mittelbar – über den Anschluss eines Tablets an einen Drucker und den Farbausdruck – zu erreichen wäre als etwa durch eine Filzstiftzeichnung direkt auf einem Blatt Papier.

Die Immaterialität der Farbe beeinflusst somit auch den kindlichen Ausdruck, hin zu einer performativen, prozessorientierten, experimentell erkundenden grafischen Handlung. Dies ist eine Erfahrung, die Kinder beispielsweise auch im Spiel machen, weshalb die Bezeichnung »Malspiel« für das Beobachtete durchaus treffend ist – ein Begriff, den Arno Stern in ganz anderem Kontext prägte (Stern 2003; Schmitter 2008).

Die Immaterialität der Farbe beim Malen auf dem Touchscreen führt zugleich jedoch auch zu Erfahrungsdefiziten, die in dieser Fallstudie allerdings nicht untersucht wurden, sondern sich vornehmlich über Vergleichsstudien empirisch ermitteln ließen (vgl. Kiebler/Morger 2013). Die Konsistenz von Malmaterialien sowie die Eigenschaften unterschiedlicher Werkzeuge, wie Borsten- und Haarpinsel oder Spachtel für den Farbauftrag, sind fundamentale bildnerische Gestaltungsparameter, die nicht nur das sensuelle Erleben lustvoll bereichern. Sondern über diese »Hands-on«-Materialerfahrungen wird auch die Kognition angeregt. Ohne auf Erkenntnisse der Kognitionspsychologie oder der Neurowissenschaften über das Lernen einzugehen, lässt sich festhalten, dass Denkvorgänge von jeher mit den Verben wie »begreifen« oder »erfassen« umschrieben werden. Der Touchscreen kann hierbei nicht ›mithalten‹. Als pädagogische Schlussfolgerung ist deshalb umso wichtiger, dass Kinder heute die Möglichkeiten erhalten, sowohl materialbezogene analoge wie auch technologisch-digital basierte Erfahrungen zu machen und diese kongruent aufeinander zu beziehen – eine wichtige Aufgabe für Pädagoginnen und Pädagogen.

# Literatur

Dinkelaker, Jörg/Herrle, Matthias (2009): Erziehungswissenschaftliche Videographie. Wiesbaden: VS Verlag.
Egger, Bettina (2001): Bilder verstehen. 6. Aufl. Bern: Zytglogge.
Kiebler, Susanne/Morger, Vinzenz (2013): Digitales Fingermalen – Nutzung von iPods im Gestaltungsunterricht der 5. und 6. Primarstufe. Materialien zur Bildungsforschung, 9, 2013. Kreuzlingen/Schweiz: Pädagogische Hochschule Thurgau, Fachbereich Gestaltung und Kunst. https://www.phtg.ch/fileadmin/dateiablage/50_Hochschule/Dokumente/Publikationen_Forschung/Materialien_zur_Bildungsforschung_Nr9.pdf [06.08.2018]
Krotz, Friedrich (2014): Apps und die Mediatisierung der Wirklichkeit. In: merz | medien + erziehung, 3, S. 10–16.
Meyer, Isabell/Peez, Georg (2015): Fingerzeichnen auf dem Tablet-Computer im Vorschulalter. Verfahren und Ergebnisse einer explorativen Fallstudie. In: merz | medien + erziehung. Zeitschrift für Medienpädagogik, 4, S. 67–73.
Mohr, Anja (2005): Digitale Kinderzeichnung. München: kopaed.
Paus-Hasebrink, Ingrid (2015): Mediensozialisation in sozial benachteiligten Familien. In: merz | medien + erziehung, 2, S. 17–25.
Peez, Georg (2013): Berühren, Wischen, Zoomen und der Pinzettengriff. In: BDK-Mitteilungen, 4, S. 36–40.
Peez, Georg (2014): Mit den Fingern die Welt erkunden. In: Zeitschrift DISKURS Kindheits- und Jugendforschung, 3, S. 317–336.

Peez, Georg (2015): Kinder zeichnen, malen und gestalten. Kunst und bildnerisch-ästhetische Praxis in der KiTa. Stuttgart: Kohlhammer.
Reith, Antonia (2010): Frühe ästhetische Praxis in der Gruppe. In: BDK-Mitteilungen, 2, S. 15–18.
Richter, Hans-Günther (1997): Die Kinderzeichnung. Entwicklung – Interpretation – Ästhetik. Berlin: Cornelsen.
Schmitter, Elke (2008): Das Alphabet der Menschheit. Der Spiegel, 23, S. 172–175.
Seidel, Christa (2007): Leitlinien zur Interpretation der Kinderzeichnung. Lienz/Österreich: Journal Verlag.
Steinmüller, Gerd/Mohr, Anja (1998): Medium und Prozeß. In: Kirschenmann, Johannes/Peez, Georg (Hg.): Chancen und Grenzen der Neuen Medien im Kunstunterricht. Hannover: BDK-Verlag, S. 116–124.
Stern, Arno (2003): Der Malort (2. Aufl.). Einsiedeln/Schweiz: Daimon.
Stritzker, Uschi/Peez, Georg/Kirchner, Constanze (2008): Schmieren und erste Kritzel – Der Beginn der Kinderzeichnung. Norderstedt: Books on Demand.

# 8 Zuhören in Kindertagesstätten fördern – Bericht und Ergebnisse des evaluierten Programms »Lilo Lausch – Zuhören verbindet«

*Norbert Neuß & Simone Dumpies*

Der folgende Artikel befasst sich mit der ästhetischen Dimension des Zuhörens sowie seiner polyvalenten Bedeutung innerhalb der frühkindlichen Bildung. Grundlage für den Artikel ist ein umfassendes Programm der Stiftung Zuhören (Lilo Lausch – Zuhören verbindet; www.lilo-lausch.de/). Ziel des Programms ist es, Eltern, Kinder und pädagogische Fachkräfte rund um das Thema Zuhören zu sensibilisieren und die Zugänge von Kindergartenkindern zur Welt von Sprache, Sprechen, Literacy, Medien und Interkulturalität durch vielfältige Zuhör- und Sprechanregungen zu erweitern.

**Abb. 8.1:** Lisa und Lilo Lausch

»Die Lilo ist meine Freundin« sagt Lisa, 4 Jahre alt und drückt die graue Filzhandpuppe mit den großen roten Ohren, dem langen Rüssel und den bunten Haaren fest an ihre Wange. Die niedliche Elefantendame Lilo Lausch begeistert Lisa und viele weitere Kinder in über 300 Kindertagesstätten für das Zuhören, für Sprache und Sprechen, für Literacy, Interkulturalität und Medien. Mitgebracht hat sie dazu eine Materialbox, die mehrsprachige Bilderbücher, Hörbücher, Liedtexte, Elternbroschüren, CDs mit Liedern, Klängen und Geräuschen aus aller Welt sowie ein Handbuch mit praxiserprobten Zuhörübungen und Spielideen in über 50 Sprachen enthält. In der Lilo Lausch Zeit treffen sich Kinder regelmäßig mit Lilo und einer pädagogischen Fachkraft und sammeln vielfältige Eindrücke und Erfahrungen rund um das Thema Zuhören.

## 8.1 Hören als ästhetische Erfahrung

Das Hören in der Kindheit ist trotz der vielfältigen visuellen Medien eine der zentralen Aktivitäten im Alltag (vgl. mpfs 2014: 7). Vorschulkinder mögen es, wenn Eltern ihnen Geschichten vorlesen und sie zuhören können, wenn sie Musik hören oder auch Hörcassetten und Hörspiele anhören. Hören ist für Kinder ein fesselndes und gefühlsbetontes Erlebnis, welches durch ihre entwicklungsbedingten Wahrnehmungsfähigkeiten geleitet ist (vgl. Rogge 1996). In der Pädagogik wurde das Hören und Zuhören in den letzten Jahren als relevanter Kompetenzbereich der frühen Kindheit (vgl. Rora 2016) und der Schule (vgl. Hagen 2006; Bernius/Imhof 2010) beachtet. Auch innerhalb medienpädagogischer Konzepte wurde die Sensibilisierung der Sinne mithilfe von verschiedenen Medien als einer der zentralen Bereiche früher Medienbildung beschrieben (vgl. Neuß 2012). Medien können dazu genutzt werden, bestimmte Sinnesleistungen und Wahrnehmungskompetenzen zu fokussieren und besondere ästhetische Erfahrungen auszulösen.

**Abb. 8.2:** Zuhören: Schnittpunkte zu weiteren Kompetenzbereichen

Das Zuhören ist aber kaum isoliert zu betrachten, sondern ist in ein Geflecht weiterer Fähigkeiten und Kompetenzen eingebunden, wie die Abbildung 8.2 zeigt. Wer Sprache verstehen oder lernen will, muss physiologisch Hören können und die akustischen Informationen kontextbezogen verarbeiten. Hören und Sprechen sind aber nicht nur organische, sondern auch psychologische Prozesse (vgl. Vosseler 2015: 10). Beide bilden die Voraussetzungen für die Verständigung mit anderen Menschen. Neben einer reizverarbeitenden Seite des Zuhörens kommen aber auch noch motivationale, emotionale und imaginäre Erlebnisschichten hinzu. Geräusche lösen Gefühle aus, lassen uns erschrecken oder entspannen. Gelegentlich können Geräusche, ähnlich wie Gerüche, ganze Erinnerungsbilder wachrufen. Die Wirkung von Bildern oder Fotos ändert sich aber auch in der jeweiligen Kombination mit unterschiedlicher Musik. Obwohl viele der beschriebenen Kompetenzen im Alltag eher intuitiv gefördert werden, kann ihre Bedeutung auch durch spezifische Projekte und Maßnahmen hervorgehoben werden (vgl. www.ohrenspitzer.de; www.lilolausch.de). Im Folgenden werden drei verschiedene Erfahrungsberichte aus dem Programm »Lilo Lausch« vorgestellt.

## 8.2   Beispiele aus der Lilo Lausch Zeit

Der Begriff Lilo Lausch Zeit ist ein programmbezogener Eigenbegriff. Gemeint ist eine Form von regelmäßiger, thematisch fokussierter Arbeit in Kleingruppen oder im Kita-Alltag. Da das Programmdesign bewusst keine konkreten Vorgaben zur Durchführung gibt, sind die pädagogischen Fachkräfte frei in ihrer Entscheidung, wie die Lilo Lausch Zeit genau ablaufen soll und mit welchen Inhalten und Materialien sie durchgeführt wird. Orientierung geben die Fortbildungen des Programms und insbesondere die mehrsprachige Materialkiste, welche neben der Handpuppe Lilo Lausch fester Bestandteil ist. Der Einsatz der ausgewählten Materialien (verschiedene zwei- bzw. mehrsprachige Bücher und Hörgeschichten-CDs; Lieder und Klänge aus aller Welt, Bilderbücher, Geräusche-CDs, die »Lilo Lausch läuft leise«-CD von Fredrik Vahle etc.) zielt darauf ab, Kompetenzen des Zuhörens bei den Kindern zu fördern sowie durch spielerischen Umgang mit der Thematik der Sprache und des Sprechens in Berührung zu kommen.

Während der Lilo Lausch Zeit steht das Zuhören als wichtige Fähigkeit für den Spracherwerb im Mittelpunkt. Es geht aber auch um Achtsamkeit und Wertschätzung, vor allem anderer Sprachen und Kulturen gegenüber. Und es geht um die Bildungspartnerschaft mit den Eltern. Aus diesem Grund sind Eltern und andere Bezugspersonen jederzeit eingeladen teilzunehmen und sich mit ihrer Muttersprache aktiv einzubringen.

# 8 Zuhören in Kindertagesstätten fördern

**Abb. 8.3:** Bilderbücher regen zum Sprechen und Zuhören an

## a) Erfahrungsbericht »Die Lilo-Lausch-Party«

Fünfzehn Kinder und ihre Erzieherin versammeln sich um die Mittagszeit im Turn- und Bewegungsraum im Keller der Kindertagesstätte. Der Turnraum sieht heute ganz verändert aus: Es liegen viele Sitzkissen im Kreis verteilt auf dem Boden und in der Mitte des Kreises, umrahmt von Luftschlangen, stehen Schüsseln mit Chips, Salzstangen, Apfelspalten, essbaren Gummifröschen und Keksen auf einem ausgebreiteten Tuch. Die Kinder freuen sich auf Lilo Lausch und singen zur Begrüßung das Bewegungslied *Grußlied aus Nupitanien* von Fredrik Vahle. Dabei laufen alle singend im Kreis herum, um dann immer wieder stehen zu bleiben und den Nachbarn auf bestimmte Art und Weise zu begrüßen. Dann kommt Lilo Lausch zum Vorschein und begrüßt alle Kinder. Die Erzieherin sagt, dass Lilo viele Sprachen sprechen kann und fragt, welche Sprachen die Kinder denn so sprechen können, worauf die Kinder reihum antworten. Manche Kinder schweigen verlegen, wenn sie an die Reihe kommen, nicken eifrig, wenn ihnen bei der Antwort geholfen wird. Neben Deutsch werden die Sprachen Englisch, Portugiesisch, Italienisch, Griechisch, Türkisch, Russisch, Polnisch und Schwedisch genannt. Lilo meint dazu: »Das ist ja allerhand, toll! Ich spiele Euch mal mein Lieblingslied aus Afrika vor!« Während des Liedes *Funga a la feeya* hat jeder im Kreis nun die Gelegenheit, Lilo zu betasten und zu streicheln. Manche Kinder beginnen zu klatschen und sich im Takt der Musik zu wiegen, ein Mädchen singt sogleich ein wenig mit – alle scheinen zufrieden und losgelöst zu sein. Nun lernen die Kinder die Materialkiste kennen und betrachten neugierig den Inhalt. Anschließend wird das Spiel *Die Reise nach Jerusalem* gespielt. Begeistert laufen, tanzen und springen die Kinder zur Musik im Raum herum, bis diese verstummt, suchen sich blitzschnell ein Sitzkissen und ärgern sich ein wenig, wenn sie kein freies mehr finden und ausscheiden müssen. Als das Spiel schließlich mit einem Sieger endet, und alle Kinder wieder im Kreis Platz nehmen, schenkt die Erzieherin Sprudelwasser aus und verteilt die Knabbereien. Dies erfolgt jedoch mit dem Hinweis, genau hinzuhören. Alle Kinder bemühen sich nun, ganz genau den Geräuschen zu lauschen. Schritt für Schritt nehmen sie ganz bewusst alle Geräusche auf und sprechen anschließend darüber. Nachdem die Sprudelwasserflasche geöffnet und das Wasser in die Becher gefüllt ist, fragt die Erzieherin beispielsweise: »Was habt ihr gehört?«, worauf die Kinder antworten »den Sprudel« oder auch »das Meer!«. Es herrscht eine ausgelassene Stimmung, als die Lilo-Lausch-Party schließlich mit einem »Hör«-Auftrag endet. Die Kinder sollen bis zur nächsten Lilo Lausch Zeit auf Geräusche zu Hause und in der Kita achten, um darüber dann zu berichten.

### b) Erfahrungsbericht »Phantasiereise – heute fliegen wir nach Afrika!«

Die Erzieherin hat sich für die Einstimmung auf die Phantasiereise verkleidet. Sie ist in ein langes Gewand gehüllt, hat eine Art Turban auf dem Kopf und ist braun angemalt. Nachdem die sechs Kinder eins nach dem anderen allmählich auf einem der bereitstehenden Stühle Platz genommen haben, setzt sich auch die Erzieherin. Sie fragt die Kinder, ob sie sich noch an die letzte Lilo Lausch Zeit erinnern können. Als die Kinder zustimmend nicken und ihre Frage eifrig bejahen, hebt sie bedeutungsvoll eine Klangschale in ihren Händen hoch. Alle Kinder sind mucksmäuschenstill, als das Mädchen Ahma mit dem Klöppel nun auf die Klangschale schlägt. Alle warten ab und lauschen, bis der Ton verklingt. »Hört ihr noch was? Ich hör noch etwas.« sagt die Erzieherin. Einige Kinder kommen zu ihr und halten ihr Ohr in die Nähe der Klangschale. Anschließend geht die Schale reihum, jedes Kind ist einmal an der Reihe die Schale zum Klingen zu bringen. Jedes Mal lauschen alle gemeinsam, bis der Ton verklungen ist. Zuletzt wacht endlich Lilo Lausch auf und begrüßt die Kinder freudig. Sie erzählt, dass sie die Kinder heute mit in ihre Heimat nach Afrika nehmen will. Einige Kinder lächeln. »Wart ihr schon mal in Afrika?«, fragt Lilo. Zwei Kinder sagen, dass sie schon mal da waren. Die anderen verneinen. Das hat sich die Erzieherin schon gedacht und stellt einen Globus in den Stuhlkreis. Gemeinsam betrachten nun alle das runde Ding. Die Erzieherin zeichnet mit dem Finger die Kontur des afrikanischen Kontinents nach: »Afrika ist ein Kontinent« erklärt sie und zeigt sodann auf einen Fleck, der Deutschland abbildet. »Und hier liegt Deutschland. Schaut mal, wie weit Afrika von Deutschland weg ist!« Sie steht auf und breitet die Arme aus. »Wer fliegt mit nach Afrika?«, ruft sie fröhlich. Sofort springen alle Kinder auf, breiten ebenfalls die Arme aus und fliegen spielerisch, der Erzieherin hinterher, gemeinsam den Flur entlang in Richtung Bewegungsraum. Manche ahmen dabei sogar ein lautes Flugzeuggeräusch nach, lachen und zeigen Begeisterung.
    Der Bewegungsraum ist heute mit Tüchern geschmückt, Bilder von afrikanischen Tieren und Bäumen hängen an der Wand. Im Rollenspiel stellt Lilo nun ihre afrikanische Freundin (eine verkleidete Erzieherin) vor: »Das ist meine Freundin«, sagt Lilo zu den Kindern. Sie erklärt, dass diese nur afrikanisch sprechen kann, aber sie – Lilo – für alle übersetzen wird. »Meine Freundin«, sagt Lilo, »die hat euch heute ein Begrüßungslied vorbereitet. Sie wird euch

jetzt begrüßen und dazu auch einen Begrüßungstanz machen.« Die Kinder beobachten das Geschehen mit großen Augen und steigen nach und nach in den mitreißenden Tanz mit ein. Weitere sinnliche Aktivitäten folgen, bis es schließlich spielerisch mit dem Flugzeug wieder zurück in den Gruppenraum geht.

### c) Erfahrungsbericht »Waldspaziergang«

Heute findet die Lilo Lausch Zeit nicht wie gewöhnlich in den Räumen der Kita statt: Die Erzieherin, die Lilo Lausch Kinder und Lilo Lausch haben sich stattdessen aufgemacht, den Wald zu erkunden. Während sie, ausgestattet mit Rucksack und Wandersachen, fröhlich den Waldweg entlangspazieren, werden sie plötzlich auf den Gesang eines Vogels aufmerksam, der ganz in der Nähe sein Lied zwitschert. Die Kinder und die Erzieherin bleiben stehen, um den Gesang mit dem Audioaufnahmegerät aufzunehmen, denn es sollen heute Geräusche gesammelt werden. Etwas später, an einem Weiher angelangt, fragt die Erzieherin die Kinder: »Hört mal, macht das Wasser Geräusche?« »Nein«, sind sich die Kinder angesichts des ruhigen Weihers einig. Einige lauschen angestrengt, um herauszufinden, ob Wassergeräusche zu hören sind. »Warum nicht?«, fragt die Erzieherin, verfolgt die Frage jedoch nicht weiter, weil ihr der Gedanke gekommen ist, die Kinder zu fragen, wie »Wasser« in ihrer jeweiligen Muttersprache übersetzt heißt. Ada benennt es ihr sofort auf Türkisch: »Su!«, Julian sodann auf Englisch: »Water!«und lacht. Alessandro antwortet schließlich fröhlich auf Italienisch: »Acqua!«, während die Erzieherin die verschiedenen Begriffe wiederholt, um sie sich zu merken. Als sie so weitergehen, entdeckt die Gruppe plötzlich etliche Fellreste im Laub. Eingehend betrachten alle die Haare und überlegen, ganz versunken in die Rolle des Forschers und Entdeckers, von welchem Tier diese wohl stammen könnten. Auf diese Weise verläuft der Spaziergang weiter, folgen viele weitere akustische und sinnliche Entdeckungen, die ausgiebig gehört, betrachtet, befühlt und besprochen werden, bis endlich die kleine Lichtung mit den Bänken und der kleinen Mauer erreicht wird, an dem die mitgebrachten Sitzkissen und das Frühstück ausgepackt werden können. Während die Kinder am Auspacken und Erzählen sind, nutzt die Erzieherin die Gelegenheit, wieder unterschiedlichste Geräusche mit dem Aufnahmegerät aufzunehmen. Beispielsweise, wie Tina ihren Verschluss vom Rucksack öffnet, wie Ada sein Sitzkissen aus dem Rucksack herauszieht oder wie Noel seine knisternde Frühstückstüte öffnet und sein Brot herausholt. Die Kinder sind zunehmend sensibilisiert: »Meine Schokolade macht Geräusche«, stellt Ada fest, während er sein Überraschungs-Ei kaut und Julian, der von der Mauer springt, bemerkt das dumpfe Geräusch des Aufkommens auf dem Waldboden. Als das Frühstück aufgegessen ist, werden weitere Geräusche gesucht und gesammelt und viel über die sinnlichen Eindrücke gesprochen, bis die Erzieherin den Kindern einen Lauschauftrag gibt: Die Kinder sollen ihre Augen schließen und immer, wenn sie ein Geräusch hören, einen Finger heben. Dann sollen sie sagen, was sie hören. Anfangs noch unsicher, benennen die Kinder nach und nach eifrig immer mehr Geräusche. Mit geschlossenen Augen stehen sie im Wald, strecken einen Finger in die Luft und rufen: »Ich höre ein Flugzeug!« »Ja, das höre ich auch!!« »Ich höre einen Vogel!« »Ich höre den Wind ...« Alle scheinen sehr zufrieden zu sein und lächeln, als sie sich langsam der Bushaltestelle und damit dem Ende des Entdeckungsspaziergangs im Wald nähern. Die »gesammelten Geräusche« sollen in der nächsten Lilo Lausch Zeit angehört werden, verbunden mit einem Erinnern und Benennen und wenn möglich Übersetzen der Begriffe in die jeweiligen Muttersprachen. Darauf freut sich Lilo Lausch schon sehr, wie sie den Kindern bei der Verabschiedung sagt.

**Abb. 8.4:** Sitzkreis: Sprechen über Erinnerungen an den Waldspaziergang

## 8.3 Einjährige Evaluation der Projektziele

Im Mittelpunkt des Projekts steht die Förderung der frühen Zuhör-, Sprach- und Medienkompetenz sowie der interkulturellen Kompetenz von Vorschulkindern und zudem die Stärkung der Bildungs- und Erziehungspartnerschaft zwischen pädagogischen Fachkräften und Eltern. Insbesondere Kindern mit Deutsch als Zweitsprache soll ein spielerischer und lustvoller Umgang mit Sprache und Sprechen – vor allem auch im Zusammenhang mit auditiven Medien – sowie erste Erfahrungen mit Literacy ermöglicht werden. Darüber hinaus erhalten Eltern während ausgesuchten Themen-Elternnachmittagen oder -abenden Anregungen, wie sie ihre Kinder zu Hause in ihrer Zuhör- und Sprachfähigkeit und im Umgang mit Medien stärken können: beispielsweise im gemeinsamen täglichen Dialog, beim Betrachten und Vorlesen von Bilderbüchern, beim Anhören und anschließendem Besprechen von Hörspielen, beim Lauschen von Musik und Klängen, beim Aufsagen von Abzählreimen, beim Spielen von Finger- und Kniereiterspielen und vielem mehr. Im Sinne der umfassenden Integrationsförderung soll das Projekt so zu einer intensiveren Vernetzung der Akteure im Bereich der frühen Bildung und Integration vor Ort beitragen.

Die Evaluation, deren allgemeines Ziel es war, durch empirische Datenerhebungsmethoden möglichst viele spezifische Informationen über das Programm zu sammeln und zu bewerten, wurde auf der Basis von Feldforschung begleitet. Im Sinne einer gegenstandsangemessenen Methodenwahl kamen bei der Evaluation (2012/2013) unterschiedliche qualitative und quantitative sozialwissenschaftliche Methoden zum Tragen, die summativ und formativ eine umfassende Prozess- und Ergebnisevaluation ermöglichten. Im Fokus des Interesses standen dabei verschiedene Fragestellungen. Zum einen sollte die Materialbox von den pädagogischen Fachkräften im Hinblick auf ihre Praktikabilität und Effektivität im pädagogischen Alltag einer Kindertagesstätte überprüft werden sowie die in regelmäßigen Abständen stattfindenden Fortbildungen. Zum anderen sollten die Gelingensbedingungen für die Durchführung des Programms erkannt und aufgezeigt werden. Außerdem interessierten die auf das Programm zurückzuführenden Effekte bei den Kindern, pädagogischen Fachkräften und Eltern. Darüber hinaus sollte projektbegleitend eine Sammlung von pädagogisch gelungenen Lilo Lausch Zeiten entstehen. Um dies zu realisieren, kamen verschiedene Forschungsmethoden zum Einsatz

In Bezug auf die Programmeffekte bei den Kindern standen vor allem die kindlichen Bildungsprozesse in den Lilo Lausch Zeiten des Programms im Mittelpunkt. Die Voraussetzung dafür, diese erkennen zu können, stellt eine genaue und systematische Beobachtung dar. Die Idee als solche, Kinder durch Beobachtung besser verstehen und einschätzen zu können, ist nicht neu, wohl aber, dass es mittlerweile eine Vielzahl von Beobachtungsverfahren gibt, die themenzentriert, fokussiert und systematisch dabei helfen, entsprechende Erkenntnisse zu erzielen. Werden solche Verfahren auf die Frage hin untersucht, an welchen Indizien kindlichen Verhaltens Bildungsprozesse erkannt werden können, ist das Ergebnis in aller Kürze in etwa:

- das Kind zeigt Interesse (an etwas),
- das Kind zeigt Erstaunen (über etwas),
- das Kind ist konzentriert auf sein Tun, es ist ruhig und versunken (in sein Spiel bspw.),
- das Kind engagiert sich (für etwas), es ist aktiv,
- das Kind hält bei Herausforderungen und Schwierigkeiten Stand, es bleibt bei der Sache, es zeigt Energie und Ausdauer,
- das Kind drückt sich aus (emotional, kommunikativ), es stellt Fragen, kommentiert etwas,
- das Kind wirkt in einer Kleingruppe/Lerngemeinschaft mit (und beteiligt sich in irgendeiner Form),
- das Kind übernimmt Verantwortung (für etwas) (vgl. Viernickel/Völkel 2009: 57ff).

Um ausgewählte Bildungsprozesse möglichst komplex und plastisch aufzeigen zu können, wurde das Forschungsverfahren der Einzelfallstudie mit der Verwendung der Erhebungsmethoden der teilnehmenden, videogestützten Beobachtung und dem Leitfaden-Interview angewandt. Die Einzelfallstudie ist ein Verfahren qualitativer Forschung, das sich unter Verwendung verschiedener Erhebungsmethoden einem bestimmten Fall widmet (vgl. Brüsemeister 2008: 55ff). Das Besondere des Verfahrens ist, dass das Untersuchungssubjekt möglichst ganzheitlich und facettenreich in seiner Komplexität, Individualität und Identität abgebildet wird (vgl. Lamnek 2010: 273). So versucht die Einzelfallstudie alle, für die Analyse eines einzelnen, sozialen Elements, relevanten Dimensionen meist während eines längeren Zeitraums zu erfassen und schließlich darzulegen. Voraussetzung dafür ist, dass der Forscher sich dem Untersuchungssubjekt, in einer nach Mayring sogenannten *Forscher-Gegenstands-Interaktion*, mit großer Offenheit nähert. Das bedeutet, dass dieser bis zur Auswertung der letzten Daten offen ist für eine neue Hypothese – für eine Revidierung bisheriger Vermutungen –, was einen Vorteil gegenüber quantitativer Forschungen darstellt.

Entsprechend der Untersuchungsziele im Programm Lilo Lausch wurde im Feld in vier von zwanzig Kindertagesstätten zu nahezu jeder stattfindenden Lilo Lausch Zeit und jeder mit dem Programm in Zusammenhang stehenden Veranstaltung systematisch beobachtet und videographiert. Die konkrete Zielsetzung war die Aufzeichnung der Lilo Lausch Zeiten, um die Vorgehensweise der pädagogischen Fachkräfte und die Bildungsprozesse der Kinder erfassen zu können. Im Anschluss an die Lilo Lausch Zeit im Pilotprogramm wurden Interviews mit den pädagogischen Fachkräften geführt, die die Lilo Lausch Zeiten anleiteten. Im Fokus des Interesses standen hierbei Beobachtungen und Einschätzungen der pädagogischen Fachkraft, mit Blick auf einzelne Lilo Lausch Kinder und die ganze Lilo Lausch Gruppe innerhalb und außerhalb des Programms, das heißt in der Lilo Lausch Zeit selbst und im Gruppengeschehen des Kita-Alltags. Auf der methodischen Basis eines Leitfaden-Interviews wurden biographische, sprachliche und soziale Hintergründe zu einzelnen Kindern abgefragt und die bisherigen Erfahrungen mit diesen Kindern in Bezug auf Sprache, Kommunikationsbereitschaft, Aufmerksamkeit etc. eruiert. Alle Interviews wurden mit einem Audio-Aufnahmegerät aufgenommen und teilweise zu einem späteren Zeitpunkt transkribiert. Die Auswertung und Analyse des Interview- und Videomaterials erfolgte in Anlehnung an die qualitative Inhaltsanalyse nach Mayring, die zur Analyse von Kommunikationsinhalten verwendet wird, doch auch bereits erfolgreich in der Auswertung von Videoaufnahmen von Mayring und Gläser-Zikuda in der Unterrichtsforschung Verwendung fand (vgl. Mayring et al. 2005).

## 8.4 Fallbeipiel »Julian« (gekürzt)

Julian ist zu Beginn des Programms vier Jahre und acht Monate alt. Er besucht die Kita-Gruppe der pädagogischen Fachkraft, die auch die Lilo Lausch Zeit anleitet. Dadurch kann sie sein Verhalten gut einschätzen und darüber hinaus gezielter auf seine Bedürfnisse in der Lilo Lausch Zeit eingehen.

Julian ist, wie sein älterer Bruder auch, zweisprachig mit den Sprachen Deutsch und Englisch aufgewachsen. Julians Vater hat eine eigene Migrationserfahrung und stammt ursprünglich aus den USA, er spricht zu Hause Englisch, während Julians Mutter, die aus Eritrea stammt und selbst mit der Sprache Tigrinya aufgewachsen ist, Englisch und mit den Kindern vorwiegend Deutsch spricht. Nach Angaben der pädagogischen Fachkraft spricht sie jedoch keine Sprache »richtig«, sodass Julian keine Orientierungsperson für einen umfassenden Deutsch-Spracherwerb innerhalb der Familie hat.

In der Kita spricht er selbst Deutsch. Wenn er spricht ist ihm anzumerken, dass er kein Muttersprachler ist. Die Sprachmelodie ist vom Englischen geprägt, er hat Schwierigkeiten mit dem korrekten Satzbau, der Grammatik und der Aussprache, doch lässt er sich davon nicht abhalten, Deutsch zu sprechen. In der Lilo Lausch Zeit zeigt er sich mitteilsam. Seit einiger Zeit besucht er eine Logopädin. Englisch, seine Zweitsprache, spricht er – zumindest in der Kita – gar nicht.

Im ersten Interview erzählt seine Erzieherin, dass Julian ein »auffälliges« Kind sei: Er sei sehr unruhig und »hibbelig«, sagt sie, und wisse nichts mit sich anzufangen, habe Probleme mit dem Zuhören und könne sich nur schwer konzentrieren. »Er ist derjenige, der auffällt«, berichtet sie. Aus diesem Grund möchte sie auch, dass Julian regelmäßig am Programm Lilo Lausch teilnimmt. Sie möchte ihm in der Kita und insbesondere in der Lilo Lausch Zeit Ruhe geben, denn sie vermutet die Ursache für seine Unruhe zu Hause: »Zu Hause ist alles sehr unruhig bei ihm«.

In der Lilo Lausch Zeit zeigt sich Julian sehr aufgeweckt, freundlich, höflich und verständnisvoll. Er antwortet, wenn er gefragt wird, selbstbewusst und beteiligt sich an allen Aktivitäten. Er liebt es, Spiele zu spielen. »Wenn es nach dem Julian ginge, könnten wir nur mal eine Spielstunde machen« sagt die Erzieherin. Sein Lieblingsspiel in der Lilo Lausch Zeit ist »Bello, Bello Dein Knochen ist weg«, worin er sehr erfolgreich ist und was er bei jeder sich bietenden Gelegenheit auch zu spielen wünscht. Julian kann sehr gut leise sein und schleichen, aber auch im Hören, vor allem im Richtungshören, ist er vortrefflich, wie er in diesem Spiel immer wieder unter Beweis stellt.

Er ist überglücklich als die Erzieherin vorschlägt, dass ihm bereits bekannte Spiel nun auch hier in der Lilo Lausch Zeit zu spielen. Mit den anderen Kindern geht Julian sehr freundlich um und lobt sie sogar. Er hat keinerlei Berührungsängste mit ihnen. Gern sitzt er dicht neben seinen Freunden in der Lilo Lausch Zeit und ist ihnen und der Erzieherin zugeneigt. Julian engagiert sich während der Lilo Lausch Zeit stets mit großem Eifer und voller Elan und stellt sich neuen Aufgaben.

Anfangs, in den ersten Monaten des Programms, bewahrheiten sich die Beschreibungen von Julian durch die Erzieherin. Es ist zu beobachten, dass er viel Unruhe in die Lilo Lausch Zeit bringt. Er ist bei Aktionen öfter übermotiviert und übereifrig, was sich bei ihm in körperlicher Aktivität ausdrückt. Auf Phasen der Konzentration folgen immer Phasen der Unruhe. Immer wieder wird er von der Erzieherin deshalb ermahnt. Julian beginnt beispielsweise in einer Lilo Lausch Zeit urplötzlich – während die Erzieherin mit den Kindern spricht – umher zu rennen und macht dabei ein zischendes Geräusch. Es folgt eine Ermahnung. Es ist deutlich zu beobachten, dass ihm in den Phasen, in denen er ruhig dasitzen und zuhören soll, dies kaum gelingt. Er wackelt viel mit den Beinen, verändert sehr häufig seine Sitzposition, geht in die Hocke, setzt sich wieder auf den Po, wippt vor und zurück, zieht seine Beine an die Brust und umfängt seine Füße mit den Händen, streckt die Beine wieder aus, legt sich auf den Bauch und weiteres mehr. Trotzdem erweckt er dabei – mit einigen Ausnahmen – den Anschein, dass er trotz allem zuhört, denn er schaut aufmerksam, antwortet auf Fragen und wirft immer wieder mal ein Wort oder einen kurzen Satz ein. Auf diese Art und Weise beteiligt er sich gerne an Gesprächen. Obwohl er Schwierigkeiten mit dem Sprechen der deutschen Sprache hat, hält ihn das nicht davon ab, sich durch kurze Beiträge zu beteiligen.

Positiv aufgefallen ist Julian bei den Beobachtungen während der Lilo Lausch Zeit in Bezug auf viele Dinge. Er gehört zu den Lilo Lausch Kindern, über die in den Interviews mit den pädagogischen Fachkräften viel gesprochen wird, da deutliche Entwicklungen zu beobachten waren. Als Julians Gruppen-Erzieherin hatte seine Erzieherin ihn oft lustlos, unkonzentriert, in sich gekehrt und unruhig erlebt. In der Lilo Lausch Zeit sah sie ihn nach und nach nun motiviert, konzentriert, kommunikativ und interessiert. Sie lernt neue Seiten an Julian kennen. Aufgefallen ist beispielsweise sein Interesse an technischen Geräten. Im Vergleich zu den anderen Lilo Lausch Kindern betrachtet Julian alles Technische mit großem Interesse. So ist Julian der Erste in der Lilo Lausch Zeit, der selbstständig mit dem Audio-Aufnahmegerät umgehen kann.

Eine Entwicklung ist bei Julian insbesondere auch in Bezug auf die englische Sprache zu beobachten. Als Sohn eines mit ihm ausschließlich Englisch sprechenden Vaters kann davon ausgegangen werden, dass Julian die Sprache sehr gut versteht. In den ersten Lilo Lausch Zeiten ist davon jedoch noch nicht viel zu merken. Fragt die Erzieherin Julian nach besonderen englischen Begriffen, so hat er Schwierigkeiten sie zu nennen. Einfache Begriffe, wie »Ja« und »Nein« oder auch »Eis«, kann Julian übersetzen. Im Verlauf des Programms ändert sich dies. Julian entwickelt durch den Einbezug der englischen Sprache in den Lilo Lausch Zeiten ein erweitertes Bewusstsein für seine Sprachen. Schon früh, zu Beginn des Programms, wünscht er sich, das Hörspiel »Wer hat mein Eis gegessen?« auf Englisch anzuhören. Die Erzieherin erfüllt ihm den Wunsch schließlich in der siebten Lilo Lausch Zeit und Julian scheint sich darüber zu freuen. Er rutscht hin und her, steht halb auf, setzt sich wieder hin, beugt sich vor, lächelt, beugt sich zur Seite usw. und wird erst gegen Ende des Hörspiels ruhiger. Am Ende schaut er ruhig, offensichtlich auf das zu Hörende konzentriert, mit großen Augen auf das Büchlein in der Hand der Erzieherin, das das Hörspiel anschaulich bebildert begleitet. In jeder stattfindenden Lilo Lausch Zeit integriert die Erzieherin nun die Sprachen der Lilo Lausch Kinder. Sie begrüßt und verabschiedet die Kinder in ihren Familiensprachen, fragt nach Begriffen, spielt ein Hörspiel ab, beschäftigt sich mit anderssprachigen Reimen und zählt und singt mit ihnen in den jeweiligen Sprachen. Am Ende des Pilotprogramms hat sich Julians Sprachbewusstsein dahingehend verändert, dass er sich englische Begriffe ganz bewusst ins Gedächtnis ruft und die englische Sprache bewusst in den Alltag integriert. Aber Julian beschäftigt sich nicht nur mit der englischen Sprache. Durch die mehrsprachigen Angebote in der Lilo Lausch Zeit kommt er neben Englisch ganz bewusst auch mit der türkischen, kroatischen, italienischen und spanischen Sprache in Berührung.

Aus Sicht der Erzieherin sind die wichtigsten Projekt-Effekte bei Julian jedoch die, dass er besser Zuhören kann als anfangs, dass er ruhiger geworden ist, dass er mehr »bei der Sache« ist als vorher und sich besser konzentrieren kann. Ähnliche Rückmeldungen kommen von den anderen pädagogischen Fachkräften und auch von Julians Mutter. Natürlich wird auch die kleinere Gruppe, in der sich die Kinder regelmäßig zur Lilo Lausch Zeit trafen, einen positiven Einfluss auf Julian gehabt haben. Ebenso sind es Lob und Anerkennung der Erzieherin und anderer Kinder, die sich positiv auf Julians Motivation auswirken konnten.

## 8.5 Ästhetische Dimensionen und ihre Effekte

Sehr viele ästhetische Dimensionen sind in der beobachteten Lilo Lausch Zeit der Pilotphase wiederzufinden. Der Reichtum an didaktischen Möglichkeiten im Programm ist groß. Es gibt zahlreiche *Bewegungsangebote* in Form von Bewegungsliedern und Spielen, *Entspannung* bei diversen Phantasiereisen und weiteren Zuhörübungen sowie kreativen Elementen, wie das Malen oder Ausmalen verschiedener Dinge. *Musik und Rhythmik* haben einen hohen Stellenwert, es wird gesungen, getanzt und selbst mit Musikinstrumenten musiziert. Es gibt ein Repertoire von zahlreichen Liedern und begleitenden Bewegungen. Darüber hinaus Angebote zu *bildnerischer und darstellender Kunst sowie das Betrachten von Bilderbüchern oder das Durchführen von Rollenspielen*.

Für die Förderung von Kindern lässt sich davon ableiten, dass regelmäßige, spielerische und sinnlich-ästhetische Arrangements auch die Aufmerksamkeits- und Konzentrationsfähigkeit fördern können. Bewegung, Entspannung, Rituale, Musik und Rhythmik oder auch bildnerische und darstellende Kunst tragen, je nach pädagogischer Einbettung, dazu bei. Wie an den Beschreibungen der Lilo Lausch Zeit verdeutlicht wurde, ist das Hören und Zuhören im Programm mit vielfältigen, weiteren sinnlich-ästhetischen Aktivitäten verbunden. Bewegung, Spiel, Malen, Theater, Musik und Geräusche und vieles andere mehr. Diese Formen der ästhetischen Verarbeitung tragen neben einer Wahrnehmungsfokussierung auch zur Konzentrationsfähigkeit bei. Dass *Bewegung* die Aufmerksamkeits- und Konzentrationsfähigkeit nachweislich steigern kann, belegen empirische Studien, bspw. von Dordel und Breithecker (2003), die Zusammenhänge zwischen Motorik und Kognition feststellen konnten sowie positive Einflüsse von Wahrnehmung und Bewegung auf das Lernen von Kindern. Nach jeder Bewegungsphase kommt unweigerlich eine Entspannungsphase, die sich auf die Aufmerksamkeits- und Konzentrationsfähigkeit positiv auswirkt. Gedanken können durch Entspannung geordnet werden und der Geist kann sich frei machen, um sich wieder auf Wesentliches zu konzentrieren. Studien zum Zusammenhang zwischen bewusster Entspannung und Konzentrationsleistungen, wie beispielsweise die Studie von Augenstein (2003) – Auswirkungen eines Kurzzeitprogramms mit Yogaübungen auf die Konzentrationsleistung bei Grundschulkindern – belegen, dass die bewusste Entspannung die Konzentration fördert und natürlich dabei hilft, Stress abzubauen (vgl. Augenstein 2003). Der Bildungsbereich der *Musik* enthält ebenfalls viele Aufmerksamkeits- und Konzentrationsfördermöglichkeiten. Im hessischen Bildungs- und Erziehungsplan heißt es, dass Musik basale Ebenen anspricht und so die Selbstwahrnehmung der Kinder fördert. Musik und Tanz liefern eine Vielfalt an Sinneswahrnehmungen und versetzen Kinder in die Lage, Gedanken und Emotionen mithilfe unterschiedlicher Ausdrucksformen mitzuteilen (vgl. hess. Bildungs- und Erziehungsplan 2007: 73). Darüber hinaus trainiert Musik das aktive Hören und damit die Konzentration und Aufmerksamkeit, fördert zusammen mit Tanz und Musizieren das soziale Lernen und stärkt Kreativität und Fantasie (vgl. ebd.). Die motorische Entwicklung und das Körperbewusstsein sowie die Sprachentwicklung, die Stimmbildung und Sprachbildung, werden gefördert. Zudem erlebt das Kind Musik als »Quelle von Freude und Entspannung« (Hess. Bildungs- und Erziehungsplan 2007: 73). So lernen Kinder im Spiel mit Musik ganzheitlich und nachhaltig, ihre Persönlichkeitsentwicklung wird positiv beeinflusst (vgl. Kreusch-Jacob 2006: 10) und das Belohnungssystem im Gehirn bedient. Studien zufolge hat Musik nachweislich einen großen Einfluss auf das Gedächtnis, die Konzentrationsfähigkeit, die Ausdauer, die Lernmotivation und das soziale Verhalten von Kindern (vgl. Kreusch-Jacob 2006: 25).

> »Musizieren bildet im Gehirn völlig neue Zusammenhänge, erfordert ein gigantisches Netzwerk neuronaler Verknüpfungen [...]. Die aktive Beschäftigung mit Musik scheint zu bewirken, dass sich das Gehirn ganzheitlicher entwickelt – wodurch sich die Leistungsfähigkeit aller seiner Bereiche erhöht« (Kreusch-Jacob 2006: 29, zitiert nach Bastian).

Im Bereich der *bildnerischen und darstellenden Kunst* lassen sich ebenfalls weitere Aspekte nennen. Durch Kunst wird die sinnliche Wahrnehmung und Erlebnisfähigkeit von Kindern gestärkt und ausgebildet (vgl. Hess. Bildungs- und Erziehungsplan 2007: 71) und damit auch ihre Aufmerksamkeits- und Konzentrationsfähigkeit, ihre Fantasie, Kreativität, Verstehen und Produktivität gefördert (vgl. ebd.). Zudem wird ihnen die Möglichkeit geboten, sich spielerisch bislang unbekannten Themen zu nähern und sich mit ihnen auseinanderzusetzen. Sie entdecken unterschiedliche Formen, um Gefühle und Gedanken auszudrücken und sammeln vielfältige Eindrücke und Erfahrungen, die ihnen ihre eigene Position in Bezug auf ihre Umwelt und zu sich selbst bewusst machen (vgl. Hess. Bildungs- und Erziehungsplan 2007: 72). Durch abwechslungsreiche, emotional ansprechende und sensorisch interessante Angebote werden Kinder schließlich angeregt, sich auf spielerische Weise zu konzentrieren (vgl. Hirler 2005), sich darüber hinaus beim Malen bspw. zu entspannen, Gedanken neu zu ordnen oder ihre Merk- und Konzentrationsfähigkeit bspw. beim Auswendiglernen von Texten für das darstellende Spiel zu schulen. Der letzte Punkt, die *Rituale*, können ebenfalls positive Auswirkungen auf die Aufmerksamkeits- und Konzentrationsleistung haben. Rituale ermöglichen die mentale Vorbereitung auf etwas, was bereits – zumindest annähernd – bekannt ist und können logisches Denken und Konzentration auf das Kommende auslösen, meist verbunden mit dem positiven Verstärker der Vorfreude (vgl. Horn 1993: 90).

## 8.6 Weitere Ergebnisse

Im Hinblick auf das Erreichen der Programmziele wurden auch die beteiligten pädagogischen Fachkräfte per Fragebogen befragt. Im Hinblick auf die Projekteffekte bei den Lilo Lausch Kindern wurde sichtbar, dass das Programm in den Kompetenzbereichen Zuhören, Sprache, Interkulturalität, Medienkompetenz, Sozialkompetenz und Literacy positive Entwicklungsprozesse anstoßen kann. Besonders hervorzuheben sind hierbei die Zuhörkompetenz, die Sprachkompetenz, die Sozialkompetenz und die interkulturelle Kompetenz, in denen fast alle pädagogischen Fachkräfte die meisten Fortschritte der Kinder beobachten konnten. Dazu zwei exemplarische Wahrnehmungen von pädagogischen Fachkräften: »Kinder blühen in ihrer Muttersprache auf!« und »Die Ausdauer- und Konzentrationsspanne ist deutlich größer geworden. Die Kinder können sich besser auf zu Hörendes einlassen, auch ohne Bilder.«

Die Beobachtungen erstrecken sich über eine verbesserte Zuhör- und Konzentrationsfähigkeit, ein wachsendes Interesse an Sprache und Sprachen und eine Zunahme von Sprechfreude bis hin zu einem Zuwachs an Selbstbewusstsein und Kontaktfreudigkeit und einer gesteigerten Rücksichtnahme auf Andere. In diesem Zusammenhang wurde deutlich, dass vor allem die Handpuppe Lilo Lausch ein wichtiger Projektbestandteil ist, wie auch teilweise das Audio-Aufnahmegerät (ist nicht Bestandteil der Materialkiste), dass jedoch in Bezug auf seine Bedienerfreundlichkeit bei vielen pädagogischen Fachkräften in der Kritik stand und vereinzelt durch ein leichter zu bedienendes Gerät ausgetauscht wurde. Zu bedenken ist, dass die Lilo Lausch Kinder nicht nur ein Jahr Programmerfahrung gesammelt haben, sondern während des Pilotprogramms auch ein Jahr älter geworden sind und somit ein Entwicklungsjahr hinter ihnen liegt. So sind die beobachteten Veränderungen nicht ausschließlich auf das Pilotprogramm zurückzuführen. Trotzdem stellen die Evaluationsergebnisse plausibel dar, dass ein Jahr regelmäßige Teilnahme am Programm mit den genannten Schwerpunkten entsprechende Effekte fördert und unterstützt.

Mit Blick auf die Eltern der Lilo Lausch Kinder stellten die pädagogischen Fachkräfte fest, dass sich aus ihrer Sicht mehrheitlich das Verhältnis und die Zusammenarbeit zwischen ihnen und den Eltern verbessert und sich eine interkulturelle Willkommenskultur entwickelt haben. Insbesondere der Kontakt zwischen mehrsprachigen Eltern und pädagogischen Fachkräften sei damit verbessert worden. Hierzu schreibt eine Erzieherin in der Befragung: »Durch das Programm bin ich noch mal positiv in Kontakt mit den Eltern getreten. Auch zurückhaltende Eltern haben sich beteiligt und in ihrer Sprache vorgelesen und erzählt.« Weitere positive Effekte verzeichneten die pädagogischen Fachkräfte auch im Bereich der eigenen pädagogischen Arbeit. Hier ist besonders der Mehrwert des Programms in Form von einer neuen Ideenfülle innerhalb der pädagogischen Arbeit erkennbar. Zudem konnten Veränderungen im eigenen Kommunikationsverhalten und im Umgang miteinander sowie den Bereichen Sprache und Sprechen, Hören und Zuhören, Interkulturalität und Mehrsprachigkeit, Medien, Literacy und Zusammenarbeit mit Eltern festgestellt werden.

# Literatur

Augenstein, S. (2003). Yoga und Konzentration. Theoretische Überlegungen und empirische Untersuchungsergebnisse. Schriftenreihe Bewegungslehre und Bewegungsforschung, Band 16. Prolog-Verlag, Immenhausen/Kassel 2003

Bernius, Volker (2004). Anstiftung zum Hören – Hörclubs an Grundschulen. In: Schill, W./Linke, J./Wiedemann, D. (Hrsg.): Kinder & Radio. München: kopaed Verlag, S. 150 ff

Bernius, Volker/Imhof Mechthild (Hrsg.) (2010). Zuhörkompetenz in Unterricht und Schule. Göttingen, Vandenhoeck/Ruprecht

Brüsemeister, Thomas (2008). Qualitative Forschung – Ein Überblick. In: Abels, H.; Fuchs-Heinritz, W.; Jäger, W.; Schimank, U. (Hrsg.): Hagener Studientexte zur Soziologie. VS Verlag für Sozialwissenschaften, Wiesbaden, 2. überarbeitete Auflage

Fthenakis, W. E.; Schmitt, A.; Eitel, A.; Gerlach, F.; Wendell, A. & Daut, M. (2009). Frühe Medienbildung. Troisdorf: Bildungsverlag Eins

Hagen, Mechthild (2006). Förderung des Hörens und Zuhörens in der Schule. Göttingen, Vandenhoeck/Ruprecht

Heidtmann, Horst (2000). Hörmedien im Trend. In: medien praktisch. Frankfurt/Main, Nr. 95, S. 52–56

Hirler, Sabine (2005). Kinder brauchen Musik, Spiel und Tanz: Rhythmik als ganzheitliches Bildungsangebot in der frühkindlichen Erziehung. In: Frühe Kindheit – die ersten sechs Jahre, 8. Jg., Heft 4, S. 8–13 (Themenheft »Kinder und Musik«); Hrsg.: Deutsche Liga für das Kind

Horn, Sam (1993). Konzentration. Mit gesteigertem Aufnahme- und Erinnerungsvermögen zum Erfolg. New business line, Manager-Magazin-Edition. Aus dem Amerikanischen von Lexicomm Konz. Fachübersetzungsbüro, Ueberreuter, Wien

Hüther, Gerald (2006). Wie lernen Kinder? Voraussetzungen für gelingende Bildungsprozesse aus neurobiologischer Sicht. In: Roth, G., Spitzer, M., Caspary, R. (Hrsg.): Lernen und Gehirn, Der Weg zu einer neuen Pädagogik. Herder Spektrum Freiburg

Kreusch-Jacob, Dorothée (2006). Jedes Kind braucht Musik. Ein Praxis- und Ideenbuch zur ganzheitlichen Förderung in Kindergarten und Familie. Kösel-Verlag, München

Lamnek, Sigfried (2010). Qualitative Sozialforschung. Beltz Verlag, Weinheim, Basel, 5. überarbeitete Auflage

Mayring, P; Gläser-Zikuda, M.; Ziegela, S.: Auswertung von Videoaufnahmen mit Hilfe der Qualitativen Inhaltsanalyse – ein Beispiel aus der Unterrichtsforschung, URL:

http://www.medienpaed.com/documents/medienpaed/9/mayring0504.pdf, abgefragt am 30.07.2018

Mayring, Philipp (2002). Einführung in die qualitative Sozialforschung. Weinheim

Medienpädagogischer Forschungsverbund Südwest (Mpfs) (2014). MINI-KIM 2014. Kleinkinder und Medien. Basisuntersuchung zum Medienumgang 2- bis 5-Jähriger in Deutschland. Stuttgart

Neuß, Norbert (2012). Kinder und Medien. Seelze; Friedrich/Klett

Rogge, Jan-Uwe (1996). Hören als Erlebnis. Die Bedeutung von Hörkassetten im (Medien-)Alltag von Kindern. In: Wolfgang Schill/Dieter Baacke (Hrsg.): Kinder und Radio. Zur medienpädagogischen Theorie und Praxis der auditiven Medien. Frankfurt a. M. GEP

Rora, Constanze (2016). Ästhetische Hörerziehung in der frühen Kindheit. Theoretische Grundlagen und pädagogische Gestaltung. In: Staege, Roswitha (Hrsg.): (2016). Ästhetische Bildung in der frühen Kindheit. Weinheim; Beltz

Viernickel, Susanne/Völkel, Petra (2009). Beobachten und Dokumentieren im pädagogischen Alltag. Verlag Herder GmbH, Freiburg im Breisgau, Herder

Vosseler, Sven (2015). Ohrenspitzer. Vom bewussten Lauschen bis zur Hörspielgestaltung. Kreative medienpädagogische Handlungsbeispiele zur Zuhörförderung für drei- bis sechsjährige Kinder. www.ohrenspitzer.de

Zinke-Wolter, Petra (1992). Spüren – Bewegen – Lernen. Handbuch der mehrdimensionalen Förderung bei kindlichen Entwicklungsstörungen. Borgmann publishing Ltd., Dortmund, 2. durchgesehene Auflage

Weitere Informationen über Lilo Lausch: www.lilolausch.de

# III    Konzepte ästhetischer Praxis

# 9 Ästhetische Bildungsprojektarbeit in der Reggio-Philosophie

*Jennifer Zick*

Die Kindertagesstätte »Diana« in Reggio Emilia wurde 1991 im US-amerikanischen Magazin Newsweek zu einer der schönsten Schulen der Welt gekürt. Seither pilgern Pädagogen und Pädagoginnen aus aller Welt in die italienische Stadt, um sich von der Reggio-Philosophie inspirieren zu lassen. Ein zentraler Begegnungsort für den Austausch ist das internationale Zentrum Loris Malaguzzi.

## 9.1 Die Ästhetik

»Kinder haben Rechte, Kinder bringen Kultur mit« (Loris Malaguzzi).

Ein schönes Ambiente fördert den Lernprozess. Wir haben das Recht auf Schönheit. In der Regel ist das Ambiente in Schulen aller Welt nicht schön – da zeigt sich, wie wenig Aufmerksamkeit wir in unserer gängigen Lernkultur dem Ambiente schenken. Man sollte jedoch daran denken, wie viele Stunden man in der Einrichtung verbringt. Schönheit schützt vor Gewalt, Ästhetik stiftet Frieden (vgl. Vea Vecci 2007/2008). Betritt man die Scuola dell'infanzia Diana, in der die Ateliarista Vea Vecci mehr als dreißig Jahre lang gearbeitet hat, wird man von einem angenehmen Duft und leiser Musik empfangen. Am Eingang und überall in der Einrichtung befinden sich Kunstwerke der Kinder.

»Die Kunst des Alltags und die Kreativität im Alltag sollte für alle ein Grundrecht sein (...) Wir sollten wissen, dass keine Kreativität im Kind ist, wenn keine Kreativität im Erwachsenen ist« (Rinaldi 2006, S.120).

## 9.2 Die hundert Sprachen

Die Pädagogen und Pädagoginnen aus Reggio Emilia sehen es als besonders wichtig an, dass sich in ihren Einrichtungen ihre Kultur widerspiegelt und die Kinder sie spielerisch erleben können. In der italienischen Kultur haben die Piazza, der zentrale Platz eines Dorfes oder einer Stadt, der Sinn fürs Essen sowie die Ästhetik einen hohen Stellenwert in der Gesellschaft. Deshalb findet man diese drei Säulen im Raumkonzept der Krippen und Kindertagesstätten in Reggio Emilia immer wieder.

Darüber hinaus sehen die Pädagogen und Pädagoginnen es als wichtig an, einen Ort zu schaffen, an dem den Kindern zugehört werden kann und ihre 100 Sprachen zum Ausdruck kommen. Hier sprechen die Pädagogen und Pädagoginnen von einer Strategie der Aufmerksamkeit. Ziel ist es, einen empathischen Kontext zu kreieren: Der Raum soll die Sinne anregen und den Forscherdrang wecken (vgl. Reggio Children 1998).

Das Gedicht »Die hundert Sprachen der Kinder« von Loris Malaguzzi formuliert einen zentralen Leitgedanken für die Pädagogen und Pädagoginnen in Reggio Emilia. Das Zentrum der hundert Sprachen ist das Atelier. Loris Malaguzzi etablierte zwei neue Rollen in der scuola dell'infanzia – Schule der Kindheit, zum einen die Ateliarista – Künstlerin und zum anderen die Pedagogista – Fachberaterin. Die Atelierista kam nicht als Spezialistin; sie kam, um mit den Pädagoginnen und Kindern zusammen zu agieren. Die Pedagogista kam mit ihrem Wissen der Pädagogik, um den Pädagogen und Pädagoginnen beratend zur Seite zu stehen. Diese beiden Rollen werden Stück für Stück nun auch in den staatlichen Grundschulen in Reggio Emilia etabliert. Vorreiter hierfür war die gemeinsame Kindertagesstätte und Grundschule »Scuola dell'infanzia e primaria nel Centro Internazionale Loris Malaguzzi«.

Mit einer Ateliarista in einer Kindertagestätte und Schule haben Kinder die Möglichkeit, kognitive und ästhetische Komponenten zu wählen (vgl. Vea Vecci 2007/2008).

Jede kommunale Kindertagesstätte für die Altersgruppe von 0–6 Jahren in Reggio Emilia hat ein eigenes Atelier, viele Einrichtungen haben sogar neben ihrem Gruppenraum ein zusätzliches Mini-Atelier. Auch immer mehr Grundschulen etablieren ein Atelier.

Das Atelier ist in der Regel mit einer Vielzahl künstlerischer Utensilien ausgestattet – zudem gibt es auch Ateliers zu Themen wie Natur, Medien oder Musik. Seit einigen Jahren findet man immer mehr technische Medien im Atelier vor. So wird zum Beispiel eine Dinosaurier-Welt mit Pflanzen und »Schleich«-Tieren nachgebaut, und mit Hilfe einer Webcam können die Kinder in diese Welt förmlich eintauchen: Die Aufnahmen der nachgebauten Landschaft werden auf eine große Leinwand projiziert. Mit Materialien aus der Remida bauen die Kinder in diese Dinosaurier-Welt zudem noch eigene Kunstwerke ein, somit werden die Kinder auf verschiedenen Ebenen angeregt, ihre Kunstwerke entstehen zu lassen.

Die Remida wurde vor einigen Jahren von den kommunalen Erziehern und Erzieherinnen aus Reggio Emilia gegründet. Dabei handelt es sich um ein Geschäft, das mit brauchbaren Abfällen aus der Industrie ausgestattet ist. Die Krippen und Kitas können für einen geringen Beitrag diese Materialien kaufen. So findet man alte Kabeltrommeln, Rohre, Flaschenköpfe und diverse andere – mitunter überraschende – Materialien in den Einrichtungen wieder, die im Konstruktionsbereich, in Ateliers, Rollenspielbereichen und Bewegungsbereichen verwendet werden. Die Pädagogen und Pädagoginnen wählen die Materialien sehr bedacht aus, im Hinblick darauf, wie diese die Kinder zum Forschen inspirieren können.

Auf die Ausstattung der Räume wird viel Wert gelegt: So wird kaum gekauftes Kinderspielzeug verwendet, sondern Materialien aus dem täglichen Leben. Der Kaufmannsladen ist beispielsweise mit richtigen Verpackungsprodukten ausgestattet und die Kinderküche mit echtem Geschirr und Töpfen bestückt. Die konkrete Verwendung der Materialien soll nicht vorgegeben sein, sondern der Phantasie der Kinder überlassen bleiben. Es werden Overheadprojektoren, Leuchttische und Spiegeltische verwendet, mit denen die Kinder anhand von Materialien aus der Remida forschen können.

Seit einigen Jahren können die Bürger und Bürgerinnen die Ateliers der Kindertagesstätten für öffentliche Begegnungen mitnutzen – daraus entstand die Idee der »Bürgerateliers von 0–99 Jahren«. Im internationalen Zentrum Malaguzzi befindet sich unter anderem das Atelier des Geschmacks sowie das Lichtatelier. Das Lichtatelier ist aus der Elternarbeit entstanden, nachdem in einigen Kindertagesstätten »Licht« als Bildungsprojektthema ausgewählt worden war und die Eltern gemeinsam mit Wissenschaftlern ein entsprechendes Atelier für die Kinder bauten.

## 9.3 »Progetto educativo«– Bildungsprojektarbeit in der Reggio-Philosophie

Eine Form der Projektarbeit in Reggio Emilia ist das progetto educativo – Bildungsprojekt. Diese Projektarbeit bietet ein prozessorientiertes Arbeiten, das durch den dialogischen Austausch zwischen Kindern, Atelierista, Erzieher und Erzieherinnen sowie Pedagogista befruchtet wird.

Anhand gesammelter Beobachtungen in den Krippen, Kindertagesstätten und vereinzelten Grundschulen wird ein Jahresthema beschlossen, das sich an den Rahmenplänen orientiert. Um eine vielfältige Raumgestaltung zu ermöglichen und um pädagogisch besser an den für die Kinder selbst relevanten Themen zu arbeiten, hat sich das Prinzip des altershomogenen Arbeitens in Reggio Emilia besonders bewährt. So wechselt jedes Jahr die Gruppe mit den Pädagogen und Pädagoginnen in den Raum für die jeweils nächsthöhere Altersklasse.

Die langjährige Erfahrung zeigt, dass die Kinder gut innerhalb derselben Altersgruppe zusammen lernen können; dies geschieht in den Gruppenräumen. Die Piazza, der Garten und das Atelier hingegen sind Orte der Begegnung für heterogene Altersgruppen.

In der Kindertagesstätte Diana ist zum Beispiel das Projekt »Die gelbe Margerite« bei den 5-jährigen Kindern entstanden, nachdem ein Kind einen Strauß Margeriten in die Einrichtung mitgebracht hatte. Die Pädagogen und Pädagoginnen bauten diese gleich mit in den Tagesablauf ein und bereiteten diese als eine Station innerhalb der Tagesaktivitäten der Kinder vor. Die Aufgabe bestand darin, die Blumen abzuzeichnen: eine Tätigkeit, die nach Erfahrungen der Pädagogen und Pädagoginnen besonders gern die Mädchen ausüben. Deshalb achteten sie besonders darauf, dass nicht nur die Mädchen die Blume zeichnen, sondern dass auch Jungen ihre Erfahrungen in dem Bereich sammeln können. In der Reggio-Philosophie wird generell darauf geachtet, dass die Kinder sich auch an neue Themen herantrauen und z. B. nicht immer bei den Bauklötzen bleiben, weil sie sich in diesem Bereich sicher fühlen (vgl. Filippini 2016). Die Beobachtungen der Pädagogen und Pädagoginnen in dieser Gruppe ergaben, dass häufig die Mädchen zeichnen, die Jungen hingegen nicht. Aufgrund dieser Beobachtung wurden Plätze für zwei Mädchen und zwei Jungen vergeben. Anhand der Zeichnungen fiel den Pädagogen und Pädagoginnen auf, dass sowohl die Mädchen als auch die Jungen kein vertiefendes Wissen zur gelben Margerite hatten. Bei der Besprechung dieser Beobachtung im Team ergab sich, dass sich die »gelbe Margerite« als Jahresthema für die 5-Jährigen gut eignen würde (vgl. Filippini 2016), da das Thema einen weiten Fokus zum Forschen der Kinder bietet und diese dabei Erfahrungen sammeln können, wie sie der Rahmenplan für die Altersgruppe vorsieht.

Für einen gelungenen Projektstart ist es wichtig, dass die Pädagogen und Pädagoginnen in Reggio Emilia sich zuerst mit dem Thema vorab theoretisch und praktisch auseinandersetzten. Hierfür erhalten die Pädagogen und Pädagoginnen je nach Thema einen Input von Experten, oder sie nähern sich spielerisch dem Thema an.

Ein weiterer Schritt ist es, sich im Team mit der Fokus-Idee auseinanderzusetzen. In einem Brainstorming tragen die Pädagogen und Pädagoginnen ihr Wissen zu dem Thema zusammen. Es ist wichtig, dass die Pädagoginnen von dem Thema ein Vorwissen haben, damit sie über einen Rahmen verfügen, um das Interesse der Kinder herausfinden zu können. Das Zusammentragen im Team wird als sehr wertvoll erachtet, da jeder ein unterschiedliches Wissen hat und daraus ein großer, gemeinsamer Fundus entsteht. Darüber hinaus werden im Team Hypothesen und Beobachtungsfragen für den Projektstart formuliert.

**Das Vorgehen der Pädagogen und Pädagoginnen aus der Kita Diana zum Thema »Die gelbe Margerite«**

Das Team trug sein Wissen über die »gelbe Margerite« zusammen und beschloss, diese zum Jahresthema zu nehmen.

Im Brainstorming ergaben sich die folgenden Erkenntnisse und Hypothesen:

- Die gelbe Margerite ist nicht isoliert von den anderen Blumen
- Die Blume lebt in einer großen Familie
- Die erlaubt uns, über Vielfalt zu sprechen
- Was macht ihre Identität aus?
- In unserer Welt leben viele unterschiedliche Menschen zusammen – was können wir als Bürger für ein friedliches Miteinander tun? (vgl. Filippini 2016)

## Rilancio – Anstoß

»Es gibt nicht nur eine Art, wie man die Dinge betrachten kann – schaue daher zuerst auf eine Fokus-Idee, kleinteilig, und sieh daraufhin etwas ganz Großes« (Filippini 2013).

Zum Schulbeginn im September beobachten die Pädagogen und Pädagoginnen mit der Fokus-Idee die Kinder in ihrem Alltag. Im Team werden diese Beobachtungen besprochen und von verschiedenen Perspektiven betrachtet. Gemeinsam beschließen die Pädagogen und Pädagoginnen Vorkehrungen und bereiten Materialien vor, die zu der Thematik der Kinder passen. Im Italienischen spricht man hier von einem »Rilancio« – auf Deutsch in etwa: Anstoß.

Die Beobachtungen werden in einem »Logbuch« festgehalten und im Team wieder reflektiert. In unserem Beispielfall »Die gelbe Margerite« ging die Gruppe in ein großes Margeriten-Feld. Hier konnten die Kinder erste Beobachtungen und Erfahrungen mit der Margerite sammeln. Aus ihren Erkenntnissen formulierten sie für sich ihre ersten Theorien.

Die Pädagogen und Pädagoginnen hatten auf Grund ihrer Hypothesen einen Fokus, um zum einen die Gespräche der Kinder und zum anderen die Interaktionen der Kinder mit dem Fotoapparat festhalten zu können. Insbesondere ist hier hervorzuheben, dass sich die Hypothesen der Erzieher und Erzieherinnen, ohne dass sie die Kinder dahingehend beeinflussten, in den Interaktionen der Kinder mit der »gelben Margerite« wiederspiegelten (vgl. Filippini 2016).

Hierfür benötigt man einen Raum mit vielfältigen Materialien, der einen dialogischen Austausch der Kinder und spielerisches Erfahrungslernen ermöglicht.

Im Beispielfall der »gelben Margerite« werden den Kindern verschiedene Instrumente zur Verfügung gestellt, damit sie ihre gesammelten Erfahrungen im Margeriten-Feld von verschieden Perspektiven betrachten können.

Diese Instrumente können z. B. sein:

- Der Glastisch: Dieser ermöglicht es den Kindern, die Margerite von unten zu betrachten.
- Der Spiegeltisch: ermöglicht es, die Margerite spiegelverkehrt zu betrachten.
- Ton: Hiermit wird die Margerite in 3-D-Perspektive rekonstruiert.
- Papier und Stifte: wurden in dem vorgestellten Beispiel als wichtiges Werkzeug im Rahmen des Projektverlaufs gesehen. Immer wieder wurden die Zeichnungen der Kinder an Hand ihrer gesammelten Erfahrungen neu verändert.

## Zusammenspiel Pädagogen und Pädagoginnen – Kinder – Eltern

Im Zusammenspiel Pädagogen und Pädagoginnen – Kinder – Eltern entstehen immer neue Ideen für weitere Rilanci und Perspektiven der jeweiligen Gruppen. Möglicherweise steht am Ende gar nicht mehr das ursprünglich gewählte Thema im Fokus, sondern es hat sich eine neue Thematik herausgebildet.

In dem Fall der Margerite in der Kindertagesstätte »Diana« kamen die Kinder zu der Erkenntnis, dass jeder von ihnen verschieden ist und sie friedlich miteinander leben, so wie die Margeriten im Feld. Darüber hinaus analysierten die Kinder ihre Zeichnungen immer wieder aufs Neue, so dass sie ein genaueres Bild von der Margerite erstellen konnten.

Ausgewählte Materialien des Projektverlaufs, die über das Schuljahr gesammelt werden, werden in einem Projektheft festgehalten. Diese Hefte werden im Dokumentationszentrum des Loris-Malaguzzi-Zentrums gesammelt und sind für jeden zugänglich. Gemäß der Reggio-Philosophie stellt die Dokumentation das kollektive Gedächtnis dar.

Die Pädagogen und Pädagoginnen werden als Moderatoren des Lernprozesses der Kinder gesehen; sie stellen Fragen und bringen Ideen sowie Techniken ein, geben aber keine Antworten vor. Sie ordnen und sortieren gemeinsam mit den Kindern die gesammelten Materialien; danach bereiten sie ein abgestimmtes Lernambiente vor, um neue Rilanci einbringen zu können. Die ersten Beobachtungen werden als Dokumentation erstellt. Sie dienen als »Gedächtnis« der Kinder, um ihnen beim Erschließen weiterer Erkenntnisse zu helfen. Hier spricht man in der Reggio-Philosophie auch von den »sprechenden Wänden.«

Im Rahmen eines Elternabends werden die ersten Schritte des Projekts der Elternschaft vorgestellt. Darüber hinaus hängt jeden Tag eine aktuelle Tagesdokumentation für die Eltern am Gruppeneingang aus. Hier werden die jeweiligen Highlights des Tages festgehalten. Die einzelnen Tagesdokumentationen können auch später noch in einer Sammelmappe jederzeit eingesehen werden.

In Reggio Emilia werden die Kinder als aktive Protagonisten ihres eigenen Wissens angesehen. Jedes Kind gilt als wertvoll und trägt mit seinen vielfältigen Fähigkeiten zum Forschungsprozess und Lernen der Gruppe bei. In der Reggio-Philosophie spricht man vom sozialkonstruktivistischen Lernen: Demnach lernt der Mensch nicht nur selbst an seinen Erfahrungen, sondern auch durch soziale Kontakte und Interaktionen (vgl. Reggio Children 2013).

## 9.4 Ästhetische Bildungsprojektarbeit in Deutschland

Wie kann man in einer deutschen Einrichtung nach dem Bildungsprojekt-Ansatz arbeiten?

**1. Schritt – Vorprojekt:**

Sie wählen für Ihre Gruppe oder Ihre Einrichtung eine Fokus-Idee aus. Ein weit gefasstes Thema könnte zum Beispiel sein, wie Kinder ihre Stadt ko-konstruieren. Versuchen Sie, sich vorab möglichst viel Wissen über Ihr Thema anzueignen. Besprechen Sie Ihre Recherche im Gesamtteam und tragen Sie Ihr gesammeltes Wissen zusammen. Überlegen Sie gemeinsam oder im Kleinteam, welches Ihr Rilancio für den Start des Projektes sein kann. Überlegen Sie sich auch Hypothesen und Beobachtungsfragen für Ihre Arbeit mit den Kindern.

Hilfreich ist es, wenn Sie im Team das Material vorher ausprobieren oder den Ort vorher selber erkunden. Aber immer mit einer Doppelperspektive: Kind/Erwachsener.

## 2. Schritt – Forschung – Sinnliche Erfahrungen durch die hundert Sprachen machen

Mit Hilfe sinnlicher Erfahrungen können die Kinder ihren Erfahrungsschatz erweitern.

Prof. Gerd E. Schäfer spricht hier vom Wissen aus erster Hand, das durch eigene Erfahrungen und das eigene Tun der Kinder erlangt wird, und dem Wissen aus zweiter Hand, das aus Erzählungen, Büchern etc. erworben wird. Beides sind sehr wichtige Lern-Wege, aber gerade im Alter von 0–6 Jahren sollten die Kinder einen großen Schatz an Wissen aus erster Hand gewonnen haben, damit das Wissen aus zweiter Hand ein gutes Fundament bekommt (vgl. Schäfer 2012).

Bereiten Sie die Lernumgebung oder die *Rilanci* so vor, dass die Kinder Möglichkeiten haben, neue theoretische Erkenntnisse zu dem Thema zu gewinnen; zum Beispiel durchs Nachkonstruieren, Zeichnen, Rollenspiel – sprich: dass sie hundert Sprachen einsetzen können.

### Aber wie gelingt ein Rilancio im Alltag?

Die Pädagogen und Pädagoginnen sollten nie mit mehr als sechs Kindern zugleich an dem Projekt arbeiten. Damit ein reibungsloses Arbeiten in dem Gruppenraum oder in der Einrichtung stattfinden kann, sollten Sie ein gutes Raumkonzept haben – so dass der Raum als der »3. Erzieher« unterstützend wirken kann.

Achten Sie darauf, dass die Forschungsgruppe eine gute Gruppendynamik entwickeln kann:

### Wer kann gut mit wem arbeiten?

Jedes Kind aus der Gruppe/Einrichtung sollte die Möglichkeit erhalten, ausgehend vom *Rilancio* zu forschen. Das muss nicht am selben Tag oder in der gleichen Woche sein; ein Projekt kann ein Jahr dauern, Sie können es also durchaus langsam angehen.

### 3. Schritt – Re-Kognition

Mit Hilfe der Beobachtungen und Dokumentationen können die Kinder den Forschungsprozess nachvollziehen und neue Aspekte für den weiteren Prozess erschließen. Die Pädagogen und Pädagoginnen fungieren als »Gedächtnis« der Kinder und moderieren den Forschungsprozess. Im Gesamtteam werden die Ergebnisse besprochen und weitere Schritte geplant.

### Wie sollte man beobachten?

Eine bewährte Technik besteht darin, das aufzuschreiben, was man sieht oder während der Beobachtung fühlt. Mit Hilfe der Beobachtungsfragen oder Hypothesen haben Sie einen guten Rahmen oder Filter zur Fokussierung, damit Sie nicht alles, was Sie sehen oder fühlen, aufschreiben müssen.

Wenn Sie mit den Kindern ins Gespräch kommen, stellen Sie nur offene Fragen, die dem Forschungsprozess helfen. Geben Sie aber nie eine Antwort vor.

### 4. Schritt – die Projektdokumentation

Die Pädagogen und Pädagoginnen verschriftlichen und skizzieren ihre Erkenntnisse und Theorien zu dem Projekt-Thema.

Nehmen Sie sich Zeit für das Gestalten der Wanddokumentation oder des Projektbuches, und wählen sie im Team gute Zitate, Fotos und Zeichnungen der Kinder aus. Versuchen Sie, den Prozess der Forschung sichtbar zu machen. Und scheuen Sie sich nicht, auch theoretische Erkenntnisse mit in die Projektdokumentationen mit einfließen zu lassen.

Ein Tipp noch: Versehen Sie die Fotos, Zeichnungen und Zitate der Kinder mit deren Namen und Alter. Z. B. »Paul, 4 Jahre, 6 Monate«.

---

**Vorschlag für den Aufbau eines Projektbuches:**

Deckblatt

Foto/Zeichnung; Name des Projekts

Einleitung

Wer ist alles an dem Projekt beteiligt (Kind, Pädagoge/Pädagogin, etc.)? Wie kam es zu dem Thema? Hypothesen zum Thema und zur Zielgruppe; Zitate der Kinder, Zeichnungen der Kinder

Verlauf der Projektarbeit

Erklären sie den Verlauf des Projektes an Hand von:

- Fotos von den Kindern. Tipp: einen engen Fokus wählen, der Emotionen/Handlung sichtbar macht und die Bedeutung der Situation verdeutlicht, anstelle eines weiten Fokus, in dem man nur eine Gruppe von Kindern sieht.
- Zitaten der Kinder
- Zeichnungen der Kinder
- eigenen Interpretationen, die die Geschichte des Projekts erzählen

Abschluss des Projekts

Ist das Ende noch offen? Was ist als Abschluss passiert?

# Literatur

Filippini, Tiziana: Eigene Aufzeichnungen der Autorin während eines Vortrages auf der Konferenz in Kapstadt zum Thema »Dokumentation und Projektarbeit« am 2. Juli 2016.

Filippini, Tiziana (2013): Eigene Aufzeichnungen der Autorin während eines Vortrages auf dem »International Winter Institute« am 21.2.2013 in Reggio Emilia.

Reggio Children (2013): Hinweis Kindertagesstätten und Krippen der Stadt Reggio Emilia, Reggio Emilia.

Reggio Children, Children, spaces, relations; Reggio Children, Reggio Emilia 1998.

Rinaldi, Carlina (2006): In Dialogue with Reggio Emilia: Listening, Researching and Learning, London and New York.

Schäfer, Gerd E., Alemzadeh, Marjan (2012): Wahrnehmendes Beobachten am Beispiel der »Lernwerkstatt Natur«.

Vecchi, Vea (2010): Art and Creativity Reggio Emilia, London and New York.

Zick, Jennifer (2007/2008): Eigene Aufzeichnungen der Autorin im Rahmen des Internationalen Masterkurses in Reggio Emilia.

Zick, Jennifer (2007/2008): Eigene Beobachtungen der Autorin eines dreiwöchigen Praktikums im Nido Panda, Gruppe der Lattanti, sowie in der Scuola dell'infanzia Anderson, Gruppe der 3-jährigen, Nido Zanti in Brecello, im Rahmen des Internationalen Masterkurses in Reggio Emilia.

# 10 Gestaltendes Tätigsein mit dem Denkwerkzeug GMGM – imaginative Darstellungen im Kontext von Mathematik und Kunst

*Kerensa Lee & Roland Karl Metzger*

In diesem Beitrag wird zunächst das Handlungs- und Forschungsmodell GMGM und der Begriff der Erfindung im Kontext »Kinder erfinden Mathematik« konzeptionell vorgestellt. Inhaltlich fokussiert der nachfolgende Text den interdisziplinären Zusammenhang zwischen Mathematik und Kunst bzw. einem gestaltenden Tätigsein.

Das Materialangebot und die damit verbundenen materialimmanenten Bedingtheiten sind der Ausgangspunkt, indem unter anderem der Frage nachgegangen wird: Warum immer gleiches Material?

GMGM verfügt über Werkzeuge, die das Produzieren von Bildern evozieren. Welche Bedeutung dabei das Material bzw. das Materialangebot grundlegend erhält, wird näher beleuchtet.

Die Bedeutung des Raums und der Installation für ein gestaltendes Tätigsein schließt sich konsequent an und erweitert den interdisziplinären Zusammenhang mit einer neuen Perspektive.

Wie sich ein gestaltendes Tätigsein hinsichtlich des handelnden Umgangs mit gleichem Material in großer Menge vollziehen kann, wird im abschließenden Kapitel skizziert.

Denkwerkzeug gleiches Material in großer Menge[1]

## 10.1 Kinder erfinden Mathematik[2]

Was tut der Mensch, wenn er mit Hunderten oder Tausenden ungeordneter, kleiner, gleicher Gegenstände – wie ein Haufen glänzender Ein-Centstücke,

---

1 Auf der Hompage www.kerensalee.de finden Sie erweiterndes und vertiefendes Bild- und Videomaterial zum Handlungs- und Forschungsmodell GMGM – Gleiches Material in großer Menge.

2 Überarbeitete Version des Beitrags »GMGM – Gleiches Material in großer Menge. Vieldeutige Imaginationsprozesse im vor-mathematischen Denken« erschienen in Sowa/Glas/Miller (Hgg.): Bildung der Imagination. Band 2: Bildlichkeit und Vorstellungsbildung in Lernprozessen. Oberhausen 2014, 545–553.

Mengen bunter Eislöffelchen, Eisbecher, Schrauben und ausgesuchten Geometrie Materialien in Form getrommelter Holzwürfel, regulärer Dreiecke und Quadrate sowie kleiner bunter Walzen, Glasjuwelen oder auch goldener Rädchen konfrontiert wird? Dieser Frage versucht das Handlungs- und Forschungsmodell GMGM nachzugehen.

Das Konzept heißt »Gleiches Material in großer Menge (GMGM)« und ist seit Ende der 1990er Jahre unter der Phänomenbeschreibung »Kinder erfinden Mathematik« bekannt geworden. Menschen jeglichen Alters reagieren bei interessegeleitetem Tätigsein auf Mengen ungeordneter Ordnungen mit typischen Handlungsmustern wie dem Abbilden und Bilden mathematischer Motive. Diese Beobachtung stellte den Anfang der Konzeptentwicklung dar.[3] Neben der methodisch-didaktischen Nutzung des Konzepts GMGM richtete sich die Aufmerksamkeit zunächst auf die Frage: Welche Mathematik lässt sich von Kindern mit GMGM finden, entdecken, erfinden, ohne dass spezielle Aufgaben und/oder inhaltliche Impulse von Lernbegleiter/innen gegeben werden? Diese Akzentuierung lag nahe und erschien lohnenswert, da im traditionellen Mathematik- bzw. Rechenunterricht Formen beiläufigen Lernens nicht verankert sind.

**Abb. 10.1:** GMGM Aktionsausstellung ›Kinder erfinden Mathematik‹, 2010, Stadtbücherei Münster (Westf.)

---

3 Vgl. Lee (2010)

Ähnlich wie bei dem Freinet-Pädagogen Le Bohec, dessen Ansatz des freien Zeichnens im Mathematikunterricht die methodische Entwicklung dieses Konzeptes geprägt hat, ist das Produzieren von Bildern – und damit auch mathematischer Ideen und Themen – nicht an das Ziel gebunden, Aufgaben darzustellen oder verschiedene Lösungswege gemeinsam zu reflektieren. Die (entdeckte) mathematische Struktur erfolgt im Sinne natürlichen Lernens als ein beiläufiges Produkt – mitunter also ohne Reflexion oder prononcierte Lernbegleitung – durch das gestaltende Kind selbst. Zudem können durch Nachahmung anderer und dadurch in weitere Handlungen integriert gestaltete Objekte sichtbar und weiter bearbeitet werden. Es geht darum, ein Ausdrucksfeld zu eröffnen, in welchem singuläre Vorstellungen abgebildet, modelliert und damit bearbeitet und perfektioniert werden.[4]

Mit welcher Intentionalität die Phänomenbeschreibung »Kinder erfinden Mathematik« verstanden werden möchte, beschreibt Gerhard Preiß mit seinen Randnoten sehr eindrücklich. Nachfolgend die Randnote 7:

> **»Randnote 7: Der Weg der Erkenntnis**
>
> Gleiches Material in großen Mengen, wie es Kerensa Lee Kindern anbietet, provoziert durch seine monotone Gleichartigkeit die menschliche Erfindungskraft:
> Was kann ich damit tun?
> Kinder unterbrechen die Gleichartigkeit des Materials durch das spielerische Erfinden von Strukturen.
> Natürliches Material in großen Mengen (Bäume, Blumen, Tiere, Steine, Sterne usw.) fordert das menschliche Beobachtungsvermögen und seine Erkenntnisfähigkeit heraus:
> Was ist das?
> Kinder beobachten unterschiedliche Merkmale und entdecken durch Sortieren und Ordnen vorhandene Strukturen.
> Nach Kant fing die »Weltbetrachtung« des Menschen mit der Sterndeutung an: mit dem herrlichsten Ausdruck und der Benutzung des Verstands.
> Schlussnote:
> Die sieben Randnoten zu Kerensa Lees »Gleichem Material in großer Menge« möchten mit dem Blick zum nächtlichen Himmel darauf hinweisen, dass der Weg der Erkenntnis, auf dem wir die Entwicklung der Kinder begleiten wollen, zwei Pfade benutzt:
>
> - zum einen die Auflösung von Gleichartigkeit durch phantasievolle und kreative (mathematische) Tätigkeit und
> - zum anderen das planvolle Entdecken von (mathematischen) Strukturen in einer auf den ersten Blick undurchschaubaren Welt.«[5]

---

4  Le Bohec (1994)

## 10.2 Materialangebot und materialimmanente Bedingtheiten

Als Materialien für GMGM werden geeignete Materialsorten parallel oder auch ein einzelnes Material eingesetzt. Die Angebote sind voneinander getrennt in offenen Behältnissen oder aber gehäuft auf freien Flächen präsentiert. Eine bauliche Kombination der verschiedenen GMGM-Elemente wird vor dem Hintergrund einer arithmetischen Übersetzbarkeit der Objekte vermieden, dies wird jedoch bei konkreter Umsetzung auch nicht verhindert. Die Auswahl spezifischer Materialien ist grundsätzlich nicht begrenzt, aber auch nicht beliebig: Ein Kriterium ist, wie sich das Material zum Legen und Bauen eignet und ob es auch ohne Aufgabenstellungen bzw. ohne Impulse ein beiläufiges Erfassen von Zahlaspekten hervorruft.

Insbesondere beinhalten reguläre Formen wie Kreise, Quadrate, Dreiecke, platonische Körper wie Würfel und Kugeln und auch Walzen die Möglichkeiten, mathematische Konzepte abzubilden. Aber auch nicht reguläre Vielecke in Form von Alltagsmaterialien wie Eislöffel, Wäscheklammern etc. wirken durch ihre zunächst verfremdete Darbietung.

**Abb. 10.2:** GMGM Aktionsausstellung, Stadtbücherei Münster, 2018, Foto: Jörg Fink

---

5 Diese Textpassage stammt aus einem unveröffentlichten Manuskript von Gerhard Preiß, das er 2015 anfertigte. Das Manuskript trägt den Titel: Sieben Randnotizen zu Gleiches Material in Großer Menge. Gerhard Preiß merkt darin an, wie seine Randnotizen zu verstehen sind: »Es ist eine alte Tradition, an den Rand von Pergament- oder Buchseiten persönliche Kommentare zu schreiben, zu denen der Inhalt den Leser angeregt hat. Die folgenden Randnoten haben mit Noten, wie sie in den Schulen für Lob und Tadel verteilt werden, nichts zu tun. Sie sollen wie Musiknoten, die ein Komponist setzt, Empfindungen und Gedanken, ausdrücken und beim Nachlesen zum Klingen bringen.«

Für bauende Handlungsformen eignen sich jedoch z. B. Elemente wie Reiskörner, Bohnen oder Kastanien nicht: Konstruktive Verfahrensweisen sind – obwohl es sich um Körper handelt – durch ihre Beschaffenheit zu beschränkt, eine kontinuierliche Arbeit ist nicht ohne weitere Hilfsmittel (z. B. Gefäße) möglich. Der Fokus bleibt bei diesen Materialien auf der Menge an sich. Auch hochwertige Spielzeuge – wie z. B. gleiche Legoteile oder Kapla-Steine – erweisen sich für das GMGM-Konzept als nicht geeignet. Grund ist ihre ganz besondere Eignung für ein Konstruieren komplexer Gebilde: Das Bauen erfahrungsweltbezogener Modelle bleibt gegenüber dem Schaffen strukturbestimmter, mathematisch übersetzbarer Motive dominant. Das Ermitteln der Anzahl verbauter Kapla-Steine wäre somit keine Aufgabenstellung, die den echten Fragen und tatsächlichen Anliegen der Konstrukteure entspricht.

Warum wird gleiches Material benötigt? Die Entscheidung für genau gleiches Material hat einen mathematischen Hintergrund. Durch die Gleichheit von Form und Größe erübrigt sich ein Sortieren und es entsteht der Reiz, Ordnungen zu bilden. Die mathematische identische Wertigkeit der einzelnen Elemente ermöglicht die Repräsentation natürlicher Zahlen. Aus der Form der jeweiligen Gegenstände ergeben sich bestimmte geometrische und arithmetische Aspekte: So lässt sich beispielsweise aus drei eng zusammengeschobenen Ein-Centstücken eine als Dreieck wahrgenommene Form bilden. Aus der verbleibenden großen Menge verfügbarer Kreise, ergibt sich die Idee oder auch der Wunsch, viele neue Dreiecke zu bilden. Weitere Gestaltungsmöglichkeiten, die sich ergeben können, zeigen sich in dem Ausfüllen der gesamten Fläche, dem Verbrauch aller verfügbaren Elemente, dem Bilden unterschiedlich großer Dreiecke, dem Bilden eines möglichst großen Dreiecks.

Auch bei Erwachsenen tauchen folgende Fragen auf: Wie sieht das nächst größere Dreieck aus? Passt ein Dreieck, das hundert Ein-Centstücke breit ist, auf diesen Tisch? Es ergibt sich oft die Frage, wie sich die Anzahl der Kreise eines gebildeten Dreiecks ermitteln lässt. Die geometrische Form der angebotenen Gegenstände bestimmt die Möglichkeiten des Bildens von mathematischen Formen. Insbesondere reguläre Formen und Körper – also gleichseitige Dreiecke, Quadrate, Würfel – beinhalten die Möglichkeit der Erschließung von komplexen geometrisch-arithmetischen Formen. Während die geometrischen Eigenschaften des Materials immer gleich sind, kann über unterschiedliche Färbungen auch eine bestimmte Musterbildung erfolgen.

Ob sich bei dem Einsatz des Materials in der Praxis die Mengengröße für eine Gruppe oder ein einzelnes Kind eignet, lässt sich daran beobachten, dass im Laufe der ersten Stunde an Stelle der Verteil- und Zusammenführ-Bewegungen auch Aktionen feinmotorischer Art treten: Das Kind beginnt Abbildungen der eigenen Vorstellungen, auch unter Beachtung der einzelnen Elemente und ihrer Eigenschaften, zu gestalten. Das Tätigsein ist somit nicht länger nur handlungs-, sondern auch zielgerichtet. Die Teilchen werden dann benutzt zum Gestalten von Bildern und Objekten, es entstehen zunehmend geometrische Figuren, Formen, Symmetrien, Sortierungen und Ordnungen. Die Dauer und die Intensität, dem ersten haptischen Reiz zu folgen, hängt neben individuellen Voraussetzungen und denen der jeweiligen Gruppe auch von Faktoren wie der Ästhetik und der

Beschaffenheit des jeweiligen Materials ab, von der Art seiner Darbietung, der Lernumgebung insgesamt und natürlich den Impulsen durch die Lernbegleitung.

**Werkzeug für das Produzieren von Bildern**

GMGM ist durch seine Potenziale für bildliches Denken und Vorstellungsbildung nicht nur »Anschauungsmaterial«, sondern wird zum *Werkzeug imaginativen Handelns*. Wie Roswitha Staege bemerkt, wird infolge eines gezielten oder auch nur handlungsbezogenen Vorgehens mit dem Materialangebot eine sich-wandelnde, nicht eindeutige Bildproduktion sichtbar. Diese Bilder regen in sehr differenzierter Form imaginativ-konkretisierendes Darstellen erfahrungsweltlicher Vorbilder an. Zwischen dem Vorbild und dem Abbild besteht visuelle Ähnlichkeit. Seine Diskrepanz stellt einen Spannungsrahmen dar, welcher sowohl für weitere Handlungen als auch für ein genaueres Betrachten sorgt.[6]

Bilder mathematischer Objekte existieren zunächst einmal nur in der Form des eingesetzten Materialelementes wie Kreis oder Vieleck. Das Zur-Verfügungstehen von Hunderten oder Tausenden gleicher Elemente, die damit eröffneten spontanen Handlungen und die sich daraus ergebende zufällige Positionierung einzelner Elemente und der Menge als Ganzes befördern neue Bilder. Diese Vieldeutigkeit löst das imaginative Darstellen eigener, individueller Bilder aus. Die dabei entstehenden freien Eigenproduktionen sind wiederum Bildträger: Sie visualisieren nicht nur Bilder von Unterschiedlichem, sondern auch Bilder unterschiedlichen Typs. Die Uneindeutigkeit ist hier – im Gegensatz zur Nutzung von Anschauungsmaterial beim systematischen Lernen – in besonderem Maße vorhanden.[7]

Die Prägung der gestalteten Objekte durch erlebnisweltbezogene Gedanken hebt die subjektive Bedeutung mathematisch strukturbestimmter Elemente hervor. Aus einem Haufen Cents oder anderer Materialien wird eine Fläche. Aus Ein-Centstücken werden Punkte. Aus Eislöffeln Striche. Aus Punkten oder Vielecken werden Geraden, dann Ebenen und später Körper gebildet.

## 10.3 Installation im Kontext Raum

Das schlichte Vergegenständlichen geometrischer Strukturen wird durch passende Rauminstallationen mit gleichem Material in großer Menge vorgenommen.

Zwei wesentliche Bestandteile sind hierbei die Auswahl bzw. das Gestalten eines schlichten, d. h. im optischen Sinne sparsamen und somit nicht überlade-

---

6 Vgl. Staege/Lee (2010)
7 Vgl. ebd.

nen Raumes sowie passender Umgebungselemente. Letztere dienen als Spiel-, Arbeits-, Eingrenzungs- und Ausstellungsflächen für GMGM. Die Umgebungselemente stellen in ihrer räumlich-geometrischen Anordnung nicht nur einen Material-, sondern auch einen direkten Raumbezug her. Diese Art der Rauminstallation dient primär dem gedanklichen und auch praktischen Überführen von GMGM in einen anderen strukturbezogenen Zusammenhang. Für das prozessual-gestaltende Tätigsein ist daher auch ein ansonsten anders besetzter Raum geeignet, eine atelierartige Atmosphäre zu erzeugen: In Seminarräumen oder Klassenzimmern bedeutet diese Rahmung in der Regel zunächst ein Erzeugen von Schlichtheit durch

- das Reduzieren (z. B. das Entfernen von Dekorationen, optischen Mustern etc.)
- das Umfunktionieren üblicher Umgebungselemente (z. B. Tische/Stühle als Raumteiler und Eingrenzungswände)
- das Bilden von freiem Raum (z. B. Fußbodenflächen, Regale)
- das Bilden und Abdecken großer Tischflächen.

Es geht darum, einen zeitlichen und gegenständlichen Raum zur Verfügung zu stellen, in dem individuell und gruppenbezogen kontinuierliche Auseinandersetzungen mit Strukturbildung angeregt werden können. Diese Art des Tätigseins ist durch ihre Prozessbezogenheit innerhalb eines ästhetisch geprägten Erfahrungsfeldes verortet. Da es bei GMGM um eine Auseinandersetzung mit eigenen Vorstellungen, um das Nutzen von Bildträgern geht, ist die Verknüpfung von Handlungs-, Bild- und Symbolebene zirkulär ausgerichtet.[8] Kennzeichnend ist ebenfalls eine direkte Verzahnung von Arithmetik und Geometrie: Die verwendeten Elemente fungieren jeweils als Repräsentanten für natürliche Zahlen und gewisser Aspekte ihrer Beziehungen zueinander. Das Tätigsein eröffnet nicht nur die Möglichkeit, mathematische Strukturen über die Handlungsebene nachvollziehbar zu machen, sondern Strukturvorstellungen aktiv zu erweitern. Die Eindeutigkeit durch Gleichheit der Elemente – im Sinne mathematisch-identischer Wertigkeit – eröffnet die Vieldeutigkeit der entstehenden Bilder und Möglichkeiten unausgesprochenen Erlebens und auch Entdeckens.

## 10.4 Gestaltendes Tätigsein

Hinsichtlich der Begegnung mit dem Neuen hält Ludwig Duncker fest, dass »das Neue immer schon auf eine Vorerfahrung stößt, die die Aufmerksamkeit und die *Fragestellung lenkt.*«[9] Der Kontrast zum bereits Bekannten löst Stau-

---

8 Vgl. Lee (2009)
9 Duncker (2009), S. 13

nen aus und regt zu einer weiteren Beschäftigung mit den Dingen an. Was für ein Kind als neu entdeckt und mit Interesse verfolgt wird, hängt von den Vorerfahrungen des Kindes ab. Ein Staunen wird oft durch den Kontrast zum bereits Bekannten ausgelöst und dadurch die Weiterbeschäftigung mit dem was Aufmerksamkeit erweckt angeregt.[10]

Gleiches Material in großer Menge, wie Würfel, Eisbecher oder eben Ein-Centstücke schaffen in ihrer Gegenständlichkeit mit konkretem Alltagsbezug in einem neuen Kontext ein hohes Maß an Aufmerksamkeit. So ruft die Anhäufung bunter Eislöffel ohne Eis und Eisdiele Handlungen und Assoziationen hervor, welche weniger durch die gegenständliche Funktion als vielmehr durch die Materialbeschaffenheit, die Form und die Farben der Löffel bestimmt sind.

Die speziell angefertigten Materialien, wie Dreiecke, Quadrate oder Würfel regen und laden aber auch aufgrund ihrer ästhetischen Qualität, ihrer sinnlich anregenden Beschaffenheit, zu einem vertieften, ästhetischen Wahrnehmen ein.

Das freie Arbeiten mit GMGM eröffnet unabhängig vom Entwicklungsstand ein Feld strukturimaginierenden Denkens und freien Gestaltens, in dem sich weiterhin schon nach Erstellen weniger Objekte das Phänomen eines Perfektionierungsprozesses zeigt. Erkennbar ist dieser Perfektionierungsprozess anhand individueller Ideenentwicklung und der Ideenwanderung als einer individuellen sowie sozialen Komponente. Bereits in ersten Arbeitsphasen zeigen sich (bauliche) Optimierungen, sichtbar durch fortschreitende Symmetriebildung und die Dominanz bestimmter Motive. Diese Motive – wie Modellbau, Pyramidenbildung, Mittebildung, Farbkombinatorik – werden in allen Gruppen auch ohne Impulse maßgeblich verfolgt, variiert und modifiziert.

**Abb. 10.3:** Typische Motive

---

10 Vgl. Duncker

Hinsichtlich des Konstruierens von Objekten lassen sich möglicherweise zwei prägende Aspekte beobachten: das Bilden von Modellen und das Bilden von Symmetrien. Maßgeblich ist hierbei das Ordnen und Sortieren (z. B. nach Farben oder Prägungen), das Bilden der Mitte, das Bilden von Klein/Groß und von Objektserien, das Bilden von Ganzheit (also der Verwertung aller Elemente für ein Werk), das Abdecken/Ausfüllen selbstgewählter bzw. gegebener Flächen, das zusätzliche Einrahmen gebauter Objekte, das Schmücken/das Zerstören/das Re-Konstruieren, das Umstrukturieren/das Variieren, das Umgestalten, das Zuarbeiten und speziell bei der Erschließung bislang unbekannter mathematischer Konzepte auch das Bilden von Schlichtheit (also die Betonung der strukturellen Aspekte, sichtbar an einem Nicht-Verzieren des Objektes).

Nach dem Legen und dem Bauen von Musterbildungen besteht oft der Wunsch einer zeichnerischen und malerischen Abbildung und Dokumentation, wie in den Abbildungen 10.4 und 10.5 zu sehen ist.

**Abb. 10.4:** Ausstellung ›Installation Zahlenraum‹, Dortmund, 2018, Foto: Isabella Thiel

Dabei können Konstruktionspläne entstehen, die ein Nachbauen sichern oder zu einem Weiterbauen anregen. Oft sind die freien Abbildungen der Ausgangspunkt für das Erfinden von Geschichten oder der Überprüfung einer aufgestellten Theorie, die sich beispielsweise beim Bauen eines Objekts entwickelte, wie dies in der nachfolgenden Abbildung zu sehen ist.

So baut der fünfjährige Florian sich aus Würfeln ein Fabrik-Objekt mit Schornstein. Er zeichnet nach der Fertigstellung mit schwarzem Wachsstift ein Abbild seines Objekts. Er verzichtet jedoch darauf, jeden einzelnen Würfel darzustellen, so dass eine Fläche mit Umrisslinie entsteht. Da dieser Zusammenhang nicht mehr sichtbar wird, ergänzt er in einer symbolhaften Abbildung Hinweise, die auf die Breite (28) und die Länge (32) des Objekts verweisen. Die Ziffer 6 zeigt mit der Pfeilrichtung nach oben. Florian dokumentiert auf diese Weise die Höhe des Schornsteins.[11]

Die »ungeordnete Ordnung«, die Darbietung des Materials, die bewusste Einbeziehung des Raums und die Materialien selbst, schaffen Situationen, die Aufmerksamkeit erwecken und für Kinder in hohem Maße zum Anlass für ästhetische Handlungs- und Denkformen werden. Deren Zusammenspiel kann in verdichtete Gestaltungsprozesse münden, wie das Beispiel von Florian und seiner Fabrik verdeutlicht.

**Abb. 10.5:** Zeichnung eines zuvor gebauten Objekts

GMGM schafft ein Resonanzfeld, das ein in-Schwingung-geraten ermöglicht.[12] Beobachtbar sind häufig lang anhaltende Arbeitsphasen mit erkennbaren individuellen sowie kollektiven Ideenwanderungen und Ideenkreuzungen, die auch als »improvisierte Choreografien« beschrieben werden können.[13]

## Literatur

BDK (Hg.): Frühkindliche ästhetische Bildung. Ein Diskussionsbeitrag der Arbeitsgruppe Grundschule im BDK. Hannover 2009
Duncker, Ludwig: Kindliches Lernen und ästhetische Bildng. In: Duncker, Ludwig/Lieber, Gabriele/Neuss, Norbert/Uhlig, Bettina (Hg.): Bildung in der Kindheit. Das Handbuch zum Lernen in Kindergarten und Grundschule. Seelze 2010, S. 13

---

11 Vgl. Lee (2010), S. 28–31
12 Vgl. Rosa (2016)
13 Vgl. BDK (2009), S. 11 f

Lee, Kerensa: Kinder erfinden Mathematik mit gleichem Material in großer Menge. In: Hefendehl-Hebeker, Lisa; Leuders, Timo; Weigand, Hans-Georg; Barzel, Bärbel (Hrsg.): Mathemagische Momente. Cornelsen 2009, S. 104–113

Le Bohec, Paul: Verstehen heißt Wiedererfinden: Natürliche Methode und Mathematik. Freinet-Kooperative, 1997

Lee, Kerensa: Kinder erfinden Mathematik. Gestaltendes Tätigsein mit gleichem Material in großer Menge. Verlag das Netz 2010

Metzger, Roland Karl: Orientierung in der Welt. Das Sammeln, Ordnen und Erinnern aus anthropologischer Sicht. In: TPS 5/2012, S. 4–7

Rosa, Hartmut: Resonanz. Eine Soziologie der Weltbeziehung. Suhrkamp 2016

Steage, Roswitha; Lee, Kerensa: Mathematisch-ästhetische Bildung. In: Duncker, Ludwig; Lieber, Gabriele; Neuss Norbert; Uhlig, Bettina: Bildung in der Kindheit. Das Handbuch zum Lernen in Kindergarten und Grundschule. Klett/Kallmeyer 2010, S. 234–240

# 11 Spielerisch-ästhetisches Lernen im Kunstmuseum. »Kunstspiele« für Kinder

*Alfred Czech*

Spielerische Vermittlungsformen aller Art, hier mit dem Sammelbegriff »Kunstspiele« bezeichnet, gewinnen seit Jahren an Bedeutung für die Museumspädagogik, für die Vermittlung mit Grundschulkindern. Sie erfüllen viele Funktionen: Sie stoßen Erfahrungs- und Lernprozesse an, strukturieren und intensivieren sie. Das zentrale Anliegen ist dabei, dass Kinder ästhetische Erfahrungen als lustvoll erleben. Im Folgenden werden spielerische Formen ästhetischen Lernen an einem besonderen Ort – dem Kunstmuseum – vorgestellt. Die Methoden und Erfahrungen haben sich aus langjähriger Praxis des Museumspädagogischen Zentrums München entwickelt und wurden in Fortbildungen mit Grundschullehrern immer wieder kritisch reflektiert.

## 11.1 Mit Kindern vor Kunstwerken im Museum

Kinder und ihre erwachsenen Begleiter – Eltern, Erzieher, Lehrer – besuchen ein Kunstmuseum mit ganz unterschiedlichen Motivationen. Die Kinder sind offen und neugierig. Die Erwachsenen bringen Verhaltensmuster (Ritual der Besichtigung) mit und begegnen dem Museum mit einer gewissen Bildungserwartung.

**Perspektive der Kinder**

Grundschulkinder freuen sich in der Regel darauf, ein Museum zu besuchen. Sie zeigen im Museum dasselbe Neugierverhalten, mit dem sie ihre alltägliche Umgebung erkunden. Sie nehmen die Kunstwerke mit dem Instrumentarium ihrer Alltagserfahrung wahr. Die Kinder sind vom Museumsgebäude und den originalen Kunstwerken viel stärker und unmittelbarer beeindruckt als die Erwachsenen. Auch reagieren sie spontaner und ungehemmter. Sie nehmen jede Art von Vermittlungsangebot erst einmal positiv an.

**Perspektive der Erwachsenen**

Lehrer und Lehrerinnen initiieren und organisieren den Museumsbesuch mit einer allgemeinen oder speziellen Bildungsabsicht. Als Kunstvermittler lassen sie sich nicht von ihrer Alltagserfahrung leiten, sondern wenden ihre kunsthistorischen Kenntnisse und kunstpädagogischen Erfahrungen an. Dabei vereinfachen und reduzieren sie stilgeschichtliche Charakterisierung und formale Analysen, Künstlerbiografien und inhaltliche Interpretationen soweit, dass die Kinder sie verstehen können. Vereinfacht formuliert, wollen sie den Kindern eine »Gebrauchsanweisung« für das Kunstmuseum an die Hand geben, die von Erwachsenen für Erwachsene entwickelt wurde. Die Schüler sollen diese »Gebrauchsanweisung« annehmen und im Unterrichtsgespräch in ihre Sprache umsetzen. Selbst wenn sie willig mitmachen, kann sie das schnell überfordern und ermüden.

Der spielerische Ansatz versucht zwischen den Perspektiven der Kinder und der Erwachsenen zu vermitteln. Im spielerischen Umgang mit Bildern und plastischen Werken bringen beide Seiten ihre Fähigkeiten ein. Allerdings wird nicht wie in der Freizeit um seiner selbst willen gespielt. Die »Kunstspiele« haben einen möglichst konkreten Bezug zu den Originalen, auf deren Besonderheiten sie die Aufmerksamkeit lenken und deren Verständnis sie erweitern und vertiefen sollen (Czech 2012). Dabei ist die Vermittlung von Informationen im Gegensatz zur monologischen Führung für Erwachsene von untergeordneter Rolle. Wie im Kunstunterricht der Grundschule sollen die Kinder angesprochen und aktiviert werden, um ihre persönlichen und kulturellen Kompetenzen zu fördern (vgl. Kirchner 2013).

## 11.2 Ästhetische Erfahrungen durch »Kunstspiele«

In der Museumspädagogik hat sich in den letzten Jahrzehnten ein umfangreiches Methodenspektrum entwickelt, inspiriert von vielen Richtungen der Pädagogik (Dürr 1990; Cremer/Drechsler/Mischon 1996; Bertscheit 2001; Czech 2012; Czech/Kirmeier/Sgoff 2014, S. 198–224). Dabei liegt der Fokus von Vermittlungsangeboten für Grundschulkinder im Museum im schulischen Sinne auf prozessbezogenen Kompetenzen (wahrnehmen, analysieren, kommunizieren). Die vielfältigen Formate – Führung mit Praxisteilen, Entdeckertouren, Workshops – suchen Erlebnisse und Erfahrung anzustoßen und Räume für informelles Lernen zu eröffnen. »Kunstspiele« gehören zu diesem neuen Methodenrepertoire. Sie werden in diesem Beitrag in Anführungsstriche gesetzt, damit sie nicht mit der Gattung von Karten- und Gesellschaftsspielen verwechselt werden, die explizit kunstgeschichtliche Inhalte zum Thema haben.[1] In unserem

---

1 Zwei Beispiele: Das Prestel-Kinderkunstspiel. München, London, New York (Prestel-Verlag) 2000; Das Spitzweg-Spiel. Stuttgart (Belser-Verlag) 2003

Kontext reicht das Spektrum von expliziten Kunstspielen bis zu jeder Art freien spielerischen Umgangs (vgl. Scheuerl 1979; Oerter 1999).

Die folgenden vier »Kunstspiele« wurden aus bekannten Spielen entwickelt, oder speziell zur Vermittlung im Museum erfunden.

**Bilder**

**Abb. 11.1:** Mögliches Bildbeispiel: François Bocher, Marquise de Pompadour, 1756, München, Alte Pinakothek

Selbstverständlich ist ästhetisches Lernen im Kunstmuseum mit intensivem Sehen verbunden. Die Kunstkenner_innen mögen das reine visuelle Erlebnis genießen, die Vermittler_innen mögen es nachvollziehen. Doch Kindern ist eine zweckfreie ästhetische Wahrnehmungsweise fremd. Vertraut ist ihnen dagegen, die Welt um sie herum mit den eigenen Augen zu entdecken. Und diese Fähigkeit prädestiniert sie für ein Entdeckerspiel ohne Worte: »Original und Fälschung« (Czech 2012, S. 36–43). Der Vermittler gibt den Kindern vor einem Original im Museum Fälschungen des Bildes an die Hand. Die Fälschung stellt er mit Hilfe eines digitalen Bildbearbeitungsprogramms her. Dabei löscht er Details aus der digitalen Reproduktion mit Hilfe eines Stempelwerkzeugs. Die Unterschiede in der Fälschung sind so platziert, dass sie die Aufmerksamkeit der Kinder auf interessante, aussagekräftige Details am Original lenken. Wenn es die Aufgabe ist, zehn Unterschiede zwischen dem Original und der Fälschung zu entdecken, »scannen« die Kinder das gesamte Bild im Kurzzeitgedächtnis und achten auf kleinste Details. Im spielerischen Kontext betrachten die Grundschüler das Bild über einen längeren Zeitraum mit höchster Konzentration. Konzentrierte Aufmerksamkeit und Einsatz des Bildgedächtnisses sind zugleich Elemente des Spiels. Die Kinder machen die Erfahrung, dass es auf Bildern umso mehr zu entdecken gibt, je länger und genauer sie sie anschauen. Durch das Spiel lernen sie eine investigative Strategie kennen.

**Worte**

Ohne große Vorbereitung lässt sich ein weiteres Entdeckerspiel spielen: »Ich sehe was, was du nicht siehst!« (Czech 2012, S. 27–30). Kinder spielen es deshalb so gerne, weil sie ihre Welt mit einer universellen Aufmerksamkeit wahrnehmen, während Erwachsene viel stärker nach individuellen Interessen filtern.

**Abb. 11.2:** Bildbeispiel: Édourard Manet, Frühstück im Atelier, 1868, München, Neue Pinakothek

Konzentriert sich das Spiel auf ein Gemälde, verstärkt das den Wettbewerb, etwas zu entdecken, was den anderen noch nicht aufgefallen ist. Der Standardsatz des Stehgreifspiels gibt einen Hinweis auf eine Farbe, zum Beispiel: »Ich sehe was, was du nicht siehst, und das ist gelb!« Die Mitspieler suchen zu erraten, welche gelbe Stelle auf dem Bild gemeint sein könnte. Ihre Hinweise formulieren sie in Worten, wenn möglich, indem sie Dinge benennen: ein Hut, eine Zitrone etc. Die Differenz zwischen den im Alltag wahrgenommenen Dingen und deren abstrahierten Abbildungen bereitet ihnen in der Regel keine Probleme. Sie können nur solche Dinge benennen, die sie bereits gesehen haben und deren Bezeichnung sie kennen. Der Fundus ist bei Grundschulkindern bereits groß genug, um mit der Mehrzahl realistischer Darstellungen zurecht zu kommen. Die Doppelcodierung von Bild und Wort spielt für die ästhetische Wahrnehmung eine fundierende Rolle (vgl. Sowa/Glas/Miller 2014). Ein Spiel wie

»Ich sehe was, was du nicht siehst!« differenziert diese Doppelcodierung. Die Kinder haben eine modellhafte Vorstellung davon, wie ein Hut aussieht und erweitern ihre Seherfahrung und ihren Wortschatz, indem sie durch die Bildbetrachtung zum Beispiel die Kategorie Hut um einen Strohhut erweitern.

Die Hinweise lassen sich von Farben auf andere Wahrnehmungsqualitäten (Material, Lage im Raum, Beziehungen) und Anmutungen (»Ich sehe etwas, das glänzt, fasst sich rau an, schmeckt sauer!«) erweitern. So wird das Augenmerk über die Dingwahrnehmung hinaus auf darstellerische und gestalterische Qualitäten des Bildes gelenkt.

**Dinge und Geschichten**

Über Assoziationen können Kinder einen schnellen und direkten Zugang zu Werken im Museum finden. Museumspädagog_innen haben eine Reihe von assoziativen Methoden entwickelt, wie den »Chinesischen Korb«. Kinder bekommen Begriffe oder Gegenstände an die Hand und sollen diese spontan und unzensiert mit einem Werk im Museum in Beziehung setzen.

**Abb. 11.3:** Bildbeispiel: Friedrich Schinkel, Dom über der Stadt, um 1830 (Kopie von K.E. Biermann nach dem verlorenen Original), München, Neue Pinakothek

Assoziative Methoden können problematisch werden, wenn die Beiträge der Kinder nicht auf das Werk hinführen, sondern in alle möglichen Richtungen ausufern. Deshalb habe ich für das »Schlüsselspiel« zu Friedrich Schinkels »Dom über der Stadt« (um 1830, Neue Pinakothek, München) die assoziative Methode mit konkreten schriftlichen Anweisungen kombiniert. Die Klasse wird in Gruppen aufgeteilt, die jeweils eine Aufgabenkarte erhalten, an der ein Schlüssel hängt. Eine der Aufgaben lautet: »Dieser Schlüssel passt zu einem Haus! Wer wohnt in ihm und was hat er in der Stadt erlebt?« Die Kinder untersuchen den Schlüssel und suchen auf dem detailreichen Bild ein Haus für ihn aus. Sie entdecken dessen Details und nehmen seine Ausstrahlung wahr. Aus den Bildeindrücken und der Art des Schlüssels entwickeln sie eine kleine Geschichte, die sie der Klasse vorstellen.

Die Aufgabe ist anspruchsvoll, weil die Kinder das Gemälde zuerst möglichst genau betrachten und danach diese Eindrücke mit Hilfe ihrer Fantasie in eine Geschichte übersetzen sollen. Ihre Fantasiegeschichte wird umso differenzierter und spannender, je mehr es ihnen gelingt, ihnen bekannte Geschichten und narrative Muster im Spiel anzuwenden. Der Schlüssel als begreifbares Objekt bringt den entscheidenden Impuls, weil er die visuell-ästhetische Wahrnehmung des Bildes mit einer konkreten haptischen Erfahrung kombiniert.

**Körper**

**Abb. 11.4:** Mögliches Bildbeispiel: Frans Hals, Willem van Heythuysen, um 1625, München, Alte Pinakothek

Sich bewegen, agieren, den eigenen Körper zum Kunstwerk in Beziehung setzen – auf performative und theatrale Vermittlungsformen sprechen Kinder stark an. In die Kategorie dieser Vermittlungsmethoden gehört das Nachstellen von Figuren aus Bildern oder von Skulpturen (vgl. Czech 2012, S. 116–120). Das Nachstellen kann als kurzes Improvisationsspiel oder mit großem Aufwand in

Kostümen betrieben werden. Es kann spontan ausprobiert oder nach festen Spielregeln inszeniert werden. Die Kinder übernehmen die Rolle von Darstellern oder von Regisseuren. Die Darsteller stehen zu Anfang in ihrer natürlichen gewohnten Haltung vor dem Original. Von der Gruppe oder wechselnden Regisseuren werden sie angeleitet, die Haltung ihres Körpers, die Stellung ihre Beine und die Position ihrer Arme zu verändern. Schritt für Schritt nähert sich die Haltung des/der Darsteller der Vorlage an. Intuitiv können Kinder Körpersprache lesen. Durch das Nachstellspiel wird diese intuitive Fähigkeit auf eine bewusstere Stufe gehoben und Körpersprache als ästhetische Ausdrucksform erlebt.

Sowohl die Darsteller_innen als auch das Publikum entwickeln während des Spiels Empathie mit den Figuren. Gestik und Mimik können von den Kindern durch die eigene Körperhaltung als Ausdruck von Befindlichkeiten und Emotionen bewusst wahrgenommen und mit Worten bezeichnet werden. Körpersprache als ästhetische Ausdrucksform wird so am eigenen Leib erfahrbar.

Die vier exemplarisch vorgestellten »Kunstspiele« verfolgen jeweils ein spezielles Vermittlungsziel und haben dabei unterschiedliche Anspruchsniveaus:

- Entdecken – »Ich sehe was, was du nicht siehst!«
  Lustig und kinderleicht, lädt alle zum Mitmachen ein.
- Bewusst wahrnehmen – »Original und Fälschung«
  Kompetitiv und Konzentration und Kurzzeitgedächtnis fordernd (Speichern von Details und Erkennen von kleinen Differenzen).
- Assoziative Bezüge herstellen und fabulieren: »Schlüsselspiel«
  Sprachliches Ausdrucksvermögen und Fantasie fordernd (Verbindung von Bildeindrücken, ihrer sprachlichen Übersetzung und narrativen Mustern).
- Körperlich agieren: Bilder nachstellen
  Aktivierend und Einfühlung anregend, intensives Gruppenerlebnis.

Spielerische Vermittlungsformen wollen Kompetenzen fordern und fördern, verschiedene Sinne ansprechen sowie körperlich und geistig aktivieren. In ihrer Vielfalt unterscheiden sie sich von der traditionellen Bildbesprechung, die an einem Bild dasselbe Programm von der Beschreibung bis zur Analyse und Bewertung durchläuft und die ein immer gleich hohes Anspruchsniveau hat, das eng mit Sprachbeherrschung und diskursivem Denken zusammenhängt.

## 11.3 Rahmenbedingungen und Potentiale von »Kunstspielen«

Im Unterschied zur monologischen Darbietung von Informationen schaffen spielerische Vermittlungsformen bessere Rahmenbedingungen, um ästhetisches Lernen zu initiieren und zu fördern:

- Die offene Atmosphäre lädt zu »leichtem« Lernen ein.
- Die Kinder können sich »ins Spiel« bringen.
- Der spielerische Wettbewerb fordert und fördert zugleich Selbstständigkeit.

**Motivation und Impulse**

Heute kommt es zwar selten vor, dass das Museum mit seiner Größe, seinen Sicherheitsvorschriften und seinen Aufsehern Kinder einschüchtert. Dennoch verhalten sie sich offener und lockerer, wenn die Vermittler mit einem Spiel beginnen, das einlädt das Museum zu erkunden. Gerade Schüler, die durch Leistungserwartungen gehemmt sind, können »einfach mal mitspielen«.

**Aufmerksamkeit und Konzentration**

Will man etwas von Bildern lernen, muss man sich auf sie einlassen, ihnen Zeit widmen, sie nicht nur flüchtig, sondern ausdauernd betrachten. Das können Kinder nicht von sich aus, dabei brauchen sie Hilfestellungen. Spiele verlängern die Verweildauer vor einem Bild. Spielregeln strukturieren die Zeitspanne und leiten die Aufmerksamkeit. Mit ihrer Hilfe wissen die Kinder etwas mit einem Bild anzufangen. Das Spiel fordert ihre ständige Konzentration. Diese wird aber nicht wie bei schulischen Aufgaben als Anstrengung wahrgenommen. Dies gilt umso mehr, je älter die Kinder werden und die Prozesse von Spielen und Lernen unterschieden werden können.

**Kommunikation und Interaktion**

In der Rolle von Spielern werden und bleiben die Kinder aktiv. Der Vermittler/Lehrer gibt einen Teil seiner Dominanz für die Dauer des Spiels ab, wird zum Spielleiter und Moderator. Die Schüler können im Spiel ganz unterschiedliche Rollen als Spielgestalter, Mit- oder Zusammen-Spieler einnehmen. Auch haben sie Spielräume zu entscheiden, wie intensiv sie sich beteiligen wollen.

**Bildgedächtnis**

Zentral für das ästhetische Lernen von Kindern ist die Erweiterung ihres Bildgedächtnisses. Je länger sie sich mit einem Bild beschäftigen, desto besser kann es sich in ihr Gedächtnis einprägen und so einen Vergleichspunkt für künftige Bilderfahrungen bereitstellen. Wenn ein Spiel mit einer Reihe von Bildern, einem Bildpool, operiert, eröffnet es sowohl die Chance, das Bildgedächtnis zu erweitern als auch Formen der Vernetzung kennenzulernen und einzuüben.

**Perspektivenwechsel und Kreativität**

Kunstspiele gehen dem Vermittler/Lehrer ein Instrumentarium an die Hand, die Kinder durch wechselnde Herangehensweisen immer wieder zu überraschen und Vermittlungsangebote abwechslungsreich zu gestalten. Mit den vier vorgestellten »Kunstspielen« ist jeweils ein Perspektivenwechsel verbunden, indem visuelle Vergleiche, sprachliche oder körperliche Impulse unterschiedliche ästhetische Zugänge anbieten.

Die spielerische Haltung ebnet viele Wege zur Kreativität. So können Kinder mit spielerischen Materialien, wie zum Beispiel Farbkarten, ähnliche und alternative Farbkombinationen vor einem Original durchprobieren.[2] Kunstwerke entstehen ja oft, indem Künstler mit Materialien experimentieren und verschiedene Realisierungen ihrer Vorstellungen durchspielen. Deshalb sind spielerische Formen der Aneignung der Kunst wesensverwandt (Ausstellungskatalog Vaduz/Berlin/Siegen 2005/06).

## 11.4 Resümee

Spielerische Formen ästhetischen Lernens schlagen eine Brücke zwischen formalem schulischem Lernen und lustvoller Freizeitbeschäftigung. Indem sie beliebte Spiele modifizieren, übertragen sie deren positive Besetzung aus der Freizeit auf ästhetische Lernprozesse im Museum. Ein Besuch im Museum bietet Chancen für vielfältige ästhetische Erfahrungen: das Raumerlebnis des Museumsbaues und seiner großzügig dimensionierten Ausstellungsräume, die »ästhetische« Präsentation seiner Exponate sowie die Wirkung der Originale in ihrer Größe und Stofflichkeit. Welche Eindrücke das einzelne Kind mitnimmt, lässt sich nur erahnen, denn ästhetische Erfahrungen hängen von seinen individuellen Dispositionen ab und sind in ihren Verflechtungen hochkomplex. Doch

---

2 In den Museumsräumen sind gestalterische Aufgaben nur in sehr begrenztem Maße möglich. Meist ist nur das Zeichnen mit Blei- und Buntstiften erlaubt. Dennoch können von Museumsbesuch starke Impulse für eigenes Gestalten in einem benachbarten museumspädagogischen Studio, in der Schule oder zu Hause ausgehen.

signalisieren Reaktionen wie aktive Beteiligung und ausdauernde Anteilnahme, Freude und Begeisterung, dass es dem Vermittler/Lehrer gelingt, Erfahrungs- und Lernprozesse anzustoßen. »Kunstspiele« helfen, diese zu initiieren und zu strukturieren, indem sie unterschiedliche Sinne und Fähigkeiten mit variierenden Anspruchsniveau ansprechen.

## Literatur

Ausstellungskatalog Vaduz, Berlin, Siegen (2005/06): Kunst und Spiel seit Dada. Faites vos jeux! Hg. Nike Bätzner. Ostfildern-Ruit.
Bertscheit, Ralf (2001): Bilder werden Erlebnisse. Mitreißende Methoden zur aktiven Bildbetrachtung in Schule und Museum. Mühlheim an der Ruhr.
Cremer, Claudia/Drechsler, Michael/Mischon, Claus/Spall, Anna (1996): Fenster zur Kunst. Ideen für kreative Museumsbesuche. Berlin, Milow.
Czech, Alfred (2012): Kunstspiele. Spielend Kunst verstehen lernen. Für Kinder und Erwachsene. Schwalbach/Ts.
Czech, Alfred / Kirmeier, Josef / Sgoff, Brigitte (2014): Museumspädagogik. Ein Handbuch. Grundlagen und Hilfen für die Praxis. Schwalbach/Ts.
Dürr Reinhard, Franziska (1990): 10 x 10 Kunstbegegnungen: Eine Aufgabensammlung auf 100 A5-Postkarten mit Motiven aus der Aargauer Kunstsammlung. Zofingen.
Kirchner, Constanze (2013): Kunst. Didaktik für die Grundschule. Berlin.
Kunst+Unterricht H. 274/75 (Aug./Sept. 2003): Spiel.
Liebelt, Udo (1985): Kunstspiel. Das Kinderforum im Museum Sprengel Hannover. Aktionen 1978 bis 1985 und viele Anregungen zum Mitmachen. Hannover.
Oerter, Rolf (1999): Psychologie des Spiels. Weinheim und Basel.
Uhlig, Bettina (2005): Kunstrezeption in der Grundschule. Zu einer grundschulspezifischen Rezeptionsmethodik. München.
Scheuerl, Hans (1979): Das Spiel. Untersuchungen über sein Wesen, seine pädagogischen Möglichkeiten und Grenzen (1. Ausg. 1952). Weinheim, Basel.
Sowa, Hubert/Glas, Alexander/Miller, Monika (Hrsg.): Bildung der Imagination. Bd. 2 Bildlichkeit und Vorstellungsbildung in Lernprozessen. Oberhausen 2014.

# 12 Kinderzeichnungen – selbsterarbeitete Symbolik von Kindern verstehen

*Norbert Neuß*

In diesem Beitrag geht es um eine pädagogische Perspektive auf den symbolischen Ausdruck von Kindern. Zum ästhetischen Ausdruck von Kindern gehören das Spielen, Gestalten und Phantasieren ebenso dazu, wie das Zeichnen (vgl. Neuß 1999). Letzteres möchte ich im Folgenden näher betrachten und anhand der Zugangsweisen zu Kinderzeichnungen ein ›Symbolverständnis‹ aufzeigen, das die subjektive Symbolschöpfung jedes einzelnen Menschen hervorhebt.

## 12.1 Das Sichtbare und das Unsichtbare – ein Beispiel

Der geistig zurückgebliebene Bruder von Leolo wird in der Schule von einem Berufsberater gebeten, eine Zeichnung anzufertigen, um seine geistigen Fähigkeiten zu überprüfen. Nach einer Stunde gibt der Junge ein weißes Blatt zurück und besteht darauf, dass er einen weißen Hasen im Schnee gezeichnet hat. Kritisch betrachtet der Berufsberater das Blatt, schaut sich auch die ›Rückseite‹ an und sagt zu dem Jungen und der Mutter, die ihm gegenübersitzen: »Im Schnee. Auf beiden Seiten«. Daraufhin antwortet der Junge: »Aber ja, er ist da, sehen sie nicht, dass er da ist.« Die Mutter fragt daraufhin den Berufsberater: »Was soll ich mit einem vierzehnjährigen Jungen tun, der nicht mit der Schule klarkommt?« Er antwortet: »Ich bedaure Madame Lauso, so wird es nicht weitergehen können. Bedaure«, und verlässt ohne weiteren Kommentar das Zimmer. Die Mutter nimmt die Zeichnung und wirft ebenfalls einen Blick darauf. Als der Junge sieht, dass seine Mutter die Zeichnung falsch hält, nimmt er die Zeichnung und dreht sie um 90 Grad. Die Mutter schaut den Jungen verwundert an und streichelt ihm wortlos über den Kopf. In ihrem Ausdruck schwingt etwas von Ratlosigkeit, Unverständnis und Mitleid mit.

Diese kurze Szene aus dem Film *Leolo* deutet das problematische Verhältnis des Realen und Imaginären an. Da die imaginären Aspekte in der hundertjährigen Kinderzeichnungsforschung kaum beachtet wurden, möchte ich hier zunächst den Blick auf zeichnungsbezogene Imaginationen richten. Um Kinderzeichnungen zu verstehen, sind kommunikative Prozesse nötig, weil sich erst in ihnen die zeichnungsbezogenen Imaginationen der Kinder manifestieren, wie die Filmszene bereits andeutet.

## 12.2 Kinderzeichnungen sind ›selbsterarbeitete Symbole‹

Zur Darstellung, wie der symbolische Ausdruck von Menschen erforscht und beschrieben wurde, eignet sich die Forschung zu Kinderzeichnungen außerordentlich. An ihr kann exemplarisch gezeigt werden, dass vor allem positivistische Forschungsrichtungen den symbolischen Ausdruck von Menschen schematisieren und entsymbolisieren. Dies läßt sich beispielsweise an den Aussagen des Psychologen Krenz belegen. In seinem 1996 erschienenen Elternratgeber werden zwanzig Grapheme der Kritzelphase hinsichtlich ihres Erzähl- und Ausdruckswertes beschrieben. Ohne kritischen Kommentar bezieht sich Krenz dabei auf eine Untersuchung von Kellogg (1969). Dementsprechend sei der Ausdruckswert eines Punktes in einer Kinderzeichnung »mit Traurigkeit der Kinder verbunden«, eine waagerechte Linie zeige den »Wunsch, Weite zu erleben«, und der nach unten offene Halbkreis deute auf ein Gefühl von »Enge, einer Beschränkung und Eingrenzung vorhandener Entwicklungsmöglichkeiten« (Krenz 1996: 69ff) hin. Problematisch erscheint es, Eltern oder pädagogisch Tätigen derartige Listen mit Graphemen, Formen oder Farben an die Hand zu geben und diese dann in Beziehung zu diagnostischen Merkmalen zu stellen. Gmelin (1978) listet beispielsweise die Symbolik von Tieren in Kinderzeichnungen in einem »Lexikon der Bedeutungen von Aal bis Ziege« dar. Die Aufgabe von Eltern oder Psychologen besteht also bei dem Verstehen der Zeichnung vorrangig darin, die vorgefertigte Palette von Bedeutungen (Farb-, Form- oder Motivbedeutungen) an die Kinderzeichnung anzulegen, um die emotionale Gestimmtheit des Kindes, seine kognitive Entwicklung oder seine soziale Situation zu beurteilen. Die Gedanken, Gefühle und Aussagen des Kindes zu seiner Zeichnung, seine Erfahrungen werden zum Verstehen des symbolischen Ausdrucks in dieser Sicht nicht benötigt. So vermitteln zahlreiche Forschungsarbeiten zu Kinderzeichnungen den Eindruck, dass die Forscher das schon fast zwanghafte Bedürfnis haben, alle Zeichen, Formen und Farben mit einfachen und vor allem eindeutigen Bedeutungen zu belegen. Die Grundlage dieser ›Interpretationsmethode‹ ist zumeist die Annahme eines gemeinsamen Symbolverständnisses von Produzent und Betrachter. Doch die wesentliche Problematik bei der Interpretation von Kinderzeichnungen kommt durch die Differenz zwischen subjektiver Sinnzuschreibung des Produzenten und der Sinnsuche des Betrachters mit Hilfe des kulturell vermittelten, konventionalisierten Sinn- oder Symbolsystems zustande.

Vielmehr müssen Kinderzeichnungen als selbsterarbeiteter Symbolik verstanden werden, bei der Dimensionen der inneren Welt des Kindes (z. B. Entwicklungsmuster, Selbstbild) und der Äußeren Welt (soziale Muster, Weltbilder) ineinanderfließen.

## 12.3 Zeichen und Symbole

Nicht nur bei der Interpretation von kindlichem symbolischen Ausdruck gibt es bei zahlreichen ForscherInnen die Tendenz, den Unterschied zwischen Zeichen und Symbolen zu reduzieren (vgl. Mèlich 1999). In der Literatur werden in der Regel Zeichen und Symbole unterschieden. Die Bedeutung von Zeichen sind kulturell eindeutig verabredet. Eine rote Ampel ist ein Zeichen, das es richtig zu verstehen gilt. Während Zeichen gelernt werden, zeichnet sich symbolischer Ausdruck durch seine Mehr- oder Doppeldeutigkeit aus. Symbolischer Ausdruck, wie es auch Kinderzeichnungen sind, verweist auf eine andere Wirklichkeit und repräsentiert sie. Repräsentation meint in ursprünglicher Bedeutung nicht, dass etwas nur uneigentlich oder indirekt da ist; sondern das, worauf verwiesen wird, ist unmittelbar gegenwärtig. Alle Symbole sind insofern Zeichen, als sie als Objektivation wahrnehmbar sind; aber nicht alle Zeichen sind Symbole, weil ein wesentliches Charakteristikum von Zeichen ihre semantische Eindeutigkeit ist. Für Zeichen, die einen mehrfachen oder doppelten Sinn besitzen, wird in der sprachphilosophischen Tradition der Begriff »Symbol« verwendet.

Wenn also der symbolische Ausdruck von Menschen mit eindeutigen Bedeutungen belegt wird, dann wird eine Entsymbolisierung vorgenommen. Dabei wird die spezifische Eigenschaft des Symbolischen, nämlich seine Mehr- und Doppeldeutigkeit sowie seine Konstituierung, durch das Imaginäre vernichtet. Kinder sprechen nämlich, während sie malen und nachdem sie gezeichnet haben, zu ihren Bildern und kommentieren sie. Dabei bewegen sie sich über die Ebene des Sichtbaren deutlich hinaus und beziehen auch Dinge mit ein, die nicht sichtbar sind oder die sie nicht sichtbar darstellen konnten (vgl. Merleau-Ponty 1986). Beim Sprechen über Zeichnungen findet eine Überschreitung des Sichtbaren statt, die als zeichnungsbezogene Imagination den Raum des ›Symbolischen‹ andeutet.

Eltern oder Fachkräfte, die mit Kindern zu tun haben, müssen fähig sein oder befähigt werden, die kindlichen Ausdrucksformen fachlich kompetent zu deuten und zu verstehen. Um Kinder und ihre Zeichnungen zu verstehen, sind kommunikative Prozesse unumgänglich. Dass dies aber bisher keineswegs eine Selbstverständlichkeit ist, hat z. B. der Ansatz von Krenz gezeigt. Für das Interpretieren und Verstehen des symbolischen Produktes wird der dialogische, informative Austausch mit dem Kind als unumgänglich angesehen.

## 12.4 Unterschiede zwischen Sprache und ›ästhetischem Ausdruck‹

In der abendländischen Kultur haben der nichtsprachliche Ausdruck und das sich daran anschließende Verstehen kaum eine Tradition, weil Sprache und Schrift als die wesentlichen Erkenntnismöglichkeiten betrachtet wurden. Die Erkenntnis, dass Kinder sich sehr intensiv durch ästhetische Ausdrucksweisen verständigen, macht eine intensive Beschäftigung mit diesen ästhetischen Formen erforderlich. Dies kann mit den philosophischen Überlegungen von Susanne K. Langer (1987) theoretisch untermauert werden. Sie argumentiert insbesondere gegen zwei Thesen der Erkenntnistheorie, nämlich dass »die Sprache das einzige Mittel sei, um artikuliert zu denken« und »dass alles, was nicht aussprechbarer Gedanke ist, Gefühl sei« (ebend.: 93). Langer setzt sich von dieser Vorstellung deutlich ab und betont, dass es »Dinge gibt, die in das grammatische Ausdrucksschema nicht hineinpassen« und »durch ein anderes symbolisches Schema als die diskursive Sprache begriffen werden müssen« (ebend.: 95). Langer charakterisiert das menschliche Bewusstsein als einen dauernden Prozess der symbolischen Transformation psychophysischer Impulse und hebt dabei die Bedeutung präsentativer Symbolisierungsformen (Bilder, Musik, Tanz, Riten usw.) hervor. Als wesentliche Charakteristika der präsentativen Symbolisierungen nennt Langer ihre Fähigkeit zu komplexeren Kombinationen, ihre Fähigkeit, gefühlsmäßige und unaussprechliche Anteile der Weltaneignung zu binden und ihre besondere Regelhaftigkeit beim ihrer Wahrnehmung. Folgende Qualitäten hat der ästhetische Ausdruck gegenüber sprachlichem Ausdruck:

- **Zeichnungen binden emotionale Anteile stärker ein.** Gefühle und inneren Bilder lassen sich häufig einfacher in Zeichnungen ausdrücken, weil Farben und Formen deutlicher als die Sprache eine unmittelbare Wirkung hervorrufen. Dies gilt sowohl für den Zeichnenden während des Zeichnens als auch für den Betrachter beim Anschauen des fertigen Produkts.
- **Zeichnungen sind aufgrund ihrer Eigenschaften näher an den bildverarbeitenden und bilderzeugenden kognitiven Prozessen.** Visuell geprägte Erlebnisse oder Phantasien, die mit sprachlichen Begriffen nicht oder nur höchst unzulänglich ausgedrückt werden können, finden ein geeignetes Medium ihrer Darstellung mit Hilfe von präsentativen Symbolisierungformen (z. B. Zeichnungen).
- **Sein und Erscheinungsweise sind in Zeichnungen nicht voneinander getrennt.** Boehm benennt ein Beispiel, um die Unterschiedlichkeit von bildlichem und sprachlichem Ausdruck zu verdeutlichen: »Während ein reales Ding, z. B. ein Baum, sich im Wechsel seiner Erscheinungsformen (kahl, belaubt, noch als geschlagenes Holz) als der immer gleiche kategoriale Sachbestand behauptet und als solcher auch sprachlich bestimmt zu werden vermag, kann dies von einem gemalten Baum niemals gelten« (Boehm 1978: 449). Das im Bild Ausgedrückte ist Sein und Erscheinungsform in einem und macht die Potentiali-

tät des Bildes aus. Bilder sind gerade deshalb nur begrenzt mit sprachlichen Mitteln zu beschreiben und zu analysieren, weil ihr Potential in dem Ausdruck des Unausdrückbaren liegt. »Dieses Unausdrückbare ist eben gerade das Ausgedrückte« (Dufrenne 1979: 141). Eine ausschließlich sprachliche Beschreibung wie »ich träume davon eine Prinzessin zu sein«, gibt nur wenige Anhaltspunkte über die vorgestellte Erscheinung dieser Figur oder den Zusammenhang ihres Wirkens.

- **Zeichnungen nehmen psychomotorische Impulse auf.** Dies erscheint vor allem für Kinder im Vor- und Grundschulalter von besonderer Bedeutung zu sein, da ihre Spiele und Phantasiewelten durch eine Vielzahl psychomotorischer Aktivitäten begleitet werden. Bei der zeichnerischen motorischen Aktivität fallen psychische und physische Elemente der Bearbeitung zusammen.
- **Zeichnungen fördern den Ausdruck von Konflikthaftigkeit.** So hat z. B. Sack (1999: 337) gezeigt, wie gestisch-szenische Formen der Nachbereitung eines Theaterstücks – im Vergleich zur mündlichen Nachbereitung – zu anderen Lösungsansätzen führen. Die gestisch-szenischen Entwürfe zeichneten sich u. a. dadurch aus, dass die Auseinandersetzung mit dem Theaterstück konfliktsuchend waren und die mündlichen eher konfliktvermeidend. Für die Erhebung von Phantasien und Phantasieassoziationen bedeutet das auch, dass die Art des Erhebungsinstrumentes bereits eine Lenkung der Ergebnisse darstellen könnte.

## 12.5 Kinderzeichnungen systematisch verstehen

Wer Kinderzeichnungen mit Kindern kommunikativ auslegt, wird erkennen, dass sich die Bedeutung der Zeichnung sowohl aus sinnlich wahrnehmbaren als auch aus imaginierten Elementen zusammensetzt. Kinderzeichnungen lassen sich auf mindestens fünf Ebenen analysieren (vgl. Neuß 1999).

Die vier abgebildeten Ebenen (1–4) geben gemeinsam Hinweise auf die symbolische Botschaft (5). Mit der *Repräsentationsebene* (1) ist das gemeint, was zeichnerisch auf dem Bild mit Farben und Formen dargestellt oder gestaltet ist. Also alle sichtbaren Bildelemente mit ihrer spezifischen Wirkung auf den Betrachter. Dazu gehören die Raumaufteilung des Zeichenpapiers, die Verwendung von Farben, die einzelnen Bildelemente zueinander usw. Diese Ebene ist es auch, auf der die konventionelle Kinderzeichnungsforschung zahlreiche formale Analysen angestellt hat (vgl. Mosimann: 1979). Für ein inhaltliches Verständnis der Zeichnung reicht diese Ebene nicht aus. Eine sachliche, möglichst genaue Bildbeschreibung gehört zur Analyse und Interpretation einer Zeichnung dazu, doch lässt sich an vielen Zeichnungen zeigen, dass erst die bildbegleitende Kommunikation mit ihr die semantische Struktur der Zeichnung deutlicher erkennen lässt und überhaupt erst einen Zugang zur Bedeutungsstruktur

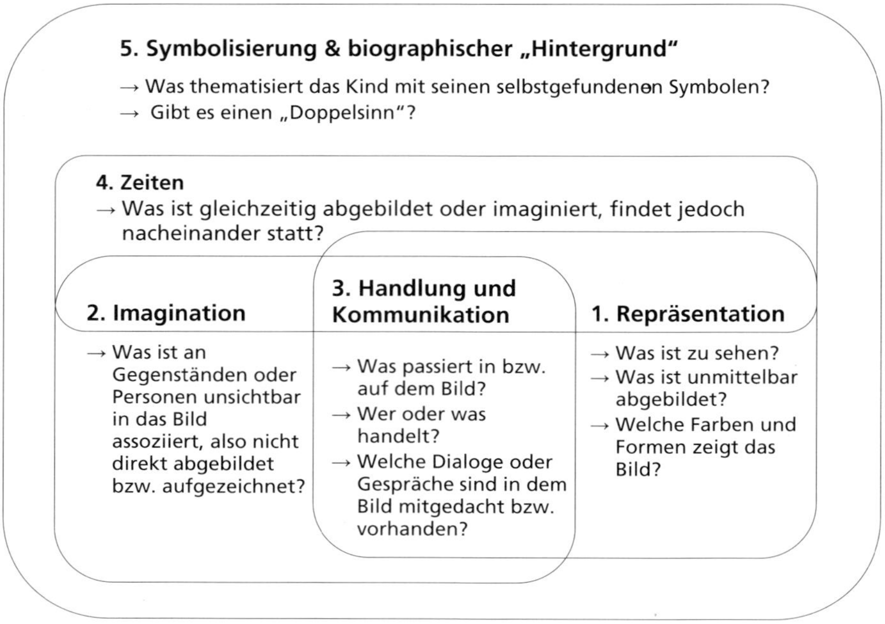

III Konzepte ästhetischer Praxis

**5. Symbolisierung & biographischer „Hintergrund"**
→ Was thematisiert das Kind mit seinen selbstgefundenen Symbolen?
→ Gibt es einen „Doppelsinn"?

**4. Zeiten**
→ Was ist gleichzeitig abgebildet oder imaginiert, findet jedoch nacheinander statt?

**2. Imagination**
→ Was ist an Gegenständen oder Personen unsichtbar in das Bild assoziiert, also nicht direkt abgebildet bzw. aufgezeichnet?

**3. Handlung und Kommunikation**
→ Was passiert in bzw. auf dem Bild?
→ Wer oder was handelt?
→ Welche Dialoge oder Gespräche sind in dem Bild mitgedacht bzw. vorhanden?

**1. Repräsentation**
→ Was ist zu sehen?
→ Was ist unmittelbar abgebildet?
→ Welche Farben und Formen zeigt das Bild?

**Abb. 12.1:** Ebenen in Kinderzeichnungen

der Zeichnung ermöglicht. Das wird im Folgenden an der Zeichnung der neunjährigen Sina verdeutlicht (▶ Abb. 12.2). Sie hat ihre Zeichnung zum Thema »Was ich gern spiele« angefertigt. Sie erklärt ihre Zeichnung folgendermaßen.

> »Ich habe meine Freundin gemalt, wo wir uns gerade besprechen, was wir spielen wollen. Was wir sind. Die gestrichelten Linien sind, was wir uns ausgedacht haben. Ich bin ein Erdmännchen, was eine Bäckerei besitzt. Meine eine Freundin ist ein Erdbeerjoghurt, der Ernie heißt und meine andere ist eine Eule, die in einem Baum lebt. Ich bin in der Bäckerei und meine Freundin kommt und bestellt irgendetwas (lacht) und dann wollen wir den Erdbeerjoghurt aufessen.«

Vielfach übertreten Kinder in bildbezogenen Gesprächen die Ebene des Sichtbaren indem sie sich Dinge zu ihrer Zeichnung vorstellen. Sina hat mit ihrer Zeichnung eine weitere originelle Form gefunden, um diese imaginären Anteile in der Zeichnung darzustellen. Sie hat die Dinge, die sich die drei Mädchen im Spiel ausdenken (also imaginieren) in gestrichelten Linien gezeichnet. Damit wird hier ein Unterschied zwischen der »Realität« und der »imaginierten Spielrealität« hergestellt.

Weil große Teile der Kinderzeichnungsforschung primär an den Formen und weniger an den Inhalten interessiert waren, konnte diesen imaginären Aspekten kaum Beachtung geschenkt werden. Durch kommunikative Prozesse zu Zeichnungen wird die Ebene des Sichtbaren überschritten, und es zeigt sich ein Spektrum von zeichnungsbezogenen Imaginationen. Die *Imaginationsebene* (2) bezieht sich folglich auf Vorstellungen und Phantasien des Kindes, die es zu seiner

**Abb. 12:2:** Kinderzeichnung von Sina

eigenen Zeichnung hat. Der Begriff ›Vorstellung‹ hat durch unterschiedlichste theoretische Positionen (z. B. Husserl, Sartre) einen Bedeutungsüberschuss erhalten, der neben mentalen Phänomenen auch abstrakte Ideen und Konzeptionen umfasst. Deshalb wird in diesem Artikel nicht mit dem Begriff der Vorstellung, sondern dem der Imagination gearbeitet. Imagination ist ein wahrnehmungsähnlicher Eindruck, der zwar aufgrund äußerer Anregungen zustande kommt, aber *nur als Bewusstseinszustand existent ist*. Diese Anregung äußerer Reize gestaltet das Kind selbst, indem es den repräsentierten Bewusstseinsinhalt gestaltet und daran anschließend verbal die nicht präsentierten, imaginären Aspekte dieses Bewusstseinsinhaltes entfaltet. Allerdings darf nicht davon ausgegangen werden, dass die sprachlich ausgedrückten Imaginationen die innerlich ablaufenden Imaginationen hinreichend beschreiben könnten. Auch die geäußerten Imaginationen besitzen in ihrer Beziehung zu den repräsentierten Bildelementen eine symbolische Qualität. Costa Lima erwähnt, dass der Philosoph Jeremy Bentham im Jahr 1814 einen Essay über die »Theorie des Fiktiven« schrieb, der aber nicht veröffentlicht wurde, weil gegenüber dem ›Fiktiven‹ eine Befangenheit bestand. In dieser Zeitepoche wurde das Fiktive und das Reale traditionell in den Pol der Wahrheit und den der Phantasie aufgeteilt. Bentham schrieb:

> »Der Sprache also – der Sprache allein – verdanken die fiktiven Entitäten ihre Existenz; ihre unmögliche, aber unabdingbare Existenz« (Bentham zit. n. Costa Lima 1990: 63).

Das Sprechen ist also die Erweiterung des Präsentativen um das Imaginäre. Beides wird zur Beschreibung des Inhaltes einer Zeichnung beachtet, weil gerade Phantasien ihren Ausgangspunkt in der Wirklichkeit haben und nicht von ihr losgelöst sind. So betont auch Otto, dass die Einbildung eine Umbildung der Wirklichkeit ist:

»Die Relation zwischen Phantasie und Wirklichkeit ist vielschichtiger als ein schlichtes Gegensatzverhältnis« (Otto 1990: 43).

Er geht davon aus, dass es keine Dichotomie zwischen Phantasie und Ratio gibt und relativiert aus diesem Gedanken heraus die Vorstellung, ein Kind könne ganz aus eigener Phantasie etwas zeichnen. Insofern ist die Ebene der Imagination als wesentliche inhaltliche Analyseebene ernst zu nehmen. »Wahrnehmung und Phantasie verschmelzen in der Kinderzeichnung zu einer Einheit.« (Schoppe 1991: 22). Imaginationen können sich in Kinderzeichnungen auf phantasierte Bildelemente, Handlungen und Kommunikationen beziehen. Eine Voraussetzung für die Genese und Erfahrung von Imaginationen ist die Abwendung der Aufmerksamkeit von der externen Umwelt und die Hinwendung zu Zuständen und Empfindungen im Inneren. Obwohl Kinder über zahlreiche Ausdrucksmöglichkeiten verfügen, stoßen sie beim Zeichnen immer wieder auf die Frage, wie sie das Erlebte oder Vorgestellt darstellen können. Die Zeichnung ist für einige Kinder ein Kompromiss zwischen dem Phantasierten und der aktuellen entwicklungsbedingten Fähigkeit, dies auch zeichnerisch auszudrücken. Einige Kinder kompensieren durch ihre zeichnungsbezogenen Imaginationen auch eigene Darstellungsschwierigkeiten oder Zeichenhemmungen.

Die dritte Ebene beachtet vor allem *Handlungen und Kommunikationen* (3) einzelner Bildelemente. Stellen wir uns eine Kinderzeichnung mit einem Haus, einem Baum, einem Auto, einem Regenbogen und einer Sonne vor. Der Schluss liegt nahe, dass es sich um ein »normales freundliches Kinderbild« handelt. Betrachter verbinden häufig die einzelnen Bildelemente miteinander zu einem harmonischen Ganzen. Die offenen Stellen in einem Bild verleiten dazu, Bildelemente miteinander in Beziehung zu setzen oder gar zu ergänzen. Um sich zunächst die Bildelemente und ihrer Beziehungen zueinander zu erschließen, stellt sich die Frage, was auf dem Bild passiert. So könnte sich herausstellen, dass das Kind den Regenbogen als Symbol für Himmel und Luft gemalt hat, der durch die Abgase der Autos verpestet wird oder das in dem Haus etwas Schreckliches passiert. Deshalb brauchen alle Kinderbilder, auch die scheinbar »harmlosen«, »schönen« oder »klaren«, für den Verstehensprozess die bildbegleitende Kommunikation. Klar wurde bisher, dass in Zeichnungen Ausschnitte der kindlichen Wirklichkeit dargestellt werden. Allerdings stellt sich die Wirklichkeit wiederum nicht als »Standbild« dar, sondern als Kontinuum von Bildern, Handlungen, Kommunikationen und Gefühlen. Die dritte Ebene versucht dieser Tatsache gerecht zu werden, indem sie nicht von einem stummen Standbild ausgeht, sondern von kommunikativen und handelnden Elementen, die lediglich aufgrund der Symbolisierungsart (Zeichnen/Zeichnung) in ihrer »Eingefrorenheit« verharren. Wenn Kinder zu ihren Zeichnungen erzählen, wird dieser Standbildcharakter durch Lebendigkeit überwunden. Diese Lebhaftigkeit entsteht durch unsichtbare oder graphisch angedeutete Handlungen und Kommunikationen. Gerade der Bereich der Kommunikation, gemeint sind Dialoge zwischen einzelnen Bildelementen oder Monologe einzelner Bildelemente, findet zumeist in der Imagination der Kinder statt. Weil sie überhaupt erst durch den Bezug zur Zeichnung zustande kommen, gehören sie wesentlich zum Inhalt dazu. In Zeichnungen werden also konkrete Handlungssequenzen dargestellt, bei denen auch zeitlich nacheinander ablaufende Bewegungen oder Vorgänge in einem Bild graphisch umgesetzt werden. Die Darstellung von Kommunikationen und Handlungen können auf der Imaginations- und der Repräsentaionsebene liegen. Es kommt aber nicht selten vor, dass gezeichnete Figuren Handlungen und Kommunikationen vollziehen, die überhaupt nicht zu sehen sind, sondern erst durch die Erklärungen des Kindes »erscheinen« und im Rahmen der Zeichnung gedeutet werden können.

Die *Zeitebene* (4) hinterfragt die zeitlich eindimensionale Darstellung der Repräsentation. Kinder finden beim Zeichnen unterschiedliche Möglichkeiten, diese zeitliche Eindimensionalität zu überwinden. Ältere Kinder nutzen den Comicstil, um die zeitliche Eindimensionalität von Zeichnungen zu überwinden. Manche Kinder schaffen es auch, verschiedene Szenen- und Handlungsfolgen, die zeitlich nacheinander liegen, »folienartig« übereinander zu legen. Dabei wird das Vorgestellte in Zeichnungen szenisch dargestellt. So können z. B. Beginn und Resultat einer Handlung in einer Zeichnung gleichzeitig dargestellt sein, obwohl sie im Handlungsvollzug nacheinander ablaufen. Um diese zeitlich versetzte Szenendarstellung zu verstehen, ist die Erläuterung des Kindes nötig, da sonst bei der Interpretation Bildelemente zueinander bezogen werden, die zu unterschiedlichen Szenen gehören und somit keine oder nur randständige Beziehung aufeinander haben. Im Unterschied zu Bildergeschichten oder Comics, bei denen durch einen Bildrahmen und die Wiederholung der Figuren in einer anderen Position die zeitliche Abfolge dargestellt wird, ist diese Abfolge bei Kinderzeichnungen häufig nicht ausreichend erkennbar. Der zeitliche Rahmen von Bildelementen zueinander entsteht gerade nicht einfach durch die räumliche Eindimensionalität, sondern durch die Erzählung des Kindes. Mosimann fasst dies so zusammen:

> »Die Kinderzeichnung ist keine Momentaufnahme, sondern zeigt verschiedene Szenen filmartig vor dem oft gleichbleibenden Bühnenbild« (Mosimann 1979: 60).

Wichtig für das Verständnis ist weiterhin die *Unterscheidung von Darstellungs- und Bewegungslinien*. Beide sichtbaren Linienformen sind zwar auf der Repräsentationsebene (1) vorhanden, bedürfen bei der Interpretation gezielte und vor allem getrennte Beachtung. Gerade Bewegungslinien verweisen auf zeitlich nacheinander ablaufende Handlungen oder Kommunikationen. Dabei decken sie gerade auch psychophysische Verarbeitungsprozesse auf, die in Kinderzeichnungen einfließen und als wirklichkeitsverändernde Umgestaltungen erkennbar werden. Denn Phantasie ist nicht nur Umgang mit Fakten, sondern auch Umgang mit Wünschen und Ängsten.

Für eine inhaltliche Interpretation sind alle vier beschriebenen Ebenen notwendigerweise aufeinander zu beziehen, um die symbolische Aussage des Bildes zu verstehen. Die vier zuvor genannten Ebenen sind die sachliche Basis für das Verstehen der Symbolisierung und eines evtl. »Doppelsinns«. Damit die symbolischen Aussagen und die Semantik von Zeichnungen zu verstehen sind, sind die in Zeichnungen dargestellten und imaginierten Elemente ernst zu nehmen und als syntaktische Oberfläche vor dem *biographischen Hintergrund* (5) zu interpretieren. Zum biographischen Hintergrund gehören Angaben über das Kind

(Alter, Geschlecht, soziale und familiäre Situation, Vorlieben, Sozialstatus der Familie, lebensweltliche Daten usw.). Wie gezeigt wurde, sind auch Zeichnungen, die sich nicht auf Fantasien beziehen, eine verdichtete Form von Vorstellungen, die sich mit Hilfe dieser Analyseebenen hinsichtlich ihrer Bedeutungen verbal entfalten lassen. Die Geschichten, die im biographischen Hintergrund des Bildes liegen, können nur in einem offenen Interview hervortreten. Dabei treten immer wieder *Paradoxien* und Widersprüche auf. Kinder nutzen Zeichnungen, um unterschiedliche, miteinander scheinbar unverträgliche Bedeutungen, Gefühle und Phantasien zu einer bildhaft ausgeformten widersprüchlichen Einheit zu verknüpfen. Zum Beispiel könnte ein Kind ein Tier aufzeichnen, über das es im Interview erzählt, dass dieses Tier gerade eine Geschichte erzählt. Zu einem späteren Zeitpunkt des Interviews erzählt das Kind, dass das Tier tot ist oder gar nicht sprechen kann. Derartige Paradoxien, Widersprüchlichkeiten und Umgestaltungen sollten also nicht als Ungereimtheiten unbeachtet bleiben. Vielmehr bieten solche Ambivalenzen und Widersprüchlichkeiten entscheidende Ansatzpunkte für die Interpretation von Kinderzeichnungen.

Abschließend soll die Achtung und Aufmerksamkeit für Kinderzeichnung im Hinblick auf den täglichen Umgang thematisiert werden.

## 12.6 Neun Hinweise für Eltern und pädagogische Fachkräfte zum respektvollen Umgang mit Kinderzeichnungen

- **Gutes Zeichenmaterial:** Kinder brauchen zum Zeichnen unterschiedliche Materialien. Sie sollten in Kindertagesstätten oder in der Familie vielfältige Zeichenmaterialien benutzen dürfen (z. B. Wasser- und Fingerfarben). Mit welchen Materialien das Kind gerne zeichnet, ob mit Filzstiften, Kreide, Tusche oder Buntstiften, hängt von Alter und persönlichen Vorlieben ab. Häufig wird Kindern »Abfallpapier« (z. B. Computerbögen mit grünen Linien) zum Zeichnen gegeben. An dieser Stelle sollte nicht auf Sparsamkeit und Weiterverwertung geachtet werden.
- **Zeit, Platz und Ruhe:** Wie viel Zeit, Platz und Ruhe das Kind beim Zeichnen braucht, legt es selbst fest. Ein Kind zeichnet lieber am Küchentisch, während gekocht wird, um mit den Eltern zusammen zu sein oder ihnen etwas nebenbei zu erzählen. Ein anderes Kind zieht sich eher in sein Kinderzimmer zurück, um ohne Ablenkung den eigenen Motiven, Themen und Gefühlen nachzugehen. Auch in Kindertagesstätten kann es viele Orte geben, an denen gezeichnet wird. Manche Kinder sitzen gern für sich alleine, andere suchen den Kontakt und die Kommunikation mit anderen oder der Fachkraft.
- **Schablonen:** Zeichenschablonen, auch in Form von Malbüchern, sollten nicht zu den vorrangigen Zeichenmaterialien in Kindertagesstätten oder Grundschulen gehören. Schablonen behindern das Aufspüren und Ausdrücken von

eigenen inneren Bildern, Sichtweisen und Phantasien. Zudem verstärken vorgegebene Zeichenhilfen die Vorstellung vom richtigen und falschen, vom guten und fehlerhaften Zeichnen. Allerdings können mit selbsthergestellten Stempeln (z. B. Kartoffeldruck) durchaus interessante gestalterische Experimente gestartet werden.

- **Keine Beschriftung:** Häufig ist zu beobachten, dass pädagogische Fachkräfte Kinderzeichnungen beschriften. Mit einem Kugelschreiber werden die einzelnen Bildelemente benannt, manchmal mit einem Pfeil versehen. So wird zum Beispiel an die abgebildete Figur das Wort »Mutti« geschrieben. Das ist vor allem Eltern und KollegInnen gewidmet, die sich im Kindergarten umsehen und dabei auch die Kinderbilder betrachten. Doch: Jedes Bild ist ein Original und verdient Respekt. Durch Beschriftung verändert sich ein Bild in vielerlei Hinsicht, führt aber trotzdem nicht zu einem tieferen Verständnis, wie in diesem Beitrag erläutert. Welche Handlungen auf dem Bild abgebildet oder mitgedacht sind, welche symbolische Botschaft und welches Thema das Kind ausdrückt, bleibt auch weiterhin verborgen.
- **Mit den Augen des Kindes:** Kinder produzieren auf der Grundlage ihrer entwicklungsbedingten Weltsicht interessante Umdeutungen und Umgestaltungen, die einen Eigenwert besitzen. Sie »kombinieren und produzieren Dinge, Zeichen und Verbindungen, die aus dem Netzwerk des Bekannten herausfallen und den Erwachsenen oft seltsam, spaßig oder unsinnig vorkommen. Kinder setzen die verschiedensten Gegenstände, Stoffe, Worte, Töne und Gerüche in sprunghafte Beziehungen zueinander, reißen scheinbar Zusammengehöriges auseinander, zerstören Intaktes, sie geben Wahrnehmungen und Erfahrungen mit Raum und Zeit wieder, die einem nüchternen Verstand sehr fernliegen« (Doehlemann 1979: 113). Gerade die kindlich-schöpferische Handhabung von gestalterischen Mitteln, die zu reizvollen Verrücktheiten, überraschenden Arrangements und Verfremdungen führen, können Erwachsene empfindlicher und misstrauischer gegen eigene »Richtig-Falsch-Wahrnehmungen« machen.
- **Keine Verbesserungen vornehmen:** Eltern sollten nicht durch Verbesserungen die Freiheiten von Formen, Farben und Mustern korrigieren und damit in naturalistische Bahnen lenken, weil das Kind so erlebt, dass seine Zeichnungen unzureichend, unklar oder verbesserungswürdig sind. So wie die Zeichnung des Kindes ist, ist sie gut. Durch eine Lenkung auf naturalistische »Abbildung«, im Sinne von Fotografie, wird die selbständige und sich entwickelnde Darstellungsfähigkeit beeinträchtigt.
- **Gemeinsam produktiv sein:** So wie sich Eltern oder Fachkräfte für gemeinsame Spiele oder Spaziergänge Zeit nehmen, sollten sie auch ab und zu, wenn es das Kind möchte, gemeinsam mit dem Kind zeichnen. Für das Kind besteht so die Möglichkeit, auch mal in aller Ruhe ungeteilte Aufmerksamkeit zu bekommen und nebenher über Erlebtes zu erzählen. Für Erwachsene kann dies eine »heilsame Erfahrung« sein, denn über das Erleben eigener Gestaltungsblockaden und -schwierigkeiten können sie die kreative Kraft der Kinder stärker respektieren und wertschätzen. Obwohl Eltern und PädagogInnen zumeist davon überzeugt sind, nicht zeichnen zu können, sollten sie

es mal wieder ausprobieren. Für sie ist zu hinterfragen, woher die Hemmungen kommen, Farbe auf ein Stück Papier zu bringen. Liegt es am eigenen Leistungsdruck, etwas Schönes, Brauchbares oder Sinnvolles zu produzieren oder an schlechten Schulerfahrungen? Hinsichtlich der freien Gestaltung von Zeichnungen und des Ausdrucks der Phantasie können Erwachsene von Kindern einiges lernen.

- **Plätze für Bilder schaffen:** Kinder zeichnen im Alter von 3–7 Jahren viele Bilder; dabei beginnen sie mit Urknäulen und Urkreuzen. Diesen, wie allen anderen Zeichnungen, sollte ein Platz zur Aufbewahrung und Sammlung geben werden, der für das Kind zugänglich ist. In Kindergärten sind dies vielfach die Portfolios der Kinder. Aber auch Sammelmappe oder Koffer eignen sich, um mitgebrachte Zeichnungen aus dem Kindergarten oder der Schule aufzubewahren. So wird ein gemeinsames Ansehen, Durchblättern und Erzählen möglich. Ein weiterer wichtiger Punkt ist das Aufhängen der Zeichnungen. Die Zeichnungen, die das Kind »ausstellen« möchte, sollten einen ehrwürdigen Platz bekommen. Dazu eignen sich Pinnwände, Magnettafeln oder ein einfacher Glasrahmen. So wird der Zeichnung auch eine symbolische Wertschätzung zuteil.
- **Geschenke schätzen:** Kinder verschenken ihre Bilder gern an Eltern und andere Erwachsene. Für das Kind ist es eine starke Beleidigung, wenn es dieses Geschenk dann im Altpapier vorfindet. Ein sorgfältiger Umgang ist auch hier angebracht.

# Literatur

Boehm, Gottfried (1978). Zu einer Hermeneutik des Bildes. In: Gadamer, H.-G./Boehm, G. (Hrsg.): Seminar: Die Hermeneutik und die Wissenschaften. Frankfurt a. M. 1978, S. 444–472.
Costa Lima, Luiz (1990). Die Kontrolle des Imaginären: Vernunft und Imagination in der Moderne. Frankfurt a. M.
Doehlemann, Martin (1979). Von Kindern lernen. Zur Position des Kindes in der Welt der Erwachsenen. München.
Dufrenne, Mikel (1979). Phänomenologie und Ontologie der Kunst. In: Henckmann, Wolfhart (Hrsg.): Ästhetik. Darmstadt.
Gmelin, Otto, F. (1978). Mama ist ein Elefant. Eltern entdecken eine neue Sprache. Die Symbolwelt der Kinderzeichnungen. Stuttgart.
Kellogg, Rhoda (1969). Analysing childrens art. Palo Alto 1969.
Krenz, Armin (1996). Was Kinderzeichnungen erzählen. Kinder in ihrer Bildsprache verstehen. Freiburg.
Langer, Susanne K. (1987). Philosophie auf neuem Wege. Das Symbol im Denken, im Ritus und in der Kunst. Frankfurt a. M., (orig. 1942).
Mèlich, Joan-Carles (1999). Symbol und Bildung. Die Krise des Sinnbildes im pädagogischen Handeln. In: Schäfer, Gerd/Wulf, Christoph (Hrsg.): Bild – Bilder – Bildung. Weinheim, S. 301–310.

Merleau-Ponty, Maurice (1986). Übergänge. Das Sichtbare und das Unsichtbare. Texte und Studien zu Handlung, Sprache und Lebenswelt. Hrsg. v. Grathoff, Richard/Waldenfels, Bernhard. München.
Mosimann, Walter (1979). Kinder zeichnen. Die Darstellung von Mensch, Tier, Baum, Haus, Raum und Farbe in Kritzel, Zeichen, Bildzeichen und Bild. Bern/Stuttgart.
Neuß, Norbert (1999). Symbolische Verarbeitung von Fernseherlebnissen in Kinderzeichnungen. Eine empirische Studie mit Vorschulkindern. München; Kopäd.
Otto, Gunter (1990). Über Phantasietätigkeit in Kinderzeichnungen, im Alltag, in der Schule und in der Kunst. In: Duncker, Ludwig u. a. (Hrsg.): Kindliche Phantasie und ästhetische Erfahrung. Wirklichkeiten zwischen Ich und Welt. Langenau-Ulm, S. 33–46.
Richter, Hans-Günther (1987). Die Kinderzeichnung. Entwicklung-Interpretation-Ästhetik. Düsseldorf.
Sack, Mira (1999). Weiter-Spielen als produktive Form der Theaterrezeption. In Neuß, Norbert (Hrsg.): Ästhetik der Kinder. Frankfurt a. M.; GEP, S. 325–339.
Schoppe, Andreas (1991). Kinderzeichnung und Lebenswelt. Neue Wege zum Verständnis des kindlichen Gestaltens. Herne.

# IV Vermittlung von ästhetischer Bildung an Hochschulen

# 13 Berufsqualifizierende Professionalisierung: Blicke schärfen – forschend Lernen. Mit Studierenden das bildnerische Verhalten von Vor- und Grundschulkindern erkunden

*Constanze Kirchner*

Ziel im Rahmen hochschuldidaktischer Lehre ist es, mit Studierenden das bildnerische Verhalten von Vor- und Grundschulkindern aktiv forschend zu erkunden und damit ein praxisorientiertes, auf Erfahrung basierendes Fundament für das Verstehen ästhetischer Bildungsprozesse zu legen. Das Beobachten individueller Lernprozesse und das Fördern von selbstorganisiertem Lernen in bildnerischer Produktion und Rezeption stehen dabei im Vordergrund. Hiermit sollen die Studierenden für ihr späteres kunstpädagogisches Handlungsfeld in besonderer Weise berufsqualifizierend vorbereitet und professionalisiert werden.

## Einleitung

Wesentlicher Bestandteil in der Ausbildung zukünftiger Grundschullehrpersonen sowie angehender Kunstpädagoginnen und Kunstpädagogen (B.A.), die im Bereich vorschulischer Bildung tätig werden wollen, sind die eingehende Kenntnis und Reflexion bildnerisch-ästhetischer Wahrnehmungs- und Verhaltensweisen. Dass allein ein breites Wissen über die kindlichen Entwicklungsphasen zeichnerischer Fähigkeiten nicht ausreichend ist, um das komplexe bildnerisch-ästhetische Verhalten im Vor- und Grundschulalter zu verstehen und deuten zu können, liegt auf der Hand. Denn erst die ineinander verzahnte Breite des bildnerischen Wahrnehmens, Handelns und Reflektierens – im Umgang mit Farbe, im Bauen, Sammeln und Ordnen, im Plastizieren, im Übergang zum spielerischen Erkunden der Wirklichkeit – eröffnet das Feld ästhetischen Verhaltens. Spezifisch für das Vorschulalter ist die Verschränkung des Spektrums ästhetischer Verhaltensweisen im Spiel, in der Bewegung, im bildnerischen, musikalischen, schriftsprachlichen Handeln. Es muss also ein besonderes Augenmerk in der Ausbildung auf diesem Spezifikum der interdisziplinären Verschränkung ästhetischen Tuns liegen, um die komplexe Bedeutung bildnerisch-ästhetischen Verhaltens für die Entwicklung der Kinder vermitteln zu können.

Wie das selbstständige, forschende Lernen im Rahmen universitärer Vermittlungspraxis dazu beitragen kann, das bildnerische Verhalten von Kindern aktiv zu erkunden, soll im Folgenden vorgestellt werden. Hierfür wird zunächst der Zusammenhang von bildnerischer Produktion und Rezeption mit ästhetischem Lernen erläutert und im Anschluss die Breite des bildnerisch-ästhetischen Verhaltens aufgefächert. Zudem ist die eigene bildnerisch-ästhetische Erfahrung als Grundlage der Vermittlungskompetenz im Feld ästhetischer Bildungsprozesse entscheidend (▶ Kap. 13.1). An diese Ausführungen knüpfen hochschuldidaktische Überlegungen zur Vermittlung verschiedener Aspekte bildnerisch-ästhetischen Verhaltens an. Einerseits wird die strukturelle Implementierung des forschenden Lernens als hochschuldidaktisches Konzept thematisiert, um Studierende möglichst frühzeitig für ihre Aufgaben im späteren potenziellen Berufsfeld zu sensibilisieren (▶ Kap. 13.2), und andererseits wird dargestellt, wie gegen Ende des Studiums, in eigenständiger Projektarbeit und mit Beteiligung an kunstpädagogischen Forschungsprojekten, eine intensive Auseinandersetzung mit bildnerischen Verhaltensweisen und individuell zugeschnittenen Fördermöglichkeiten stattfinden kann (▶ Kap. 13.3). Zu den Ebenen, auf denen das bildnerische Verhalten beobachtet, reflektiert und gedeutet werden kann, gehören nicht nur die fachlichen Anteile im produktiven und rezeptiven Verhalten, sondern auch subjektorientierte Blicke etwa auf die Ideenentwicklung, auf bildnerische Interessen, die Ausdauer oder die Kooperationsfähigkeit (▶ Kap. 13.4). Anhand von zwei Fallbeispielen soll das entwicklungsgemäße Verständnis bildnerisch-ästhetischen Lernens erläutert und exemplarisch veranschaulicht werden (▶ Kap. 13.5), nicht zuletzt auch um anschließend aufzuzeigen, wie sich bildnerische Potenziale erkennen und fördern lassen (▶ Kap. 13.6).

Wie Studierende in konkrete Forschungsprojekte eingebunden werden und das Entwickeln von Fördermethoden kennenlernen können, wird mit der Vorstellung einer Interventionsstudie zur Förderung graphomotorischer Fertigkeiten dargelegt (▶ Kap. 13.7). Ein Fazit reflektiert und resümiert die hochschuldidaktischen Ansätze zur Vermittlung bildnerisch-ästhetischer Wahrnehmungs- und Verhaltensweisen im Vor- und Grundschulalter (▶ Kap. 13.8).

## 13.1 Ästhetisches Lernen und bildnerisches Verhalten

In Bildungsplänen für den Elementarbereich wie in Grundschullehrplänen spielt die ästhetische Bildung eine zentrale Rolle: Zwar mit verschiedenen Begriffen versehen, liegen doch die Schulung der Wahrnehmung, das spielerische Lernen mit allen Sinnen, der gestalterische Ausdruck – ob mit dem Körper, beim Bauen oder mit Stiften auf dem Papier – im Blickpunkt der Bildungsprogramme und Curricula. Das »bildnerische Gestalten« ist die am häufigsten genutzte Bezeichnung für jene Dimension ästhetischer Bildung, die speziell bildnerisch-gestaltende Aktivitäten und den Umgang mit Bildern bzw. Kunstwerken fokussiert (vgl. www.gew.de/bildungsplaene.html). Gleichwohl greift der Begriff des bildnerischen Gestaltens etwas zu kurz, da hierbei vorrangig die produktiven Gestaltungsformen ästhetischen Verhaltens gemeint sind, das rezeptive ästhetische Verhalten wird dementsprechend vernachlässigt.

## 13 Berufsqualifizierende Professionalisierung: Blicke schärfen – forschend Lernen

Um den Zusammenhang von ästhetischem Lernen und bildnerischem Gestalten und Rezipieren im Kontext berufsvorbereitender Professionalisierung angemessen zu vermitteln, ist die eigene künstlerische Praxis und die, auch mit der Kunstrezeption einhergehende ästhetische Erfahrung der Studierenden unabdingbare Voraussetzung. Erst vor dem Hintergrund des individuellen ästhetischen Erlebens kann die Relevanz ästhetischer Bildung verstanden und wertgeschätzt werden. Denn ästhetische Bildung entsteht im Wechselspiel von Rezeption und Produktion in den Bereichen Musik, Tanz, Bildende Kunst, Literatur, Poesie usw.; auch der Rezeptionsprozess – z. B. beim Betrachten von Gemälden – ist keine passive Angelegenheit, sondern erfordert eigenständiges Sinnerschließen. Wir gestalten Bilder und Kunstwerke aktiv mit – denn gerade ästhetische Phänomene bieten die Möglichkeit, sich selbst in das Werk mit allen Empfindungen und Gedanken einzubringen, eigene Vorstellungen dazu zu entwickeln und eigene Interpretationen mit Mut vorzutragen (vgl. u. a. Schäfer 2004, S. 117ff.). Bildnerisches Schaffen, freies Spiel sowie die Beschäftigung mit Literatur, Musik und Kunst, die gedankenreiche Interpretationsübungen beinhaltet, sollen, so Rittelmeyer (2007), dazu beitragen, Imaginations- und Kreativitätsvorstellungen auszubilden. Je vielfältiger die Anregungen und Impulse gerade für die Kinder sind, desto komplexere Denkstrukturen entwickeln sich (u. a. Singer 2002). Zugleich muss besonders den jüngeren Kindern viel Zeit zur Verfügung gestellt werden, um ihre Erlebnisse zu filtern, zu sortieren, Ordnungen und Kategorien zu bilden, damit sie nicht in der Flut sinnloser Daten untergehen. Das bedeutet konkret: Sie brauchen die Möglichkeit, ihre Welt zu erkunden, zu experimentieren, sinnliche Erfahrungen zu machen etc. und zugleich sehr viel Zeit, diese Erlebnisse angemessen im Spiel, im Erzählen, im bildnerischen Gestalten, im Anschauen ästhetischer Phänomene usw. zu verarbeiten. Das gestalterische Tun trägt in hohem Maße zur Integration und Ordnung des Erfahrenen bei, weil der Verarbeitungs- und Formfindungsprozess verlangsamt und intensiviert vonstatten geht.

Aufgrund eigener Erfahrungen im künstlerischen Arbeiten sowie im Umgang mit Kunst und anderen Bilderwelten lernen Studierende, dass nicht jeder Person das Zeichnen liegt, für manche Personen sind beispielsweise die Bewegung und der Tanz ein Weg, um Raumerfahrungen zu klären, andere benötigen hierfür die Darstellung auf dem Papier. Für Kinder gilt: Das Ordnen von Gegenständen zueinander kann ebenso beim Malen wie beim Sammeln stattfinden, und Fantasiegeschichten können sowohl im Baumhaus entwickelt werden wie auf dem Zeichenblock. Kinder bauen sich Räume mit Decken und Tüchern, Kisten und Brettern, sie hämmern, sägen, raspeln, werken und erfinden Spielfiguren, Fahrzeuge, Maschinen und ähnliche Dinge. Kinder möchten ausprobieren, wie Materialien sich verbinden lassen, wie stabil das Holz, die Erde, das Klebeband ist, wie viel Wasser die Farbe verträgt, wann der Bleistift durchbricht oder wie der Computer funktioniert. Sie benötigen diese ästhetischen Erfahrungen, um mit ihrer Umwelt in Kontakt zu treten und diese zu erkunden.

Das Musizieren, Tanzen, Gedichte verfassen, Zeichnen, Malen, Bauen oder Konstruieren erfordert das Aktivieren innerer Vorstellungen, innerer Klänge, innerer Dialoge, innerer Bilder, Fantasien und Träume. Dann wird etwas hervorgebracht – ein Bild, ein Objekt, eine Performance – etwas, das auf bildnerisch-ästhetische Weise gestaltet ist. Mit dieser Hervorbringung verbinden sich mehrere Aspekte: Einerseits entstehen Kompetenzgefühle, wenn etwas hervorgebracht wird, und damit wächst das Selbstwertgefühl, die Ich-Stärke. Andererseits wird etwas ausgedrückt – ein Erlebnis, eine Erinnerung, eine Vorstellung. Kinder drücken sich unterschiedlich aus: zeichnerisch oder mit Farbe, dreidimensional, mit Tönen und Klängen, gestisch, mimisch, mit dem ganzen Körper. Das bildnerisch-praktische Tun stellt eine Brücke zwischen dem Innen – der inneren Vorstellungs-, Fantasie- und Traumwelt – und dem Außen – also eine Brücke zur äußeren Wirklichkeit her. Die mit den dargestellten Inhalten verknüpften Emotionen finden ihren Niederschlag in den bildnerischen Äußerungen.

## 13.2 Sensibilisierung zum forschenden Lernen

Will man in universitären Veranstaltungen das bildnerische Gestalten von Vor- und Grundschulkindern mit Studierenden forschend erkunden, bedarf es einer systematischen Heranführung zur Beobachtung und Untersuchung von bildnerischen Verhaltensweisen in bestimmten Altersgruppen. Eine strukturelle Implementierung des forschenden Lernens von Studierenden in die entsprechenden Studiengänge Bachelor Kunstpädagogik und Lehramt Grundschule mit Unterrichtsfach Kunst ist deshalb Voraussetzung. So ist am Lehrstuhl für Kunstpädagogik der Universität Augsburg bereits im zweiten Semester eine Vorlesung zum ästhetischen Verhalten von Kindern und Jugendlichen zu absolvieren, die eine kleine empirische Studie von den Studierenden verlangt. Anhand eines Fallbeispiels wird der Gestaltungsprozess durch Videografie oder Teilnehmende Beobachtung und Befragung eines Kindes oder eines Jugendlichen analysiert und interpretiert. Hierfür werden entsprechende Beobachtungs- und Analysekriterien verwendet, die in der Vorlesung vermittelt werden. Die Auswertung erfolgt im Rahmen einer Hausarbeit.

Auch die obligatorischen Praktika sind mit Beobachtungsaufträgen zu speziellen Aspekten kunstpädagogischen Handelns und der Kunstvermittlung verknüpft. Es geht hierbei weniger darum, einen Praktikumsbericht zu verfassen, der die Planung und Durchführung der Unterrichtssequenzen skizziert, sondern vielmehr darum, den Fokus auf Spezialfragen zu konzentrieren, die es zu untersuchen gilt. Wird der Blick auf das bildnerische Verhalten gerichtet, kann der Umgang mit verschiedenen Materialien beim Sammeln oder Bauen in bestimmten Altersgruppen untersucht werden, in welcher Weise Zweijährige fotografieren, wie sich die Raumdarstellungssysteme im Jugendalter entwickeln oder kulturell unterscheiden, inwiefern sich bildnerische Präferenzen altersabhängig verändern, welche Kunstformen oder Methoden das Kunstverstehen begünstigen. Da ein Forschungsschwerpunkt unserer Fakultät im Bereich der Heterogenität von Geschlecht, Kultur, sozialem Hintergrund, Sprache, Leistung etc. angesiedelt ist, richten sich einige Forschungsfragen auch auf das Zeichnen, Malen, mediale und dreidimensionale Gestalten bzw. in rezeptiver Hinsicht auf Verstehenskontexte und bildnerische Vorlieben mit Kindern aus anderen kulturellen Traditionen, auf geschlechtsspezifische Unterschiede in Bezug auf den individuellen Ausdruck oder auf die Indikatoren für Heterogenität in formal-gestalterischen Darstellungsweisen (u. a. dekorative Elemente, Farbigkeit, räumliches Darstellungsvermögen).

Im Rahmen der Lehr-/Lernforschung zielen Fragen der Studierenden u. a. auf den Kompetenzerwerb und die Leistungssteigerung im bildnerisch-ästhetischen Tun durch Selbstreflexion, etwa im Umgang mit verschiedenen Rückmeldeformaten (Feedback-Bögen, Fragebögen usw.), die sich auf Einzelaspekte wie die Ideenentwicklung, den Konzeptentwurf, technische und kompositorische Fähigkeiten, Ausdruck, Intensität der Recherche, den Wissensstand, die Aneignungsmethoden, aber auch auf den Arbeitsfortschritt, die Ausarbeitung oder die Präsentation und Dokumentation beziehen.

In späteren Phasen des Studiums, in den Modulgruppen Aufbau und Vertiefung, zielen unsere kunstdidaktischen Seminare mit unterschiedlichen Themen im außerschulischen wie schulischen Bereich ebenfalls auf das Einbinden kleiner empirischer Versuche in die theoretisch-wissenschaftliche Erarbeitung einer Hausarbeit. Diese Studien können bei Museumsgängen, im Kindergarten oder in Schulversuchen, im Hort, der Kinderbetreuung usw. entwickelt werden. Entscheidend ist, dass die Studierenden verstärkt Einblicke in ihre potenziellen Berufsfelder erhalten und in Kontakt mit jener Klientel gelangen, mit der sie später arbeiten werden. Zur Schwerpunktbildung gegen Ende des Bachelorstudiums und im Masterstudium sind Projekte gefordert, die einem größeren Zeitumfang (10 ECTS) entsprechen. Auch im Kontext dieser Projekte können kunstdidaktische Forschungen konzipiert und entsprechend ausgearbeitet werden. Zurzeit liegt ein Schwerpunkt auf den Themenfeldern unseres aktuellen Forschungsprojekts zur Lehrprofessionalität im Umgang mit Heterogenität (Le-Het)[1], das forschendes Lehren sowie fallbasiertes Lehren ausdrücklich einschließt.

## 13.3 Forschendes Lernen in Projekten

Um kunstdidaktisches Forschen zu vermitteln, bieten wir jedes Wintersemester ein kunstpädagogisches Methodenseminar an, das sich ausschließlich mit den Möglichkeiten der Datenerhebung und der Datenauswertung in kunstpädagogi-

---

1 http://www.uni-augsburg.de/de/projekte/lehet/ Das Projekt wird im Rahmen der gemeinsamen »Qualitätsoffensive Lehrerbildung« von Bund und Ländern aus Mitteln des Bundesministeriums für Bildung und Forschung gefördert.

schen Forschungsprojekten befasst. Hier werden unterschiedliche Verfahren anhand vorliegenden Datenmaterials erprobt. Meist geht es um qualitativ-empirische Studien, die theoriebasiert entwickelt sowie anhand von Fallbeispielen inhaltsanalytisch evaluiert werden. Dabei können verschiedene Datenerhebungsinstrumente eingesetzt werden – wie z. B. mündliches Interview, schriftliche Befragung, Gruppendiskussion, Teilnehmende Beobachtung, Dokumentenanalyse, Werkanalyse von Schülerarbeiten sowie Videoaufzeichnungen. Das methodische Vorgehen ist abhängig von der Forschungsfrage und muss dem Forschungsgegenstand angemessen gewählt werden. Die Daten werden nach den üblichen Regeln transkribiert, um sie für die Auswertung aufzubereiten.

Dieses Seminar ist in unseren Masterstudiengängen obligatorisch und Voraussetzung für die Teilnahme an einem Forschungsseminar, in dem jedes Semester verpflichtend Master- und Promotionsvorhaben vorgestellt und erörtert werden. Hiermit wird auch eine Kontinuität in der wissenschaftlichen Entwicklung gewährleistet und die Hürde geschmälert, sich zu einer Promotion zu entschließen. Honoriert werden die studentischen Forschungsarbeiten nicht nur durch die Vergabe von Leistungspunkten und durch die Benotung, sondern ggf. auch durch Veröffentlichungen, die unsererseits maßgeblich gefördert und unterstützt werden.

Unsere laufenden, wie auch die geplanten Forschungsprojekte sind in der Regel inhaltlicher Bestandteil der regulären kunstdidaktischen Seminare und des Forschungsseminars. So können das Thema und die Struktur einer Studie gemeinsam mit den Studierenden festgelegt werden. Hierdurch wird es möglich, Themenstellungen und Forschungsfragen gezielt für die Hausarbeiten, Zulassungs-, Bachelor- und Masterarbeiten zu vergeben. In dem meist deduktiv und induktiv gekoppelten Erarbeitungsprozess gibt es ausreichend Spielräume und Offenheit für den Forschungsprozess und die jeweilige Problemlösung. Die Schriften der Studierenden folgen somit in der Regel der üblichen Struktur bildungswissenschaftlicher empirischer Arbeiten: Ein Theorieteil richtet sich auf die diskursive, wissenschaftlich fundierte Ausarbeitung des Forschungsgegenstands. Dieses theoretische Fundament ist die Basis, um die Forschungsfragen zu konkretisieren. Im Anschluss werden methodische Überlegungen zur Datenerhebung und zur Datenauswertung dargelegt. Danach folgen die Analyse sowie die Ergebnisse der Auswertungen, die abschließend unter verschiedenen Aspekten methodisch wie inhaltlich diskutiert werden. Ein Ausblick stellt weiterführende Konsequenzen und Forschungsmöglichkeiten dar. Nach den Quellenangaben sind im Anhang die Transkripte, Manuale oder Auswertungsbögen des Forschungsvorgehens zu finden.

Strukturiertes Forschen mit Studierenden erlaubt mit der Vielzahl der Befunde zunehmend stabile Ergebnisse hinsichtlich bestimmter Forschungsfelder oder konkreter Auswertungsergebnisse. Im Rahmen des beschriebenen hochschuldidaktischen Vorgehens sind zahlreiche, theoretisch fundierte empirische Abschlussarbeiten entstanden, die sich mit Einzelaspekten bildnerisch-ästhetischen Verhaltens befassen, etwa in Bezug auf Bildpräferenzen in Märchenillustrationen und Bilderbüchern im Vor- und Grundschulalter, zu Vorlieben zu speziellen Kunstwerken oder Stilrichtungen in bestimmtem Alter, zum Umgang mit speziellen Materialien im plastischen Gestalten, zum skulpturalen Gestalten, zum Sammeln, zum Ordnen, zum Experimentieren oder zur bildnerischen Nutzung sozialer Medien.

Die Studierenden profitieren in hohem Maße von strukturierten Themenvorgaben, da sie sich einerseits an bereits vorliegenden Studien orientieren und andererseits dennoch ihren Interessen entsprechend einen Themenbereich wählen können. Motivierend ist in der Regel der »Ernstfall«, also das Wissen, ernsthaft zum Gelingen eines größeren Forschungsvorhabens beizutragen. Zugleich kann das Forschungsinteresse nachhaltig geweckt werden, denn aufgrund der Teilhabe entwickeln sich Stolz und Selbstbewusstsein hinsichtlich der forschenden Tätigkeit. Doch trotz der strukturellen Implementierung des forschenden Lernens in die Lehre sind zeitintensive Einzelberatungstermine erforderlich, um den Forschungsprozess zu steuern, die Untersuchungsrichtung zu justieren, passende Quellenvorschläge zu unterbreiten und die Auswertung der Daten zu betreuen.

## 13.4 Bildnerisches Verhalten beobachten, reflektieren und deuten

Intrinsische Motive, bildnerisch-ästhetische Interessen und Präferenzen, Ausdrucksbedürfnisse, Gestaltungskompetenzen, Haltungen und Einstellungen bestimmen das bildnerisch-ästhetische Verhalten von Kindern. Um den jeweiligen Lernstand zu erkennen und die vorhandenen Potenziale angemessen zu fördern, besteht die Notwendigkeit, diese bildnerischen Voraussetzungen der Kinder exakt zu beleuchten. Dies zu vermitteln, ist der Kern hochschuldidaktischer Bemühungen, wenn es darum geht, berufsqualifizierend vorzubereiten.

Mögliche Aspekte, um ein besonderes bildnerisches Vermögen erkennen zu können, sind neben den alterstypischen zeichnerischen Fähigkeiten u. a. die Unkonventionalität eines Bildkonzepts, die Ideenflüssigkeit, die Ausdauer und Konzentration bei der Arbeit oder das Einfühlungsvermögen. Manche Kinder zeigen keinerlei Interesse am Zeichnen, dafür konstruieren sie leidenschaftlich gerne. Andere besitzen eine enorme Farbsensibilität, oder sie können mit ihrem Körper gestalterische Bewegungen auf höchstem Niveau ausführen. Es gibt Schülerinnen, die in faszinierender Weise die äußere Wirklichkeit beobachten und diese exakt darstellen können. Andere Schüler präferieren die Gestaltung innerer Bilder, Fantasien und Visionen.

Deshalb ist die differenzierte Beobachtung des bildnerisch-ästhetischen Handelns von Kindern ein zentrales Kriterium, um ästhetisches Lernen zu initiieren: Welche Ausdrucksvorlieben (zeichnen, malen, bauen, formen, konstruieren, szenisches Spiel ...) liegen vor? Welche Themen-, Material- oder Farbpräferenzen gibt es? Existieren Darstellungsvorlieben (bei welchem Stand der bildnerischen Entwicklung)? Gibt es Präferenzen für Kunst- und Umweltbetrachtung (historische oder biografische Geschichten, Lebensumfeld, Architektur usw.)? Wird gerne experimentiert? Ist der Strich suchend oder klar, zurückhaltend oder expressiv? Hat ein Kind viele Ideen, neigt es zur Detailgenauigkeit, zu Konstruktionsvielfalt, wie steht es um die Handgeschicklichkeit? Verfügt das Kind über Durchhaltevermögen und Konzentrationsvermögen, die Fähigkeit zur Durchdringung eines Sachverhalts oder Humor? Liegt eine überdurchschnittliche Entwicklung des bildnerischen Vermögens vor oder eine ausgeprägte visuelle Aufmerksamkeit? Besteht Interesse an tiefenräumlicher Darstellung oder existiert eine besondere Vorstellungsfähigkeit?

Auch kann der Blick auf die Schülerarbeiten gerichtet werden: Ist es eine eher konventionelle Darstellung oder eine ausgefallene Lösung? Gibt es überraschende, lustige, irritierende Effekte? Ist die bildnerische Intention erkennbar? Tragen die handwerklich-technische und die kompositorisch-gestalterische Ausarbeitung dazu bei, den Ausdruck zu steigern?

Zentral bei der Entwicklung von Fördermaßnahmen ist die Frage, auf welche bildnerischen Fähigkeiten sich die Förderung richtet. Fachlich gesehen kann dies neben dem Fokus auf das bildnerische Vermögen auch die technische Bewältigung sein, die gegenständliche Darstellung, die Verdeutlichung des Bildinhalts oder die qualitative Steigerung der Bildaussage. Im Hinblick auf die Elaborationsfähigkeit und die Durchdringung einer Aufgabenstellung kann es auch von Bedeutung sein, z. B. Entwurfsprozesse zu optimieren, auf Wesentliches reduzieren und verdichten zu können, Farbmischungen zu üben oder auch Methoden der Werkaneignung anwenden zu können. Gestaltungsideen zu entwickeln, prozessorientiert zu arbeiten, konzeptuell ein Thema zu durchdringen, ein Werk auszuarbeiten und zu verbessern gehören ebenso zum bildnerisch-ästhetischen Lernen wie das Entwickeln von Vorstellungsbildern und fantasievollen, witzigen und schöpferischen Ausdrucksweisen.

Da im Fach Kunst – wie auch in anderen hervorbringend gestaltenden Fächern (Musik, Sport, Literatur) – individuelle, emotionale und ästhetische Anteile eine große Rolle spielen, bezieht sich die Reflexion des Leistungsstands nicht allein auf den Lernzuwachs von Fachwissen, sondern beinhaltet in besonderem Maße auch die Selbsteinschätzung hinsichtlich des bildnerisch-ästhetischen Verhaltens. Durch das Reflektieren der eigenen Fähigkeiten können Kinder versuchen, ihre bildnerischen Fähigkeiten zu erkennen und entsprechend zu stärken oder Defiziten entgegenzuwirken.

## 13.5 Ästhetische Weltaneignung und bildnerische Darstellungsabsicht

Die folgenden zwei Fallbeispiele sollen exemplarisch zeigen, welche Deutungsperspektiven auf bildnerisch-ästhetisches Verhalten von Kindern entwickelt werden können. In die hermeneutisch angelegten Interpretationen sind Teilnehmende Beobachtungen und mündliche Befragungen der beiden Kinder eingegangen. Die Auswahl der Beispiele – von den Anfängen der Kinderzeichnungstätigkeit bis zum sogenannten Ende der »bildermächtigen Zeit« (Hans Meyers) – soll das Spektrum und zugleich die entwicklungsbedingte Spannbreite der Deutungen offenlegen.

## Bildnerisch-ästhetische Weltaneignung

Das erste Beispiel soll exemplarisch die Zusammenhänge von bildnerisch-ästhetischer Erkundung der Wirklichkeit, dem Experimentieren, dem Spuren hinterlassen und dem Zeichen setzen verdeutlichen. Das ein Jahr und zwei Monate alte Kind erkundet das Zeichenmaterial und entdeckt das Spuren hinterlassen als einen Akt der Selbstvergewisserung. Es untersucht, nach ersten, vorsichtigen Strichen, zunächst die Zeichenkohle – ein fremdes Material. Dann probiert das Mädchen vorsichtig aus, wie das Material auf Druck reagiert. Neben den haptischen und taktilen Eindrücken verfolgen ihre Augen konzentriert die Linien auf dem Papier. Die Spuren werden verrieben. Auch dies ist für das Kind ein interessantes Phänomen, das weiter erforscht werden muss. Es zeichnet weiter, erhöht den Druck der Kohle auf das Zeichenblatt durch Aufstehen. Das Mädchen versucht, auf der Haut seiner Hand zu zeichnen. Das Ergebnis der Untersuchung sind schwarze Finger. Weitere Zeichenbewegungen werden erprobt, diesmal Zickzacklinien und Überlagerungen, die wiederum verwischt werden. In einem neuen Ansatz werden deutliche Striche und klare Linien gezielt gesetzt – mit dem ganzen Körper und der anderen Hand. Immer weiteres Ausprobieren – auch der Handhaltung und Führung des Kohlstifts – führt zu verschiedenen Spuren wie parallelen Linien, Bögen, Kreuzkritzeln usw., bis das Mädchen abgelenkt wird und sich das Interesse neuen Dingen zuwendet.

Diese eher unspektakuläre Beobachtungssequenz verdeutlicht nicht nur den engen Zusammenhang von spielerischem Tun, Materialerfahrung, experimenteller Aneignung von Wirklichkeit und der Faszination am Spuren-Hinterlassen, um aktiv gestaltend in die Umwelt einzugreifen und diese mitzugestalten, sondern auch die Anfänge der Kinderzeichnung mit Hieb- und Kreuzkritzeln. Eine bloße Zuordnung zu einer bestimmten Entwicklungsphase, in der Kinder mit dem Kritzeln beginnen, würde dem bildnerisch-ästhetischen Verhalten des Kindes nicht gerecht werden. Das Mädchen ist neugierig und wissensdurstig, es untersucht intensiv das Material und gestaltet zeichnerisch. Die Kohle wird angefasst und verrieben, es wird untersucht, wie sich das Material mit unterschiedlichen Druckstärken auf Papier und auf der Haut verhält. Das Kind erkennt, dass seine Handlung etwas verursacht, ein Resultat hervorbringt. Eine Spur zu hinterlassen bedeutet Selbstvergewisserung, einen Ort zu markieren, der verändert wird. Damit verbunden ist die Erfahrung von Kompetenz, von Selbstwirksamkeit. Das Kind erobert sich ein Stück seiner Umwelt und erschließt sich dadurch seine Wirklichkeit – auf ästhetische und gestaltende Weise. Es bewegt sich hiermit in einem fortwährenden Bildungsprozess, in den Außenstehende unterstützend, fördernd und fordernd eingreifen können. Um jedoch eingreifen zu können, müssen wir die Welt der Kinder, ihr Denken, Handeln und gestalterisches Tun verstehen. Wir müssen überlegen, warum sie zeichnen und zu welchem Zweck.

Die Autorinnen Jacqueline Baum und Ruth Kunz (2007) führen mit der Auswertung einer Videostudie aus, dass Kleinkinder im Alter von ein bis zwei Jahren nicht zwischen Darstellung und Aktion unterscheiden. Sie zeigen, wie bildnerisches und sprachliches Handeln, motorisches Tun und geistige Verarbeitung, Wahrnehmung und Imagination zusammenspielen (ebd.). Mit dieser gegenseitigen Durchdringung visueller, taktiler, olfaktorischer, körperlicher, mentaler usw. Erfahrungsprozesse entsteht ästhetisches Lernen. Die Beschreibung solcher Entwicklungsprozesse bildnerisch-ästhetischer Weltaneignung findet sich im Kontext üblicher Ausführungen zur Kinderzeichnung eher selten. Denn noch immer prägen die zu Beginn des 20. Jahrhunderts entstandenen idealtypischen Entwicklungsreihen, die von einer zu engen Verzahnung kognitiver und zeichnerischer Entwicklung ausgingen, die Alltagsüberzeugungen. Bewegungsfreude, Materialexploration, Ausdrucksspezifika und Mitteilungsabsichten werden zu wenig berücksichtigt, obgleich subjektive Gestaltungstendenzen und persönliche Bedeutungsbezüge die bildnerischen Äußerungen in hohem Maße prägen (vgl. Stritzker/Kirchner/ Peez 2008; Sung-Hiu 2008).

**Bildnerisch-ästhetisches Darstellungsvermögen**

Zum Ende der Grundschulzeit verändern sich die Darstellungsabsichten und der Ausdruckswille in hohem Maße. Neben der bildhaften Kommunikation gewinnt die Suche nach Wirklichkeitsnähe zunehmend an Bedeutung.

Ein zehnjähriges Mädchen zeichnet aus der Erinnerung eine Silvestergesellschaft. Verschiedene räumliche Perspektiven markieren unterschiedliche Handlungsorte durch verschiedene Darstellungsweisen. Links im Vordergrund steht ein klassisch weiß verputztes Haus mit Giebeldach, aus dem unteren Fenster sieht jemand heraus. Im rechten Teil des Hauses eröffnet der Röntgenblick eine Vogelperspektive auf das Esszimmer mit gedecktem Tisch und acht Stühlen. Die beiden Personen, die sich im Essbereich aufhalten, sind wiederum in einer Seitenansicht gezeichnet, da diese markanter ist. Draußen, auf der braunen Terrasse, schauen Familie und Gäste nach dem funkelnden Feuerwerk im Hintergrund – die meisten Personen sind deshalb mit einer Rückenansicht dargestellt. Auf der Wiese im rechten Bildraum steht etwas abseits der Zünder des Feuerwerks vor großen Schachteln mit Böllern und Raketen, er sieht zu den Zuschauern. Im linken Bildhintergrund halten sich zwei weitere Personen hinter dem Gartentisch auf. Der Gartenzaun, über den gerade ein brennender Böller fliegt, begrenzt das Grundstück, dahinter befinden sich zwei Weinbergzeilen. Im rechten Bildhintergrund ist das farbige Feuerwerk zu sehen.

Anhand der Zeichnung ist das Bemühen um die räumliche Darstellung deutlich erkennbar. Es existiert eine flächenfüllende Raumtiefe, Draufsicht und Seitenansicht wechseln sich ab, überlagern und ergänzen sich. Dem Feuerwerk gilt die volle Aufmerksamkeit aller Personen, der Betrachter schaut über die Rücken der Beteiligten zum Himmel. Die Zeichnerin beweist mit der Rückenansicht der Personen sowie mit den verschiedenen räumlichen Darstellungsweisen die Fähigkeit zum Perspektivwechsel, denn sie berücksichtigt unterschiedliche Blickwinkel – die des Betrachters ebenso wie die der Zuschauer, des Feuerwerkszünders oder der im Haus verbliebenen Leute. Zugleich beschreiben die unterschiedlichen Raumsituationen diverse narrative Handlungsstränge, die kleine Geschichten erzählen: von der Person im Haus, die an der Festivität nicht teilnehmen kann oder will, den Personen im Esszimmer, denen es vielleicht zu kalt draußen ist, von einem kleinen Kind mit größerer Begleitung, das die Taschenlampe schwenkt, ein Junge, der den Feuerwerkskörper über den Zaun wirft, von vielen Menschen, die das Feuerwerk bestaunen und schließlich von der Person, die Kracher und Raketen zündet.

Bezogen auf den zeichnerischen Lernstand der Schülerin ist anhand der Darstellungsweise abzulesen, dass sie über ein sicheres Ausdrucksrepertoire verfügt, insbesondere hinsichtlich der Menschzeichnung sowie generell der Verwirklichung von Darstellungsabsichten. Sie kann ein Bildkonzept planen und nach ihren Vorstellungen rasch und sicher umsetzen. Hierzu gehört das Reflektieren von Form-Inhalt-Bezügen ebenso wie der gezielte Einsatz von Farbe. Im Zentrum steht das persönliche Erleben des Jahreswechsels, wobei zusätzlich die Perspektiven weiterer Beteiligter und des Betrachters Berücksichtigung finden. Insbesondere werden verschiedene Raumkonzepte ausprobiert, hier liegt offenbar ein aktuelles Interesse vor, das dem alterstypischen zeichnerischen Entwicklungsstand entspricht. Die Aufteilung des Blattformats zeigt die vorab angelegte Planung der diversen perspektivischen Szenarien. Zum Planungsvermögen gehört auch, die Bildgegenstände in ihren Proportionen einzuschätzen und die Größenverhältnisse miteinander in Beziehung zu setzen. Die gegenstandsanaloge Wiedergabe der Silvesterparty bedarf der treffsicheren Darstellung der agierenden Personen und Requisiten, um die Bildgeschichte verständlich mitzuteilen – also die Fähigkeit, das Erlebte bzw. Gesehene in ein zeichnerisches System umzusetzen. Hinzu kommt außerdem eine ästhetische Komponente der Zeichnung, die sich auf das Verhältnis von Linie und Fläche, Farbe und Komposition bezieht. Duktus, Dynamik und Linienstärke, Flächen und lineare Gestaltungen kontrastieren ausdrucksvoll miteinander. Die Ausdifferenzierung der unterschiedlich sprühenden Feuerwerkskörper in farbige Strahlenkränze und funkelnde Fontänen zeigt in hohem Maße die abwechslungsreichen grafischen Darstellungsfähigkeiten.

## 13.6 Bildnerische Potenziale erkennen und fördern

Im Unterschied zu den Anfängen der Kinderzeichnung und der sogenannten Schemaphase in der mittleren Kindheit entsteht im Übergang zum Jugendalter der Wunsch, Tiefenraum herzustellen. Dieser Wunsch resultiert aus unseren Sehgewohnheiten ebenso wie aus medialen oder auch künstlerischen Vorbildern. Voraussetzung zur bildnerischen Realisation ist die Fähigkeit, Relationen zwischen den einzelnen Bildgegenständen gleichzeitig zu erfassen und proportional wie perspektivisch korrekt darzustellen. Dieses Vermögen, mehrdimensional und abstrakt zu denken sowie komplexe Bezüge herstellen zu können, um unterschiedliche Blickwinkel zu zeigen, entwickelt sich im Jugendalter (vgl. Fend 2005).

Um einen Raum wirklichkeitsnah auf einer Fläche wiederzugeben, müssen alle Einzelelemente einem einheitlichen zentralperspektivisch angelegten Raumkonzept untergeordnet werden. Konkret heißt das, es wird nicht mehr eine Szene nach der anderen bzw. ein Bildgegenstand nach dem anderen gezeichnet – wie im beschriebenen Silvesterbild –, sondern bereits im Stadium der Planung des Bildes müssen die Relationen der Gegenstände untereinander festgelegt werden. Hinzu kommt ein erhebliches Maß an räumlichem Vorstellungsvermögen, denn alle Bildgegenstände, die normalerweise sukzessiv aus dem visuellen Gedächtnis abgerufen und gezeichnet werden, müssen unter das perspektivische Raster subsumiert werden. Diese Art der Bildgestaltung entwickelt sich prozessual im Zusammenspiel von Wahrnehmung, Vorstellung, Erinnerung, Reorganisation und Veranschaulichung in der Darstellung.

Auch anhand des Silvesterbildes zeigt sich das Zusammenwirken unterschiedlicher Faktoren, die zum ästhetischen Lernen führen: ästhetisches Erleben des Jahreswechsels, räumliches Vorstellungsvermögen, die geistige Verarbeitung von Wirklichkeit und das zeichnerische Darstellungsvermögen wirken in hohem Maße zusammen. Interessant ist in diesem Kontext auch, dass die theoretischen Konzepte, in welcher Weise sich die zeichnerische Raumdarstellung von Jugendlichen von unterschiedlich aneinandergefügten Raumkonzepten hin zu einem perspektiv angelegten Gesamtsystem entwickelt, divergieren. So vermutet Wolfgang Reiß, dass »die ›kindlichen Raumschemata‹ im dreizehnten Lebensjahr enden und nun im Anschluss daran neue Raumlösungen gesucht werden [...], da die »Projektionsmethoden für sie noch zu schwierig sind« (1996, S. 118). Alexander Glas hingegen geht von einer zunehmenden zeichnerischen Einbindung der Raumdarstellungsweisen aus, die verschiedene Perspektiven allmählich integriert: »Mehr und mehr wird das Konzept der additiven Aufzählung aufgegeben« (1999, S. 256). Edith Glaser-Henzer (2010) lenkt den Fokus auf die kognitiven Verarbeitungskompetenzen, die häufig auftretende Mischformen der Raumdarstellung begründen.

In dem oben beschriebenen Werk ist das intensive Bemühen um die dritte Dimension deutlich angelegt, wenngleich die Relationen der Bildgegenstände zueinander nur in Ansätzen perspektivisch funktionieren und ein fester Betrachter-Standpunkt nicht erkennbar ist. Die Lösungsversuche integrieren unterschiedliche Raumkonzepte, wie das Steilbild und das Schrägbild, auch ein Streifenbild lässt sich erkennen. Profil-, Frontal- und Rückenansichten wechseln sich ab. Grundsätzlich bleibt jedoch ein orthogonaler räumlicher Bildaufbau erhalten. Dennoch ist ein Bemühen um die Integration der verschiedenen Raumdarstellungskonzepte deutlich erkennbar. Mit der Kombination unterschiedlicher Perspektiven sind bereits verschiedene Lösungsansätze für den Raum auf der Fläche im Bild angelegt. Die »neu« gefundenen Lösungsstrategien können weiterentwickelt und ausdifferenziert werden. Dies spricht für eine sukzessive Entwicklung von räumlicher Darstellung und gegen ein schlagartiges Ende bewährter mischperspektivischer Lösungen.

Entscheidend für einen Lernfortschritt ist, dass die Schülerinnen und Schüler Hilfestellungen erhalten, die das individuelle Lernen unterstützen. Hinsichtlich des Silvesterbildes würde es sich anbieten, dem Mädchen verschiedene Raumdarstellungsmöglichkeiten zu zeigen, die ihrer Gestaltungsabsicht, diverse Handlungsszenen gestalterisch miteinander zu verknüpfen, entgegenkommen. Dies müssen keine parallel- oder zentralperspektivischen Lösungen sein, auch Crossover-Verfahren oder Collagen, mediale oder dreidimensional-räumliche Verfahren könnten zu weiteren bildnerischen Darstellungen motivieren. Aus der Studie von Anja Mohr (2005) geht beispielsweise hervor, dass bereits Grundschulkinder am Computer räumliche Gestaltungsmittel wie Überschneidung und Verkleinerung nach hinten einsetzen, um Raumtiefe zu erzeugen.

## 13.7 Fördermethoden entwickeln und auswerten

Exemplarisch für das forschende Lernen in einem kooperativen Projekt zeigt eine – gemeinsam mit Studierenden durchgeführte und ausgewertete – Interventionsstudie zur Förderung graphomotorischer Fertigkeiten, wie der Blick auf die Bedeutung zeichnerischer Fähigkeiten für den Schrifterwerb gelenkt werden kann. Die Studierenden lernen nicht nur zeichnerische und graphomotorische Grundfertigkeiten im Elementarbereich kennen, einzuschätzen und individuell zugeschnittene Fördermaßnahmen zu entwickeln, sondern darüber hinaus die erhobenen Daten qualitativ auszuwerten.

Um die Entwicklung der visuellen Wahrnehmungsfähigkeit und der Feinmotorik im Vorschulalter zu untersuchen, wurden acht Kinder eines Augsburger Kindergartens durch angeleitetes Formenzeichnen im Sand über sechs Wochen hinweg intensiv gefördert und diversen Tests unterzogen, an denen auch die Vergleichsgruppen (insgesamt über 100 Kinder) teilnahmen. Die Befunde belegen, dass durch zeichnerische Fördermaßnahmen nicht nur die Handmotorik geschult werden kann, sondern auch die visuelle Wahrnehmung, z. B. das Vermögen zur Blatteinteilung und das Unterscheiden-Können von verschiedenen Formen oder Buchstaben, das Einhalten von Richtungen und Linien sowie das Erkennen von Raum-Lage-Beziehungen – also Fähigkeiten, die für das Schreibenlernen Bedingung sind. Hinzu kommen die Förderung der Hand-Auge-Koordination, die Ausprägung einer eindeutigen Händigkeit, die Fähigkeit zur Kraftdosierung beim Halten des Stiftes sowie die Übung von Aufmerksamkeit und Konzentration. Der Abschlussbericht zu diesem Forschungsprojekt (Berner/Kirchner 2014) gibt auch Aufschluss über die Forschungsleistung der Studierenden, denn die inhaltlichen Teilforschungen gehen auf Abschlussarbeiten zurück, deren Themenstellung strukturiert vergeben wurde. Ziel der Studie war es, die Intervention strukturell zu analysieren und anhand der Fördermaßnahmen Auswirkungen auf die graphomotorischen Fähigkeiten der Kinder abzuleiten.

Dass das Zeichnen entscheidende Voraussetzung für das Schreibenlernen ist, liegt nicht nur an der Feinmotorik. Auch das Tempo der Strichführung und die Konzentration spielen im Schreiblernprozess eine Rolle. Um die differenzierten rhythmischen Schreibbewegungen ausführen zu können, bedarf es der Koordination von Körperspannung, Kinästhetik, Motorik, visueller Wahrnehmung, Vorstellung, Erinnerung und Geistestätigkeit. Grafische Formen müssen voneinander unterschieden werden können, der Stift muss mit angemessener Kraft und taktilem Vermögen gehalten werden, Auge und Hand müssen koordiniert zusammenspielen. Exaktes Zuhören ist ebenso wichtig wie das kontinuierliche Einüben bestimmter Bewegungsmuster.

Vor diesem Hintergrund wurden für die kontrastierend ausgewählten Kinder bestimmte Übungen entwickelt, die auf den Fördervorschlägen nach der Methode »Zeichnen im Sand« von Seitz (1996; 2006) aufbauen. Diagnostische Grundlage und Einschätzungsmaßstab waren die graphomotorische Testbatterie nach Rudolf (1986) und das Komplexbild nach Wendler (2001). Die Übungen sind zwischen den Polen ›Sandspiel – Lernspiel‹ sowie ›Experimentieren – Üben‹ verortet und beziehen sich auf das Zeichnen von Formen wie Kreuz, Spirale, Dreieck, Viereck, Stern, Zickzack, Kreise usw., die Spiegelungen und Symmetrien einbeziehen. Zwei Mal pro Woche, je 15 Minuten, in einem Förderzeitraum von sechs Wochen, wurde an einer Sandwanne, begleitet von Studierenden, gezeichnet und gespielt.

Im Ergebnis wird deutlich, dass zeichnerisch schwächere Kinder mehr profitieren als gut geübte Kinder. Deutliche Leistungssteigerungen zeigen sich bei einigen Kindern in Bewegungsrhythmen, klarer Linienführung, deutlichen Differenzierungen in der Gestaltung, exakt parallel und symmetrisch angeordneten Zeichen sowie im beidhändigen Zeichnen von Schwungübungen.

Im Hinblick auf die Erkenntnisse der Studierenden sind ihre geschärfte Beobachtungsfähigkeit und das Erarbeiten der Indikatoren zur Einschätzung des graphomotorischen Vermögens der Kinder als wesentliches Resultat festzuhalten. Denn die kriteriengeleitete Beobachtung von Bewegungsabläufen, der Greifentwicklung, von Genauigkeit, Geschwindigkeit und Krafteinsatz beim Zeichnen, der Auge-Hand-Koordination, wie Kinder Raum-Lage-Beziehungen erkennen und umsetzen, inwiefern Grundformen wiedergegeben (visuelles Gedächtnis) und Bewegungsspuren richtungsweisend ausgeführt werden können, wie Kinder ihre Bildkonzepte planen oder Formen gewichten, ist entscheidend, um im späteren Berufsfeld Entwicklungsprozesse von Kindern zum bildnerisch-ästhetischen Verhalten einschätzen und angemessene Fördermaßnahmen entwickeln zu können.

## 13 Berufsqualifizierende Professionalisierung: Blicke schärfen – forschend Lernen

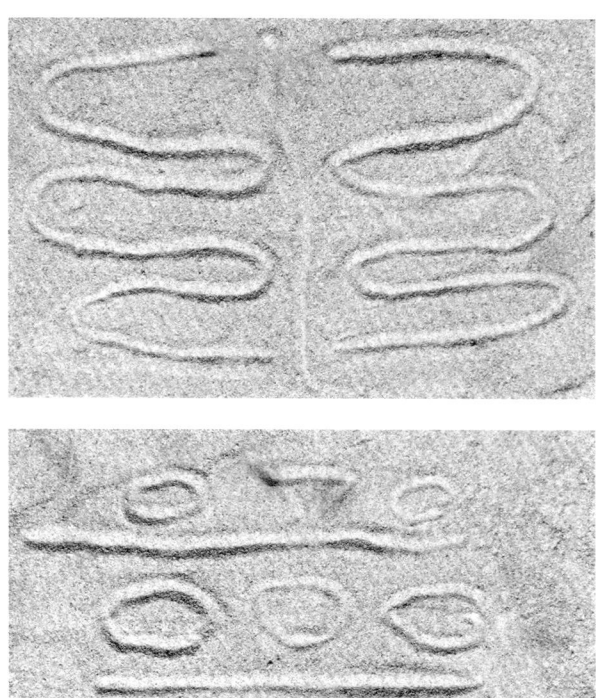

Abb. 13.1 und 13.2: Übungen in der Sandwanne

## 13.8 Fazit

Die Qualität kunstpädagogischen Handelns hängt in hohem Maße von der Fähigkeit ab, das bildnerisch-ästhetische Verhalten von Kindern beobachten zu können und zu fördern. Grundlage der Entwicklung von Förderkonzepten zum bildnerischen Vermögen ist das fundierte Diagnostizieren diesbezüglich vorhandener Lernvoraussetzungen, die meist unabhängig von sozialen, kulturellen oder sprachlichen Voraussetzungen vorhanden sind.

In der Regel beziehen sich diagnostische Kompetenzen der Kunstpädagoginnen und Kunstpädagogen auf die in Kinderzeichnungen sichtbaren »Störungen«, wie z. B. kognitive oder psychische Entwicklungsdefizite. Spezielle bildnerische Fähigkeiten, wie oben ausgeführt, stehen selten im Fokus des diagnostischen Interesses. Die diagnostische Kompetenz ist Teil des Professionswissens von Lehrpersonen (Kunter/Klusmann 2010) und stellt eine Bündelung an Fähigkeiten dar, die zur Beurteilung und Einschätzung von Schülerleistungen und leistungsrelevanten Persönlichkeitsmerkmalen benötigt werden (Schrader 2011). Der zunehmende Bedarf an förderdiagnostischen Kompetenzen ergibt sich aus der immer größer werdenden Heterogenität der Kinder, die auf die Förderung individueller Lernprozesse angewiesen sind. Die Diagnose und die Konzeption von Fördermaßnahmen sind an das fachdidaktische Wissen der Lehrperson gebunden, als Voraussetzung, um die Stärken und Schwächen der Schülerinnen und Schüler angemessen einschätzen sowie individuell beraten und sinnvoll fördern zu können. Insofern kommt dem hochschuldidaktischen Anliegen, das Beobachtungsvermögen der Studierenden für das entwicklungsspezifische bildnerisch-ästhetische Verhalten von Kindern zu fördern, ein hoher Stellenwert zu.

Die Professionalisierung der Studierenden gelingt vor allem dann, wenn sie bereits während der Ausbildung in ihren diagnostischen Kompetenzen zum bildnerisch-ästhetischen Verhalten geschult werden. Das sukzessive Heranführen an das aktiv forschende Erkunden des bildnerischen Vermögens von Kindern – etwa mit der Analyse von Fallbeispielen sowie der Einbindung in konkrete Projekte zur Beobachtung, Analyse, Auswertung und Reflexion konkreter Merkmale bildnerisch-ästhetischen Verhaltens – führt zu einer kontinuierlichen Sensibilisierung für die komplexen Phänomene, die das bildnerische Tun konfigurieren. Mit dieser Sensibilisierung kann der Fokus auf die zu beobachtenden Indikatoren bildnerischen Vermögens zunehmend geschärft und damit ein praxisorientiertes, erfahrungsbasiertes Fundament für das Verstehen bildnerisch-ästhetischer Lernprozesse in Produktion und Rezeption gelegt werden.

# Literatur

Baum, Jacqueline/Kunz, Ruth: Scribbling Notions. Bildnerische Prozesse in der frühen Kindheit. Zürich 2007
Berner, Nicole/Kirchner, Constanze: Erspüren und Erfassen. Zur Entwicklung und Förderung graphomotorischer Grundfertigkeiten im Vorschulalter. Abschlussbericht des Forschungsprojekts »Evaluation der Methode ›Zeichnen im Sand‹« (unter Mitarbeit von Saskia Hoffmann, Agnes Kowalinski, Hendrik Lange, Michaela Miller und Eva Wilhelm). Abschlussbericht. Augsburg 2014 (http://www.philso.uni-augsburg.de/lehrstuehle/kunstpaed/download/download_forschung/Abschlussbericht_Graphomotorik.pdf; Zugriff am 08.08.2018)
Fend, Helmut: Entwicklungspsychologie des Jugendalters, (3. Auflage). Wiesbaden 2005
Glas, Alexander: Die Bedeutung der Darstellungsformel in der Zeichnung am Beginn des Jugendalters. Frankfurt am Main 1999
Glaser-Henzer, Edith: Vorstellungsbildung im Zusammenspiel mit räumlich-visuellem Wahrnehmen und Darstellen, in: Kirchner, Constanze/ Kirschenmann, Johannes/ Miller, Monika (Hg.): Kinderzeichnung und jugendkultureller Ausdruck. Forschungsstand, Forschungsperspektiven. München 2010, S. 59–72
Kirchner, Constanze: Kinder & Kunst. Was Erwachsene wissen sollten. Seelze-Velber 2008
Kirchner, Constanze: Kunstpädagogik für die Grundschule. Bad Heilbrunn 2009

Kirchner, Constanze (Hg.): Kunst – Didaktik für die Grundschule. Berlin 2013

Kirchner, Constanze/ Kirschenmann Johannes: Kunst unterrichten. Didaktische Grundlagen und schülerorientierte Vermittlung. Seelze 2015

Kunter, Mareike/Klusmann, Uta: Die Suche nach dem kompetenten Lehrer – ein personenzentrierter Ansatz. In: Bos, Wilfried/Klieme, Eckhard/Köller, Olaf (Hg.): Schulische Lerngelegenheiten und Kompetenzentwicklung: Festschrift für Jürgen Baumert. Münster 2010, S. 207–230

Mohr, Anja: Digitale Kinderzeichnung. Aspekte ästhetischen Verhaltens von Grundschulkindern am Computer. München 2005

Reiß, Wolfgang: Kinderzeichnungen. Wege zum Kind durch seine Zeichnung. Neuwied/Kriftel/Berlin 1996

Rittelmeyer, Christian: Kindheit in Bedrängnis. Zwischen Kulturindustrie und technokratischer Bildungsreform. Stuttgart 2007

Rudolf, Horst: Graphomotorische Testbatterie. Manual. Göttingen 1986

Schrader, Friedrich-Wilhelm: Lehrer als Diagnostiker. In: Terhart, Ewald (Hg.): Handbuch der Forschung zum Lehrerberuf. Münster 2011, S. 683–698

Schäfer, Gerd E. (Hg.): Bildung beginnt mit der Geburt. Weinheim/Basel 2004

Schulz, Frank/ Seumel, Ines (Hg.): U20 Kindheit Jugend Bildsprache. München 2013

Seitz, Marielle: Vom Formenzeichnen zum Schreibenlernen. Wahrnehmung, Bewegungskoordination, Feinmotorik und Konzentration. München 2006

Seitz, Marielle/Pilger-Feiler, Christa: Schreib es in den Sand. Spielerisches Zeichnen zur Förderung von Konzentration, Feinmotorik und Bewegungskoordination. 1. Auflage. München 1996

Singer, Wolf: Der Beobachter im Gehirn. Essays zur Hirnforschung. Frankfurt am Main 2002

Stritzker, Uschi/Peez, Georg/Kirchner, Constanze: Frühes Schmieren und erste Kritzel – Anfänge der Kinderzeichnung. Norderstedt 2008

Sung-Hui, Kim: Kreativitätsförderung und Montessori-Pädagogik. Untersuchungen bei Kindern im Vorschulalter. Berlin 2008

Wendler, Michael: Diagnostik und Förderung der Graphomotorik. Konzeptionelle Überlegungen zu einem entwicklungs- und bewegungsorientierten Schriftspracherwerb. Dissertation. Marburg 2001

Widmann-Rebay Ehrenwiesen, Birgit von: Vom Kritzeln zum Schreiben. Die Entwicklung der Handgeschicklichkeit. In: klein & groß (02-03/2008), S. 43–46.

# Die Autorinnen und Autoren

Bianca Bloch, M. A., ist seit 2011 wissenschaftliche Mitarbeiterin und Doktorandin an der Justus-Liebig-Universität Gießen, lehrt in den Bachelorstudiengängen B.A. »Bildung und Erziehung in der Kindheit/Kindheitspädagogik« und »Außerschulische Bildung«. Ihre Arbeits- und Forschungsschwerpunkte sind: Pädagogik der frühen Kindheit, Theorie-Praxis-Verhältnis in kindheitspädagogischen Bachelorstudiengängen, Professionalisierung im Elementarbereich sowie qualitative Sozialforschung.

Dr. Andreas Brenne ist Professor für Kunstdidaktik/Kunstpädagogik an der Universität Osnabrück und Vorstandsmitglied des dortigen CEDER (Center for Early Childhood Development and Education Research). Seine Arbeitsschwerpunkte sind Kunstpädagogik, Künstlerisch-ästhetische Forschung, Grundschulpädagogik, Kindheitsforschung, empirische Bildungsforschung und Kulturelle Bildung.

Dr. Alfred Czech ist Mitarbeiter am Museumspädogischen Zentrum München. Studium der Kunstpädagogik und der Kunstgeschichte an der Kunstakademie in München und an der Ludwig-Maximilians-Universität München. Arbeitsschwerpunkte: Museumspädagogik, Methoden der Kunstvermittlung, fächerübergreifende und bildwissenschaftliche Fragestellungen, digitale Bildwelten.

Antje Danner, M. A., Lehrkraft für besondere Aufgaben am Institut für Schulpädagogik, Elementarbildung und Didaktik der Sozialwissenschaften an der Justus-Liebig-Universität Gießen. Arbeitsschwerpunkte: Ästhetische Bildung in der Grundschule, Beratung und Kommunikation im pädagogischen Kontext.

Simone Dumpies, M.A., Praxisreferentin des Instituts für Schulpädagogik, Elementarbildung und Didaktik der Sozialwissenschaften an der Justus-Liebig-Universität Gießen und Lehrbeauftragte im Bachelorstudiengang »Bildung und Förderung in der Kindheit«.

Prof. Dr. rer. soc. Dr. phil. habil. Ludwig Duncker, Jg. 1951, seit 2017 im Ruhestand, wurde 1996 zum Professor für Erziehungswissenschaft mit Schwerpunkt Pädagogik des Primar- und Sekundarbereichs an die Justus-Liebig-Universität Gießen berufen. Von 1992 bis 1996 war er Gründungsprofessor und Leiter des Instituts für Grundschulpädagogik an der Universität Leipzig. Weitere Rufe erfolgten an die PH Ludwigsburg, an die Universität Koblenz-Landau und die PH Weingarten. Im Wintersemester 2013/14 übernahm er eine Gastprofessur an der PH Nordwestschweiz. Seit 2017 ist er Lehrbeauftragter an der Freien Universität Bozen. Wissenschaftliche Arbeitsgebiete: Schul- und Bildungstheorie, Allgemeine Didaktik, Ästhetische Bildung, Philosophieren mit Kindern, Anthropologie der Kindheit und des Jugendalters.

Prof. Dr. Lena S. Kaiser ist Professorin für Kindheitswissenschaften an der Hochschule Emden/Leer. Zuvor wissenschaftliche Mitarbeiterin an der Justus-Liebig-Universität Gießen und Lehrkraft an der Katholischen Universität Eichstätt Ingolstadt. Arbeits- und Forschungsschwerpunkte sind Kindheitsforschung, Lernwerkstattarbeit und Elementardidaktik, Reggio-Pädagogik. Kontakt: Lena.Kaiser@hs-emden-leer.de

Prof. Dr. Constanze Kirchner, Lehrstuhl für Kunstpädagogik der Universität Augsburg, Mitherausgeberin der Fachzeitschrift »Kunst + Unterricht« und der Reihe KREAplus im kopaed-Verlag. Forschungsschwerpunkte: ästhetisches Verhalten, ästhetische Bildung und Identität, Kreativitätsförderung, Unterrichtsqualität im Fach Kunst.

Kerensa Lee, Konzeptgestalterin und Pädagogin, wissenschaftliche Mitarbeiterin an der Universität Bremen im Fachbereich Erziehungswissenschaften mit dem Schwerpunkt Didaktik der Mathematik (2002–2007), Studium der Freien Kunst an der Kunstschule Hamburg (Freie Internationale Universität, Studienstätte für Kunst, Interdisziplinäre Forschung und soziale Plastik).

Prof. Dr. habil. Norbert Neuß; Erziehungswissenschaftler und Hochschullehrer an der Justus-Liebig-Universität Gießen. Leiter zweier kindheitspädagogischer Studiengänge (BA & MA); Zahlreiche Forschungsprojekte und Publikationen; aktuelle Arbeitsschwerpunkte sind Bildung in der Frühen Kindheit, Pädagogische Qualität aus Kindersicht sowie pädagogische Intuition, Kontakt und weitere Informationen: www.dr-neuss.de

Isabell Meyer ist Lehrerin für Kunst und Englisch an Gymnasien.

Roland Karl Metzger ist Wissenschaftlicher Mitarbeiter am Institut für Bildende Kunst und Kunstwissenschaft der Stiftungsuniversität Hildesheim; zuvor Lehramtsstudium für Grund- und Hauptschule; mehrjährige Tätigkeit als Lehrer; wissenschaftlicher Mitarbeiter an der pädagogischen Hochschule in Ludwigsburg im Studiengang Frühkindliche Bildung und Erziehung.

Dr. Georg Peez ist habilitierter Professor für Kunstpädagogik an der Goethe-Universität Frankfurt am Main. Er studierte u. a. Freie Malerei und Grafik an der Staatlichen Hochschule für Bildende Künste, Frankfurt am Main, Städelschule. Er lehrte und forschte an Hochschulen in Deutschland und der Schweiz.

Prof. Dr. Gerd E. Schäfer ist Professor der Pädagogik der frühen Kindheit i. R. an der Universität zu Köln und Professor im Bereich »Bildung und Erziehung in der frühen Kindheit« an der Hochschule für Künste in Bremen. Mit seinen wissenschaftlichen Arbeiten bearbeitet er Themen zur frühkindlichen Bildungsforschung, insbesondere in den Bereichen Naturwissen und Ästhetik.

Dr. Katharina Schneider, akademische Rätin an der PH Ludwigsburg, Lehre im BA-Studiengang »Frühkindliche Bildung und Erziehung«, Studium der Kunstpädagogik, Kunstgeschichte und Psychologie an der Goethe Universität Frankfurt am Main; Promotion ebendort; Arbeits- und Forschungsschwerpunkte: Ethnographie der Kindheit, Spielforschung, Ästhetische Bildung.

Jennifer Zick hat ihren Master in frühkindlicher Bildung am Reggio Children Institut und an der Universität Modena absolviert. Im Rahmen des Studiums hat sie in den kommunalen Kitas in Reggio Emilia gearbeitet. Sie ist Mitglied der Weltwerkstatt.